专科层次小学教师培养规划教材

教育部卓越教师培养计划改革项目"基于实践取向的卓越小学教师

总主编

U0457509

小学教师口语

（第4版）

主　编　胡达仁　刘志宏　　邓　萌

副主编　秦松元　欧阳晓华　付友艳

　　　　胡天月　刘治国

参　编（排名不分先后）

　　　　谭　婧　韩　佳　唐丽瑶

　　　　任海燕　谢　华　谭　欣

　　　　何　丽　李雪容　吴　姿

　　　　唐明明　卢　琨　李　姣

　　　　王　仪　苏丽琴

主　审　李晖旭

湖南大学出版社·长沙

内 容 简 介

本教材针对师范院校小学教育专业学生编写。具体内容包括教师口语概要，说话的心理训练，说话的声音训练，说话的思维训练，态势语训练，听话训练，朗读、讲故事、演讲、辩论训练，教学口语、教育口语、交际口语训练，以及求职语训练等，共十四章。本教材以理论知识为纲领，以技能训练为主线，突出专业性与实践性。

本教材适合专科层次小学教师培养专业学生使用，也可供小学教师及其他小学教育工作者参考。

图书在版编目（CIP）数据

小学教师口语／胡达仁，刘志宏，邓萌主编.

4 版. -- 长沙：湖南大学出版社，2024. 8.（2025. 1 重印）--（专科层次小学教师培养规划教材／蒋蓉主编）. -- ISBN 978-7-5667-3797-7

Ⅰ. H193. 2

中国国家版本馆 CIP 数据核字第 2024VY7704 号

小学教师口语（第 4 版）

XIAOXUE JIAOSHI KOUYU（DI 4 BAN）

主　编：胡达仁　刘志宏　邓　萌	
丛书策划：刘　锋　罗红红	
责任编辑：刘　锋　罗红红	
印　装：长沙新湘诚印刷有限公司	
开　本：787 mm×1092 mm　1/16	印　张：14.5　字　数：312 千字
版　次：2024 年 8 月第 4 版	印　次：2025 年 1 月第 2 次印刷
书　号：ISBN 978-7-5667-3797-7	
定　价：47.00 元	

出 版 人：李文邦
出版发行：湖南大学出版社
社　址：湖南·长沙·岳麓山　　　　邮　编：410082
电　话：0731-88822559（营销部），88821173（编辑室），88821006（出版部）
传　真：0731-88822264（总编室）
网　址：http://press.hnu.edu.cn
电子邮箱：553501186@qq.com

专科层次小学教师培养规划教材
编 委 会

主　任

　　李艳红

副 主 任

　　张　华　　王玉林　　高金平　　彭平安　　陈美中

　　张廷鑫　　李晓培　　焦玉利　　汪华明　　邓昌大

　　石纪虎　　李振兴　　刘宝国　　江来登　　李　毅

　　孙　彤　　李来清　　李　武　　李梦醒

执行主任

　　王胜青

编　　委 （排名不分先后）

　　张永明　　宋祖荣　　吴桂容　　杨建东　　杨新斌

　　何仙玉　　周述贵　　李云莲　　许名奇　　林祥春

　　林肖丽　　李　辉　　郑浩森　　康玉君　　梁　平

　　曾健坤　　蒲远波　　潘瑞祥　　潘伟峰　　黎　斌

　　钟　林　　李小毛　　工新乐　　成丽君　　刘东航

　　薛　辉　　马小飞

总 主 编

　　蒋　蓉

修订说明

2020—2022 年，在教育部高等学校小学教师培养教学指导委员会和湖南省教育厅的指导下，我们以教育部专科层次卓越教师培养项目"基于实践取向的卓越小学教师培养"为依托，在各参编院校领导和老师的支持下，编写出版了 32 种专科层次小学教师培养规划教材。该套教材为省内外小学教师培养院校广泛使用，并已被湖南省教育厅确定为省级规划教材，其中《小学教育学》《小学语文课程与教学》《小学教师职业道德与教育法律法规》《儿童简笔画》入选了首批"十四五"职业教育国家规划教材。

2022 年 4 月 21 日，教育部印发《义务教育课程方案和课程标准（2022 年版）》。新修订的义务教育课程描绘了育人蓝图增强了思想性、科学性、时代性、整体性、指导性，为义务教育优质均衡、高质量发展提供了有力支撑。"专科层次小学教师培养规划教材"中部分品种，特别是与教学法有关的教材，是依据旧的义务教育课程方案和课程标准编写的，其中的某些内容在一定程度上已经不符合时代性的要求，无法科学指导日后小学各学科的教育教学。

为了体现教材的时代性、前瞻性和实用性，为了更好地服务小学教育教学发展的需要，我们组织了多位长期专门从事小学教育专业研究和教学工作的一线专家、教师，根据《义务教育课程方案和课程标准（2022 年版）》对教材进行了全面修订。同时，对陈旧、过时的案例、知识链接、拓展阅读等栏目内容进行了更新。还加强了教材的数字化资源建设，每门课程都配置了课件、教案、微课等教学资源，此次修订过程中，凡与课程标准相关的内容，都严格按照新课程标准的精神和要求进行了更新。

专科层次小学教师培养规划教材编委会

2024 年 7 月

序

　　2018 年 1 月，中共中央、国务院印发了《关于全面深化新时代教师队伍建设改革的意见》（以下简称《意见》）。这是新中国成立以来党中央出台的第一个专门面向教师队伍建设的文件，具有重要的战略意义。这是在习近平新时代中国特色社会主义思想指导下，贯彻落实党的十九大精神，深化教育改革的重大战略决策。

　　当前，中国特色社会主义进入了新时代，开启了全面建设社会主义现代化新征程。面对新方位新征程新使命，教师的思想政治素质和师德水平需要提升，专业化水平需要提高。为此，《意见》中提出要培养造就"高素质专业化创新型"教师。所谓"高素质"，就如习近平总书记所讲的，教师要"有理想信念""有道德情操""有扎实学识""有仁爱之心"；所谓"专业化"，就是要求教师掌握教育规律和儿童青少年成长发展规律，因材施教，为学生提供适合的教育；所谓"创新型"，就是要求教师有创新精神，勇于改革，在教育教学改革中积累新的经验，培养创新人才。

　　培养"高素质专业化创新型"教师，无疑是师范院校的任务。改革开放四十多年来，我国师范教育的规模由小到大，为我国基础教育培养了大批合格教师，现在在岗的 1400 万名左右的中小学教师基本上是改革开放以来培养起来的。但是，随着时代的发展，教师教育也需要改革创新。但不得不说，有一段时间，师范院校在改革大潮中迷失了方向，师范教育走过一段弯路。1999 年 6 月，中共中央、国务院发布的《关于深化教育改革全面推进素质教育的决定》提出："鼓励综合性高等学校和非师范类高等学校参与培养、培训中小学教师的工作，探索在有条件的综合性高等学校中试办师范学院。"目的是通过高水平综合性大学和非师范类高等学校的参与来提高教师队伍的建设水平。但是，这次尝试并没有让师范教育加强，反而削弱了，因为非师范类高等学校除了培养少量教育专业硕士外，几乎没有参与其他层次的教师培养。失误在于：一是 1000 多所中师被撤销，小学教师的学历提高了，但适合小学教育的能力却降低了；二是许多师专纷纷扩展为综合性高校，热衷于升格，不关心教师的培养，极大地削弱了师范教育；三是许多师范院校为了挤入名牌高校行列而发展为综合大学，热衷于扩充非师范专业，甚至抽调师范专业的教师去充实其他新建立的学科，这必然削弱了师范专业的实力。这些做法与改革的宗旨背道而驰。

《意见》中提出，要大力振兴教师教育，要加强师范院校建设，并对各级各类教师提出了高标准新要求。我国的国情是人口多，学生多，区域间教育发展不均衡，师范院校在一个较长的历史时期还是教师教育的主体。师范院校要认真学习习近平总书记教育思想，认真贯彻《意见》提出的改革要求，加强教师教育专业训练，夯实教育实践环节，把学校真正办成培养"高素质专业化创新型"教师的基地。

当前教师队伍建设，短板在农村。长期以来，贫困乡村，特别是边远山区，由于地理条件的制约，教育很不发达。为了改变农村教育的落后面貌，党的十八大以来，党和政府采取了多种措施来提升农村的教育水平。比如，实施了"公费师范生""特岗教师计划""乡村教师支持计划"等政策，大幅扩大了中西部地区乡村教师的规模，提高了教师队伍的素质。但是由于东中西部经济发展差距大、城乡发展差距大的问题尚未得到根本解决，农村基础教育，尤其是中西部贫困地区的农村基础教育，仍然面临着许多困难，最主要的困难是师资匮乏、教育观念落后、人才培养模式错位等。近几年来，国家教育咨询委员会"推进素质教育改革"工作组走访了一些省份的农村，发现那里学校的办学条件逐年改善，孩子也十分活泼可爱，但课堂教学却不尽如人意。如有些地方课程还开不齐全，有些教师的教学水平不高，照本宣科，甚至连概念都讲不清楚。因此，如何进一步加强乡村教师队伍建设是当前实现教育现代化必须解决的问题。

加强乡村教师队伍建设，我们要改变一些思路。高质量并非高学历。过去为片面追求高学历，将小学教师学历一下子提高到本科水平，许多学校办起了本科层次的小学教育专业。这确实对提高小学教师队伍整体质量起了一定的作用，特别是对城市小学而言。但从现实情况来看，这些本科师范毕业生不愿去农村，所以农村小学教师还是以专科师范毕业生为主。目前进行专科层次小学教师培养的学校有300多所，年培养毕业生近10万人。由于大部分学生生在乡村、长在乡村，更熟悉和热爱乡村，对乡村有天然的情感，他们扎根乡村的意志更坚定，专业情意更浓，可以"下得去、留得住"。因此，加强高等师范专科学校的建设，应该成为当前小学教师培养工作的重点。

培养专科层次的师范生，需要有一套适合他们的教材。但是，目前还没有一套专门针对农村小学教师培养的专科层次的教材。湖南大学出版社秉承岳麓书院传统，重视农村文化教育建设，以教育部卓越教师培养计划改革项目"基于实践取向的卓越小学教师培养"为依托，组织全国20多所多年从事小学教师培养的专科学校，共同编写了本套教材，填补了当前专科层次小学教师培养教材的空白。这套教材具有以下特点：

一是针对性。针对学生的文化基础、地区差异和培养目标的需要，教材力求符合学生的认知规律和能力培养规律，注重与学生已有的知识、经验与环境的联系。在注重知识传授的同时，强调对学生教学能力特别是学习能力的培养，为学生毕业后从事教学和专业发展做好充分的准备。

二是科学性。这套教材是在精心研究大纲的基础上编写的，力求培养基础知识深厚、专业知识扎实、综合素养高、具有推进基础教育新课程改革能力的小学教师队伍。在教材内容的选择上，不仅考虑学科的系统性和完整性，更注重学生必需的知识。

三是时代性。教材重视"课程思政"，着重强调社会主义核心价值观与师德教育，引入课程改革和教育研究最新成果以及优秀小学乡土教育教学案例。与教材配套的音频、视频、课件、阅读资料等教学资源都将以二维码方式呈现，做到纸质文本与数字资源相结合、线下面授与线上学习相结合。

四是实践性。这套教材注重学生实践能力的培养，增加了小学教师职业道德与法律法规、小学教育实践、小学班级管理、小学教育科学研究方法等课程相关教材，加强了见习和实习环节。

这套教材立意高远、特色鲜明，既有传承性，又有开拓性，对于快速提高农村小学教师培养质量、全面提升农村小学教育水平以及有序推进新课程改革，都有重大的意义。

2020 年 8 月 15 日

序

科技的进步、社会的发展以及基础教育新课程改革的不断推进，对教师的知识、能力和素质提出了新的要求，而当前的小学教师队伍，尤其是广大乡村地区的小学教师队伍建设，不同程度存在师德弱化、年龄老化、结构失衡、素质不高、流失严重、补充不畅等一系列问题。

党中央和国务院高度重视乡村教师队伍建设，出台了一系列政策和措施。中共中央、国务院印发的《关于全面深化新时代教师队伍建设改革的意见》要求"采取到岗退费或公费培养、定向培养等方式，吸引优秀青年踊跃报考师范院校和师范专业"。《教师教育振兴行动计划（2018—2022 年）》提出："推进本土化培养，面向师资补充困难地区逐步扩大乡村教师公费定向培养规模，为乡村学校培养'下得去、留得住、教得好、有发展'的合格教师。"

为增加乡村教师培养数量，提高培养质量，促进城乡义务教育均衡发展，湖南省从 2006 年开始在全国率先启动实施了乡村教师公费定向培养计划。在培养五年制公费定向乡村小学教师方面，制定了《湖南省五年制专科层次小学教师培养课程方案（试行）》，并组织省内师范院校编写了五年制专科层次小学教师培养教材。"公费定向培养计划"实施十多年来，吸引了一大批优秀初中毕业生报考师范院校并顺利完成五年学业，走向小学教师岗位。其中，很多毕业生迅速成为学校的教学骨干或者管理骨干，在很大程度上缓解了湖南乡村小学教师队伍人才短缺的现象。同时，该培养计划也得到了教育部的高度肯定，很多兄弟省份纷纷来湘考察学习。

"五年制大专层次小学教师培养教材"自 2006 年出版以来，在学校教育教学、小学教师培养等方面发挥了积极作用，但由于课程体系、教材内容、呈现方式久未更新，已经不符合当下小学教育教学的实际。鉴于此，在湖南省教育厅的规划和指导下，湖南大学出版社组织省内所有承担五年制专科层次小学教师培养的学校及省外的部分师范学校，以教育部卓越教师培养计划改革项目"基于实践取向的卓越小学教师培养"为依托，在教育部高等学校小学教师培养教学指导委员会的指导下，编写了这套"专科层次小学教师培养规划教材"。从总体上来看，这套教材有如下鲜明特点：

一是倡导以学生为中心，创新教材体系。严格按照小学教师专业标准、小学教师教育课程标准、师范专业认证标准的要求构建教材体系和内容，给学生提供未来进行小学教育教学所需要的基本理论、方法、规律，使学生能运用理论知识和科学方法探寻和剖析小学教学中诸多问题，并能举一反三。

二是凸显产出导向，注重能力培养。教材品种、内容选择完全覆盖毕业生核心能力素质要求的各项指标。每种课程教材都与小学教师培养目标及毕业生要求相对应，从而实现学习效果良好、切实提高人才培养质量的目的。根据小学教育专业认证的新要求，除了开发传统文化课、教育理论课和实践课教材，还增加了四门课程的教材，分别是践行师德的教材——《小学教师职业道德与法律法规》、学会教学的教材——《小学教育实践》、学会育人的教材——《小学班级管理》、学会发展的教材——《小学教育科学研究方法》。

三是强化知行合一，坚持实践育人。这套教材由全国各地多年从事小学教师培养的一线教师编写，充分考虑了当地学生的文化基础水平与接受水平，注重学生实践能力的培养，体现小学教育的科学性、时代性、针对性、实用性，强化课程思政，强化社会主义核心价值观与师德教育；充分吸收学科前沿知识，引入课程改革和教育研究最新成果以及优秀小学乡土教育教学案例，并根据教学要求及时更新，以满足专业教学不断改进的需要。

四是顺应数字时代需求，推进教材融媒体化。这套教材除了纸质教材采用双色印刷、体例上大胆创新采用章节体与模块化结合外，还将与纸质教材配套的音频、视频、课件、阅读资料等教学资源以二维码方式呈现，做到纸质文本与数字资源相结合、线下面授与线上学习相结合，能够极大地方便教师教学，提高学生的学习兴趣和主动性。

这套教材的编写坚持立德树人的指导思想，以学生的需要为出发点，以学生的专业发展为目的，注重学生教学能力、育人能力和研究能力的培养，必然能够充分调动学生学习的积极性、主动性、创造性，对顺利达成专科层次小学教师培养的预期目标、有效促进基础教育教学改革，将发挥重要作用。

王玉清
2020 年 8 月

目　次
CONTENTS

第一章　教师口语概要 ·· 001

一、教师口语及其特点 ·· 001

（一）什么是教师口语 ··· 001

（二）学习教师口语的重要性 ·· 001

（三）教师口语的特点 ··· 002

二、教师口语课程 ··· 005

（一）教师口语课程的开设 ·· 005

（二）教师口语课程的特点 ·· 006

（三）教师口语课程的教学原则 ·· 006

（四）教师口语课程的教学方法 ·· 008

第二章　说话的心理训练 ·· 012

一、理论奠基 ··· 012

（一）一般口语交际中常见的心理障碍 ··································· 012

（二）克服口语交际中心理障碍的方法 ··································· 013

（三）建立自信心理的训练方法 ·· 014

（四）口语交际中心理沟通的方法 ··· 015

二、课堂实训 ··· 016

（一）任务一：自我心理的突破 ………………………………………… 016

（二）任务二：成功心理的培养 ………………………………………… 017

第三章　说话的声音训练 ………………………………………………… 020

一、理论奠基 ………………………………………………………………… 020

（一）发声的技巧 ………………………………………………………… 021

（二）气息、共鸣、吐字归音的技巧 …………………………………… 023

二、课堂实训 ………………………………………………………………… 028

（一）任务一：发声的训练 ……………………………………………… 028

（二）任务二：气息、共鸣、吐字归音的训练 ………………………… 029

（三）任务三：科学发声技巧及口才训练方法 ………………………… 029

第四章　说话的思维训练 ………………………………………………… 033

一、理论奠基 ………………………………………………………………… 033

（一）思维的概念 ………………………………………………………… 033

（二）思维的类型 ………………………………………………………… 034

（三）思维训练要领 ……………………………………………………… 040

二、课堂实训 ………………………………………………………………… 040

（一）任务一：形象思维训练 …………………………………………… 041

（二）任务二：创造思维训练 …………………………………………… 041

（三）任务三：直觉思维训练 …………………………………………… 042

（四）任务四：逻辑思维训练 …………………………………………… 043

第五章　态势语训练 ……………………………………………………… 045

一、理论奠基 ………………………………………………………………… 046

（一）身姿语 ……………………………………………………………… 046

（二）手势语 ……………………………………………………………… 048

（三）目光语 ……………………………………………………………………… 050

（四）表情语 ……………………………………………………………………… 052

（五）服饰语 ……………………………………………………………………… 052

（六）距离语 ……………………………………………………………………… 053

二、课堂实训 ……………………………………………………………………… 054

（一）任务一：身姿语训练 …………………………………………………… 054

（二）任务二：手势语训练 …………………………………………………… 055

（三）任务三：目光语和表情语训练 ………………………………………… 055

（四）任务四：生活、上课、表演等情境中的态势语训练 ……………… 056

第六章　听话训练 ………………………………………………………………… 059

一、理论奠基 ……………………………………………………………………… 059

（一）听话概说 ………………………………………………………………… 059

（二）听话的能力构成 ………………………………………………………… 060

（三）倾听的心理品质 ………………………………………………………… 063

（四）听话的要领 ……………………………………………………………… 064

二、课堂实训 ……………………………………………………………………… 067

（一）任务一：听辨要点、听辨指误训练 ………………………………… 067

（二）任务二：听辨悟情、听辨隐意训练 ………………………………… 068

第七章　朗读训练 ………………………………………………………………… 070

一、理论奠基 ……………………………………………………………………… 070

（一）朗读的概念与基本要求 ………………………………………………… 070

（二）朗读的基本技巧 ………………………………………………………… 071

（三）各种文体的朗读 ………………………………………………………… 083

二、课堂实训 ……………………………………………………………………… 086

（一）任务一：朗读备稿训练 ………………………………………………… 086

（二）任务二：朗读内部技巧训练 …………………………………………… 087

（三）任务三：朗读外部技巧训练 ……………………………………… 088

（四）任务四：四种文体的朗读训练 ……………………………………… 089

第八章　讲故事训练 ……………………………………………………… 091

一、理论奠基 ………………………………………………………………… 091

（一）故事的基本内涵和结构 …………………………………………… 092

（二）故事性的基本表现 ………………………………………………… 093

（三）故事讲述的基本技巧 ……………………………………………… 094

二、课堂实训 ………………………………………………………………… 097

（一）任务一：故事文本、素材的改编训练 …………………………… 097

（二）任务二：巧用声音塑造故事角色形象训练 ……………………… 098

（三）任务三：妙用态势语增强故事感染力训练 ……………………… 099

（四）任务四：分类型讲演故事 ………………………………………… 100

第九章　演讲训练 ………………………………………………………… 103

一、理论奠基 ………………………………………………………………… 104

（一）演讲概说 …………………………………………………………… 104

（二）演讲的类型 ………………………………………………………… 105

（三）命题演讲技巧 ……………………………………………………… 106

（四）即兴演讲技巧 ……………………………………………………… 113

二、课堂实训 ………………………………………………………………… 116

（一）任务一：演讲稿撰写训练 ………………………………………… 116

（二）任务二：命题演讲训练 …………………………………………… 116

（三）任务三：即兴演讲训练 …………………………………………… 117

（四）任务四：演讲技巧综合演练———班级演讲比赛 ……………… 117

第十章　辩论训练 ………………………………………………………… 119

一、理论奠基 ………………………………………………………………… 120

（一）辩论的作用 ·· 120

（二）辩论的特点 ·· 120

（三）辩论的类型 ·· 121

（四）辩论的技巧 ·· 122

（五）辩论赛 ·· 125

二、课堂实训 ·· 128

（一）任务一：常用的辩论技巧和方法训练 ······················ 128

（二）任务二：组织一场辩论赛 ······································ 129

（三）任务三：开展关于社会主义核心价值观和当下热门时事的自由辩论 ······ 129

（四）任务四：学习中国共产党第二十次全国代表大会报告，积累时事辩论素材

··· 130

第十一章　教学口语训练 ·· 131

一、理论奠基 ·· 132

（一）教学口语概述 ·· 132

（二）主要教学环节用语 ·· 135

二、课堂实训 ·· 151

（一）任务一：导入语、总结语训练 ·································· 151

（二）任务二：阐述语、启发语训练 ·································· 153

（三）任务三：提问语训练 ·· 155

（四）任务四：班级微型课竞赛训练 ·································· 157

第十二章　教育口语训练 ·· 163

一、理论奠基 ·· 164

（一）教育口语概述 ·· 164

（二）主要教育口语类型 ·· 165

二、课堂实训 ·· 180

（一）任务一：交流语与说服语训练 ·································· 180

（二）任务二：激励语与表扬语训练 ………………………………… 181

（三）任务三：批评语与拒绝语训练 ………………………………… 182

第十三章   交际口语训练 …………………………………………………… 184

一、理论奠基 ………………………………………………………………… 185

（一）学校班队活动相关口语 ………………………………………… 185

（二）教研活动相关口语 ……………………………………………… 187

（三）教学事故处理相关口语 ………………………………………… 191

（四）家访活动相关口语 ……………………………………………… 193

二、课堂实训 ………………………………………………………………… 194

（一）任务一：班队活动相关口语训练 ……………………………… 194

（二）任务二：家访活动模拟综合演练 ……………………………… 195

第十四章   求职语训练 ……………………………………………………… 197

一、理论奠基 ………………………………………………………………… 198

（一）求职面试的准备 ………………………………………………… 198

（二）求职面试的技巧 ………………………………………………… 201

（三）求职面试的礼仪 ………………………………………………… 204

二、课堂实训 ………………………………………………………………… 205

（一）任务一：面试常见问题应对语言训练 ………………………… 205

（二）任务二：面试突发问题应对语言训练 ………………………… 205

（三）任务三：小学教师资格面试模拟综合演练 …………………… 206

参考文献 ………………………………………………………………………… 210

后   记 …………………………………………………………………………… 212

第一章

教师口语概要

◇ **学练导航**

（一）学习目标

（1）了解教师口语的重要性及其特点。

（2）掌握教师口语的特点及教师口语课程的教学原则。

（3）掌握教师口语课程的教学方法。

（二）教学重点、难点

1. 教学重点

（1）教师口语的特点。

（2）教师口语课程的教学原则。

2. 教学难点

教师口语课程的教学原则及教学方法。

一 教师口语及其特点

（一）什么是教师口语

教师口语是指教师在从事教育教学活动的过程中所使用的专业口头用语，它是教师进行教育教学活动基本和重要的手段，是教师的劳动工具。

（二）学习教师口语的重要性

教师工作是一项开口说话的工作，教师口语自然会直接影响教师教学的开展，这一特殊作用是由教师自身的职业特点所决定的。我国古代教育典籍《学记》中说："善歌者，使人继其声；善教者，使人继其志。其言也，约而达，微而臧。罕譬而喻，可谓继志矣。"这告诉我们，良好的教师口语是使人"继志"的前提，也是"善教"的标志。俗话说，当教师"三分靠内才，七分靠口才"。这句话就是在强调教师口语的重要性。教师的语言，是沟通师生心灵的桥梁，是帮助学生打开知识宝库的钥匙，是点燃学生智慧之光的火种，是播撒在学生心田的种子。

1. 能有效地提高教育教学的效率和质量

在《教师言语表达》一书中，白晓明教授解释说，教师言语是教育工作者教书育人的最为重要的方式，教师口语是一门艺术，更是教师教育观、学生观的体现。教师的口语能力，直接影响教育工作的成败。深刻而富有感染力的口语交流，能启迪学生的心灵，激励他们上进。因此，教师口语能力在提高教育教学质量、开发学生潜能、为学生提供良好示范及融洽师生关系等方面具有重要意义和作用。口才之于教师，有如眼睛之于射击、枪炮之于战士，是必备的工具或条件。

2. 能有效地激发学生的思维力和创造力

教师语言的职能在于把知识和道德传授给学生，在传授的过程中还担负着发展学生智能、激发学生思维力和创造力的任务。教师的语言可以成为学生思维之芽萌发的春风，也可以成为学生创造之花凋零的秋霜。成功的教学语言，或巧置矛盾、适时化解，或制造悬念、及时点拨，等等，总是能有效地引导激发学生积极思考，使学生主动地、创造性地完成学习任务。有关研究表明，语言水平高的教师教授出来的学生，其思维力和创造力比一般的学生强。

3. 能给学生学习语言提供示范，使每一节课成为言语训练课

中小学阶段，正是学生学习、掌握语言的重要时期。心理语言学家研究认为，儿童学习语言，获得语言能力，大部分是通过没有强化条件下进行的观察和模仿来实现的。社会语言示范对儿童语言的发展具有重大的影响。如果没有语言范型，儿童语言就很难得到正常的发展。"师者，人之楷模也。"在学校中，教师的语言无疑是学生习得语言所模仿的对象、学习的范型。学生对教师的一词一句、一腔一调都非常敏感。可以说，无论是哪一学科、哪一年级的教师，在教育教学的过程中，他们的语言客观上都起到了示范作用，这是儿童语言发展的重要影响因素。

4. 能使师生关系更加和谐

教师的语言不只是传递知识的工具，也是沟通师生关系、交流感情的纽带。在学校教育中，师生关系的和谐和教师的语言水平有很大的关系。善于说话的教师，往往更能赢得学生的信赖，因而更容易建立一种友好和谐的师生关系，为学习创造良好的氛围；反之，不善言辞的教师，师生关系往往较为疏远，有时还会因为表达不好而伤害学生，造成师生之间的情绪对立，影响教学。

（三）教师口语的特点

同其他行业和职业所使用的语言相比，教师口语有以下七个方面的特点。

1. 教育性

教育性是教师口语区别于其他职业口语的首要的根本性特点。这是由学校工作的总目标和教师的职责决定的。学校是培养人的场所，教师既要传授知识、培养能力，又要对学生进行思想道德教育。教师的根本职责是育人。因此，教师的每一项教育教学工作都同学校的培养目标、学生的未来息息相关。作为教育手段的教师职业口语，它的表达内容和形式都必然受到教育目标的制约，从而使教育教学过程中的语言信息都带有鲜明的教育性。教师口语的教育性一方面体现在言语内容中包含的正面的、积极的思想启迪和健康的情感教化上，一方面体现在言语本身艺术性的教育作用上。因此，教师在开口与学生讲话时，一刻也不能忘了自己是教师，要时时做到"心中有人""目中有人"。教师要做到习近平总书记在党的二十大报告中所言："广泛践行社会主义核心价值观，弘扬以伟大建党精神为源头的中国共产党人精神谱系，深入开展社会主义核心价值观宣传教育，深化爱国主义、集体主义、社会主义教育，着力培养担当民族复兴大任的时代新人。"例如一位小学老师在教学生"打"字时，有学生说："是打人的打。"老师立即纠正说："应该说是不打人的打，少先队员还能打人吗？"还有位教师借用"打球"对学生进行积极进取精神的教育，效果也很好。

2. 规范性

德高为师，身正为范。因此，教师的语言必须具有规范性，以期产生正面示范效应。这是由教师工作的性质决定的。要想成为一名合格教师，"为人师表"是最基本的要求，口语的示范作用则是一个重要的方面。学生之所以对教师有崇敬感和信任感，最根本的原因是教师通过言传身教时时刻刻都在影响感染着学生。如果说教师的行为是无声的语言、有形的榜样，那么教师的语言就是有声的行动、无形的楷模。教师口语的示范楷模作用，决定了教师口语必须力求规范。教师用规范的口语教育学生，对于提高学生的语言素质具有深远的意义。教师语言规范，包括语音规范、词汇规范、语法规范几个方面。语音规范是指使用普通话标准音，做到发音清晰、吐字准确。词汇规范是指不用方言词，杜绝生造词。如不把"母猪"说成"猪娘"，不把"抽屉"说成"桌板底"，等等。语法规范是指力求避免成分残缺、搭配不当、词类误用、语序失调等不规范现象。如不把"请坐下"说成"请坐起来"，不把"你先走"说成"你走先"，等等。

3. 科学性

教师的授课语言不同于一般的生活口语，它是一种规范化的口语。教师语言首先必须具有科学性，要符合语言学的一般规律，符合语法、逻辑的要求，做到知识正确、读音准确、用词恰当、判断科学，推理合乎逻辑，解说符合客观事物的实际。教师口语如果不科学，讲授不准确，用语失误，那就会让学生产生歧义或误解，结果违背教学的本意，不仅达不到预期的教育效果，还会损害教师的形象。党的二十大报告指出："加快建设教育强国、科技强国、人才强国，坚持为党育人、为国育才，全面提高人才自主培养质量，着力造就拔尖创新人才，聚天下英才而用之。"教师的职责是"传道、授业、解惑"，所以教师在向学生传授科学知识时必须用科学的语言来表达，做到准确无误、完整周密。不同学科的教学，都有各自不同的知识领域和知识系统。讲授不同的学科知识，就要使用所规定的不同术语、概念。例如，符号"0"，数学老师把它讲成一个数值，音乐老师把它讲成休止符。各自有别，含糊不得。

4. 可接受性

所谓可接受性，是指根据不同的教育对象运用不同的语言，即因材施教。教师口语是针对特定对象为达到特定的教育教学目的而运用的口语，其效果优劣很大程度上取决于学生领悟与接受的情况如何。教师口语要为学生乐于接受、易于接受，必须具有可接受性。教师在进行教育教学时只有针对不同对象的特点运用不同的语言，才能取得良好的教育教学效果。比如对小学生讲话，应当温馨、通俗、富有亲和力，对初中学生讲话，可以浅显、明朗、形象一些，对高中学生讲的话语，则要严密、深刻、富有哲理。《论语·先进》有这样一段记载，子路和冉有先后向孔子请教同样一个问题："闻斯行诸?"意为：听到了觉得自己应该做的事情就去做吗？孔子却给了两种完全不同的回答。公西华问孔子原因，孔子解释说："求也退，故进之；由也兼人，故退之。"意为：冉有遇事退缩不前，所以激励他；子路好胜心强，所以阻止他。孔子针对子路、冉有不同的性格特征，施以不同的教育，使他们避免"过"与"不及"的毛病，达到最佳教育教学效果。

5. 鼓励性

教师要爱护学生，保护他们的自尊心，时时鼓励他们积极上进。"良言一句三冬暖，恶语伤人六月寒。"教师语言忌讳"冷""辣""硬"。传授知识时，忌讳"笨""傻"之类的埋怨；启发引导时，忌讳"呆""木"之类的挖苦；指责骄傲时，忌讳"真行""真了不起"之类的嘲讽；批评错误时，忌讳"没治了""看透了"之类的断言。教师的语言应当像"雪中炭""三春雨""六月风"，要着眼于发现学生的优点和长处，观察学生的细微变化，对学生表现出的闪光点给予及时的鼓励，为学生营造一个支持性的环境，激励学生不断地大胆尝试，不断增强学生成功的欲望，从而最大限度地调动学生的积极性，激发学生主体精神，促进集体和谐发展。在教学中，教师多用"你讲得太生动了!""你比老师读得还好呢!""你很有主见!""你比上次进步多了!"这样的语言，会让学生倍感亲切，从而激活课堂气氛，调动学生参与课堂的积极性，使课堂教学变得生机勃勃。

6. 生动性

儿童是"用形象、声音、色彩和感觉思维的"。教师口语虽然要具有科学性，要求规范化，但它又有别于书面语言，还要求具有生动性的特点。教师口语的生动性符合青少年的心理特征，有利于教师口语信息在传输过程中发挥最佳效果。生动形象和富有情感的教师口语能激发学生的学习兴趣和上进心，它在调动学生运用智力心理因素的同时，也调动非智力心理因素参与，从而大大提高教育教学的效率。只有生动才能使学生爱听，才能帮助学生尽快地掌握知识，消化理解授课的内容。要在教学中体现生动性，教师口语必须具备两点：一要通俗，二要形象。教师要通过形象化的手段把枯燥深奥的知识讲解得通俗易懂，化枯燥为活泼，化抽象为具体，化深奥为浅显，使学生听得懂，最大限度地提高教学效果。

7. 审美性

教师口语的审美性体现在三个方面。一是创设优美的语境，教师娴熟地运用机智的语言、出神入化的讲话、完美的逻辑推导等，形成一种引人入胜的优美语境，给学生以浓郁的审美感受。二是教师口语自身的语言美。如优美的语汇、甜美的语音、悦耳的语调等，具有很强的审美感。三是教学口语的流程美。包括融洽畅达的沟通美、新鲜有趣的导入美、天衣无缝的衔接美、动静交错的起伏美、抑扬顿挫的节奏美和耐人回味的结语美。整个教学流程中的语言，构成一种整体美。

 教师口语课程

（一）教师口语课程的开设

自 1993 年 5 月国家教委颁布《师范院校"教师口语"课程标准（试行）》至今，不觉已有近三十个年头了。然而，由于种种原因，时至今日，承担"教师口语"课程的教师们，仍常常会碰到有人这样提问："教师口语，这是一门什么课程？"

从理论角度认识这门课程，其实并不复杂。根据《师范院校"教师口语"课程标准（试行）》的介绍，这是"研究教师口语运用规律的一门应用语言学科，是在理论指导下培养学生在教育、教学等工作中口语运用能力的实践性很强的课程，本课程是培养师范类各专业学生教师职业技能的必修课"。

具体说来，"教师口语"是根据发展基础教育的需要和强化教师职业技能的需要而为广大师范生开设的一门公共必修课，同时也是积极贯彻国家语言文字工作的方针政策、深化教育改革、实施素质教育的一项重要举措。该课程以训练为主要手段，在理论的指导下，以特定的训练目标和训练内容，培养师范生在教育教学过程中的口语运用技能、言语识别能力、言语判断力和言语应变力，为将来从事的教育、教学工作打下扎实的基础。

教师口语课程开设的目的，是"教育学生热爱祖国语言，认真学习、积极贯彻国家语言文字工作方针政策，增强语言规范意识；能用标准或比较标准的普通话进行口语交际；初步掌握运用教师职业语言进行教育教学的基本技能，并能对中小学生和幼儿的口语进行指导，以利于提高全民族的语言素质"。

（二）教师口语课程的特点

这门课程的特点主要表现在以下三个方面。

1. 应用性

教师口语不是一般意义上的语文课或语言课，而是一门应用技能课。它并不以传授知识为目的，而是在语言学和教育学、心理学等理论的指导下，研究教师在教育教学过程中的语言应用问题，总结运用语言进行教育活动的规律，帮助学生掌握语言标准，训练语言表达的技巧和手段，提高教师的口语表达能力。

2. 实践性

作为应用技能课，教师口语并不注重精确细致的理论讲授，而更注重理论指导下的实际训练。语言是一种社会现象，口语能力的培养提高仅靠课程的有限时间远远不够。因此，要把课程教学与实际训练有机地结合起来，指导学生积极参加言语实践，使他们在千变万化的话语情境中自觉地进行口语训练。通过增强言语识别能力、言语判断力和言语应变力来培养口语技能，是教师口语课的一个显著特征。

3. 综合性

教师口语课的综合性决定于口语表达的综合性。口语表达本身就是一项综合性的活动。首先，口语表达作为一个过程，是一个综合的系统，表现为表达者和听者的默契配合，也表现为表达者心想、口说、耳听、目视、情动等生理、心理活动的协调一致。其次，口语表达还是表达者素养、知识、思维、语言等多方面能力的综合调动。

（三）教师口语课程的教学原则

1. 统一要求与因材施教相结合的原则

高校的学生来自不同的地区，加上学生入学前没有经过口语表达能力的测试，所以学生的口语表达能力参差不齐；现行的课堂教学是集体教学，这便产生了统一要求与学生水平参差不齐的矛盾。解决的办法就是因材施教，抓两头带中间，以点带面，根据学生的不同水平，在不同的基础上去要求。贯彻这一原则要注意做到以下几点。

（1）全面深入地了解学生。了解学生的成长地及家庭环境，说何种类型的方言，口语表达的基本状况，等等。针对不同的情况分别提出不同的要求。教师要善于利用表达能力较好的学生作为语音训练的模范来带动、启发大家。让表达能力较好的学生做小先生，对他们自身也是极好的锻炼。对表达能力存在不足的学生，应指出不足，给出训练方法，并提出更高的要求。对表达能力较差的学生，可以用表达能力较好的学生以一带一，通过个别辅导，加大训练量，使他们能尽快提高表达水平，跟上全班的训练步伐。

（2）要善于发现并调动学生的积极因素。在口语训练中，教师的作用是在引导、示范、点拨中加以发挥的，并要求与学生训练的积极性相结合。教师应及时发现并肯定学生的进步，不断地给予鼓励；同时，还要创造良好的训练氛围，这样才能提高学生的训练兴趣。

2. 精讲多练、善练的原则

教师口语课是一门应用技能课，技能本身就要求在多练、善练的基础上得到提高。精讲，首先是内容精。指教师要精通教材，浓缩教学内容，抓住主干，略去枝叶。其次是语言精练。讲话要简明、精要，切忌冗长、啰唆。多练首先是给学生提供练习时间，教师讲的时间缩短了，学生练的时间相对就延长了。其次，提供舞台，让每个学生都有较多的机会到讲台上面对全体学生自如地讲话。善练就是在正确的理论指导下，有明确的训练目标，有严格的训练计划、方法、步骤，按质按量地完成规定的学习内容。贯彻"精讲多练、善练"的原则，教师必须注意以下几点。

（1）理论的讲解是以指导实践为目的的，讲是为了更好地练，所以讲不能脱离练单独进行。

（2）要保证训练的质量。在训练时，要充分发挥教师的主导作用，从训练内容的准备、方法、步骤的设计，到示范、辅导、讲评，教师都要通盘考虑，使学生学有所获、练有所得。

（3）注意选择训练的话题，特别是在进行一般口语训练时，选题要切合大学生的实际特点，如"如何看待教师职业""什么是真正的幸福""大学生社会实践的利和弊""怎样看待知识积累和能力培养的关系"等，都是不错的话题。这样才能调动学生的热情，使他们有话可说，使他们发挥出自己的口语水平。

3. 课内训练与课外训练相结合的原则

口语表达能力的提高是循序渐进的，必须在不断反复的练习中才能见成效。口语训练具有较强的情境性、人文性、技巧性，是一个综合的过程；而课堂训练的情境往往是虚拟的，缺乏真实感，不利于学生自主积极地投入训练。口语训练需要充裕的时间，课堂训练的时间和频率远远不能满足学生的需要。要使每个学生在每一个环节上都得到自然有效的训练和提高，就必须将课堂教学与课后训练相结合，使课程教学得到自然延伸。贯彻这一原则需要注意三点。

（1）应重视并加强对重点、难点的分析和口头示范，注意培养学生自觉训练的积极性、主动性，为课后继续练习打好基础。

（2）要有计划地进行课外训练，协调好课外和课内的关系，使课外训练紧紧配合课堂训练进行。口语课是有限的，而课外的训练是无限的，可以贯穿整个大学学习的始终。教师一定要安排好训练的内容及督促检查的计划，精心安排课后练习，明确要求，适时指导。

（3）教师要尽力给学生提供各种课外训练的大环境，如多组织普通话比赛、朗诵、演讲、辩论等形式的课外活动。鼓励和指导学生利用一切机会参与公众交际与交流，使学生的口语技能在真实自然的话语情境中得到不断的巩固、强化、发展和提高。

4. 传统的教学方法与现代化的教学手段相结合的原则

传统的教学方法是通过言传口授进行的。现代化的教学手段，为教学的直观性、示范性提供了优越的条件。教师口语课由于其应用技能的特点，更要充分利用现代化的教学手段，只有把口授言传和现代化的教学手段有机地结合起来，才能达到理想的训练效果。

（1）音频、视频的使用要与课堂的知识传授及学生的训练内容紧密地结合起来，安排好适当的时间。

（2）听完音频或看完视频后，应及时让学生谈心得体会，并指导学生进行模仿训练。

5. 阶段性与一贯性相统一的原则

教师口语课的教学内容由普通话技能、一般口语技能和教师职业口语技能三个部分组成。这三个方面的内容自然地形成了课程教学和训练的三个阶段性目标，但三者事实上又紧密相连。其中，普通话技能的训练是基础；一般口语技能的训练是普通话技能训练的深化和延伸，是进行教师职业口语技能训练的必要准备；而教师职业口语技能训练则是一般口语技能训练的扩展和提高，也是整个教师口语训练的归宿，不能将它们截然分开。因此，处于不同的教学阶段，应有不同的侧重目标以及相应的训练方式和方法；同时又要主辅线并举，把三个方面的教学训练紧密结合，以增强课程的体系性、教学的灵活性、训练的综合性和训练目标的连续性。

6. 激发鼓励、注重发展的原则

任何知识或技能的获得都建立在学习主体极大的学习兴趣和学习热情的基础之上。教师口语的教学应当把鼓励学生训练的积极性、激发他们"说"的欲望和兴趣摆在首要的位置。为此，教师要处理好课程的教学目标和训练过程之间的关系。教师口语有明确的教学目标，这些教学目标必须贯彻于教学的始终并努力实现。但在具体的教学中，教师又不能过分地强调目标本身，追求目标的快速实现，而应当注重训练的过程，要以发展的眼光看待学生在训练中的失误和所遇到的障碍，引导他们自己纠正。

以上教师口语课的教学原则既有区别，又互相联系，教师要善于从实际出发，把它们配合起来，灵活地、创造性地遵循和运用。

（四）教师口语课程的教学方法

教学方法是根据教学原则，总结教学实践经验而得出的，它是实现教学目的的方式和手段。教师口语课因具有实践性很强的特点，采用的教学方法就更应灵活多样。一般而言，在教师口语教学中常用且行之有效的方法有以下四种。

微课：教师口语课的教学方法

1. 讲授讨论法

讲授法是一种传授知识的方法，主要是教师讲学生听；讨论法是教师通过和学生互相交谈以使学生在主动探讨问题时，理解和掌握知识的一种方法。教师口语课是培养学生口语表达技

能的，所以，在传授理论知识时，不能只采用教师一方动口的讲授法，而应把教师的讲授与课堂讨论有机地结合起来，这样，学生既掌握了知识，又有了一定的口语表达的机会。讲授和讨论融为一体的教学方法，对教师的要求比较高，如掌握不好，很容易造成知识传授的支离破碎、学生的训练不得要领。因此，运用这种方法教师要做到以下两点。

（1）课前要有充分的准备，哪些知识要以讲授为主，哪些知识要以讨论为主，教师一定要做到心中有数。比如，在进行普通话技能训练时，语音知识应以讲授为主，方音辨正则应以讨论为主。

（2）讲授要清晰、准确、精练、通俗易懂，且形象生动，给学生树立一个口语表达的好榜样。讨论要事先让学生有充分的准备，启发、鼓励学生积极发言，并要做适当的点评。讨论时教师一定要注意，如果学生说错或说得不好，特别是观点上有问题，只能指出，切不可批评，否则会影响学生的训练热情。

2. 示范法

"榜样的力量是无穷的。"这个道理在口语训练中不可忽视。示范法能使学生增加感性认识，加深印象，给学生树立起好的榜样，使他们在不知不觉的模仿中提高口语表达水平。运用这种方法，在形式上可采用口语表达全过程示范，如听朗读演讲的录音、观摩优秀教师的教学实况等。也可采取从易到难的步骤，采用单项示范，如复述、描述、表述、评述的单项训练。做示范的可以是录音、录像，可以是教师自己或是口语表达能力较强的学生。运用这种方法，教师要注意以下三点。

（1）示范一定要准确、生动，让全体学生都能有深刻的感受。

（2）对示范的材料要做表达技巧上的分析。

（3）示范是为了有标准地训练，所以一定要把示范和训练有机地结合起来。反复示范，要求学生反复模仿，在模仿中提高，形成自己的表达特点。

3. 指导练习法

指导练习法是学生在老师的指导下将所学的知识运用于实践，以达到巩固知识，形成技能技巧，把新知识转变为能力的一种方法。使用这种方法，教师一定要注意做到以下三点。

（1）指出明确的练习目的、要求，并给出训练的内容。学生有目的地去练，才能找准训练的方向，自觉地进行练习。

（2）教师要指导学生掌握练习的方法，找到提高的突破口，这样才能增强训练效果。

（3）针对不同的学生提出不同的练习要求，并给出相应的方法。

4. 创造情境法

口语表达总是在一定的情境中进行的。创造情境法就是针对口语表达的这种特殊性而采用的一种切合实际的能使学生身临其境，从而有话可说的方法。单一的训练模式，往往使学生感到枯燥乏味，久而久之，将大大降低学生的学习兴致。因此，教师要以新颖、有趣、丰富的教学方法，激发学生的兴趣。为此，教师可以根据不同的训练内容，设计不同的训练方法，其中角色扮演法是很受学生欢迎的。比如在进行教师口语训练时，就可以让有的学生扮演教师、有的扮演学生，进行教学口语或教育口语的演练；也可以有的扮演教师、有的扮演家长，做家访交谈训练；等等。千变万化的教学情境，可以培养学生的应变能力、敏捷的思维能力、快速的口语表达能力。在具体的情境中练习，有利于学生获得真切的感受。使用这种方法，教师一定要做到以下两点。

（1）事先让学生做好充分的心理准备。对所需要训练的内容做好全面安排，心中有数才能有话可说，否则学生会张口结舌，不知说什么好。

（2）情境训练过后教师要认真点评，积极引导学生思考所得与不足。

除了以上常用的教学方法，我们还应该注意以下四个方面。

1. 加强朗读训练，以读促说

在口语训练诸多环节中，朗读训练易被忽视，然而，朗读对于学习普通话、提高口语表达能力大有裨益。首先，朗读必须使用普通话标准音，要求吐字清晰，纠正方言。其次，朗读是培养口头表达能力的重要途径。朗读规范的、优美的文学作品，不仅可以丰富词汇，掌握语言连贯性，而且可增强逻辑思维的严密性。再次，朗读同说话的各种语音技巧基本相同，要运用升降、停顿、轻重、快慢等，在反复朗读中，可以培养条理清楚、用词准确、语流顺畅、形象生动等说话能力。因此，在口语课教学中，注重朗读训练，对提高说话能力有事半功倍的效果。

2. 加强课外阅读，让学生有话可说

一般的口语训练要求学生能在公共场合，面对听众，条理清楚、语流顺畅地讲3—5分钟，然而在实际课堂练习中，很多学生只能讲1分钟，有的甚至不到1分钟，就无话可说。其中最主要的原因是知识面太窄。为此，教师应让学生在课外博览群书，多读多记，经过日积月累，学生的知识面拓展了，在讲话时就能引经据典、如鱼得水、左右逢源。这种方法能使学生受益匪浅，学习积极性也会被大大调动起来。

3. 开展丰富多彩的活动，促进口语课的学习

口语课堂教学是提高口语表达能力的主要渠道，课外活动是一片进行口语实践的广阔沃土，二者相辅相成。为了配合课堂教学，激发学生的学习热情，给每个学生更多的参与机会，教师可定期举办朗诵会、故事会、辩论会等丰富多彩的课外活动。学生自己确定主题，选择材料，组织并主持，教师现场指导，同学生一起及时评价。学生的智慧、口语表达能力，在活动中就会得以充分展现。与此同时，学生通过活动认识到自己的不足之处，课堂训练时，注意力会更加集中。

4. 强化对口语表达能力的考查，发挥考核的督促功能

传统的考试方式是期末闭卷式，这种单一的形式只能考核学生对理论知识的掌握情况，忽略了对学生口语表达能力的考核，以致学生只注重知识，而忽视能力。为此，教师应根据口语课的特点，变单一的闭卷式为灵活多样的形式。考试可分阶段，采用口试、笔试相结合的方式，充分发挥考试的导向功能，以此督促学生主动参与训练，从而提高口语运用能力。

上述训练方法可根据教学的内容、任务、目的以及学生的具体情况加以选择，灵活运用。

第 二 章

说话的心理训练

◇ **学练导航**

（一）学习目标

（1）了解一般口语交际中常见的心理障碍。

（2）掌握克服一般口语交际中心理障碍的方法并培养自信的心理。

（3）掌握一般口语交际中心理沟通的方法。

（二）实训任务分解

任务一：自我心理的突破。

任务二：成功心理的培养。

◇ **经典引路**

相信很多人都会有怯场的毛病，下面请同学们观看右侧二维码内的视频，然后分组思考讨论下列问题：

（1）乔·科文是如何战胜怯场的？

（2）你有过怯场的经历吗？当你怯场时会有什么表现？

视频：7分钟
教你怎样克服
怯场

一 理论奠基

（一）一般口语交际中常见的心理障碍

口语交际中常见的心理障碍，一般来说包括以下三个方面。

1. 胆怯

师范生初登讲台，或者在众人尤其是在陌生人面前讲话，有时会出现胆怯心理。他们有时显得目光呆滞，不敢与别人对视；有时面红耳赤，呼吸急促，甚至手腿发抖，语无伦次。胆怯心理不仅是口语交际的严重障碍，也是刚上讲台的年轻教师常见的心理障碍。一般说来，出于保护自我的本能，年轻人初次在陌生人或公众面前说话时，会出现轻微的慌张与胆怯，这属于正常的心理现象。即使一些著名演讲家，在初练演讲时，也常有胆怯和失败的经历。因此，重要的是要逐步克服胆怯，不能由胆怯而恐惧，再由恐惧而自卑，形成难以扭转的心理定式。

微课：一般口语交际中常见的心理障碍

2. 自卑

自卑是一种消极的心理状态，它使人离群、孤立、苦闷、失去自信心。在口语交际中，有自卑心理的人，不敢大大方方地与人平等交往，担心受到别人的冷落与嘲笑，在进行言语交流时，他们也常常会情不自禁地出现脸红心跳、语无伦次、手足无措等现象。在学校里，有自卑心理的同学往往处理不好同学之间的关系，常常会给教师开展正常的教育教学工作带来困难。

3. 自傲

自傲是一种以自我为中心的心理倾向。在口语交际中表现出自傲心理的人往往只将注意力集中在自我身上，过高地评估自己的能力。于是，他们在交际会话中滔滔不绝，自以为技压群雄；在演讲中高谈阔论，不顾听众情绪。自傲心理使人孤傲离群，使交际双方的关系难以协调，对口语交际极为有害。

（二）克服口语交际中心理障碍的方法

1. 稳定情绪，自我激励

初上讲台或在大会场合讲话，事先可采取以下方法使心理状态趋向稳定：做几次深呼吸，使呼吸与心跳趋向正常；慢慢喝水，慢慢咽下，稳定情绪；专心致志，考虑讲课或演讲内容，上台后不急于开口，扫视全场待静场后再开讲；自我暗示法，登台之前，先对着大镜子修饰一下自己的容貌，自信地凝视自己的形象大声说几遍"你今天一定成功"，然后精神焕发地跨出房门。

2. 增强信心，消除自卑

（1）旁若无人

郭沫若在总结自己的讲演经验时说，"讲演"总是目中无人才行，"不管有多少听众在你前面，他们都是准备让你吞下去的，你只要把他们吞下去就行了"。著名物理学家、化学家、演讲家法拉第也曾说过"他们（指听众）一无所知"的话。这些观点，并不是要我们在众人面前趾高气扬，而是为了增强"自我"信心，消除自卑心理障碍。

（2）忘掉自我

心理学家指出，紧张和恐惧是与自我评价有关的情绪反应，是演说者自我意识所造成的。当众讲话的第一步之所以难迈，主要是考虑"自我"过多，怕丢人，怕出丑。英国著名作家萧伯纳原是胆怯之人，他常常在别人的门前踱步20多分钟才壮起胆子去敲这家的门。后来，他回忆如何获得杰出口才时说："我是以自己学会溜冰的方法来做的——我固执地一个劲地使自己出丑，直到我习以为常。"萧伯纳的"忘我的精神"是消除胆怯心理的一把钥匙。

（3）人人如此

畏惧、怯场是初次当众讲话者的普遍心理，古今中外许多著名的政治家、演说家、辩论家等初次登台时，也多有怯场的经历。如拉·甘地夫人初次登台时，吓得连一点声音都发不出来，讲了些什么自己也不清楚。一个听众说："她不是在讲话，而是在尖叫。"美国前总统福特初入政坛时，讲话结结巴巴，有人戏称他为"哑巴运动员"。喜剧大师卓别林第一次向公众演说时，因过分紧张兴奋从台上跌落下来。古罗马雄辩家西赛罗最开始演讲时面色苍白，四肢和整个身心都在颤抖。然而，他们都是在战胜了畏惧之后，才变得落落大方、侃侃而谈的。

3. 苦练敢说，驱走恐惧

爱默生说："恐惧较之世上任何事物更能击溃人类。"培养讲话者胆量、消除恐惧的最好方法就是勤学苦练。演讲者要有练好口才的强烈愿望，且不要丢掉任何练习机会。在讨论会上，要争先发言，敢于当众讲话；在非正式场合，要寻找话题，既敢对熟人讲，也敢对陌生人讲。

（三）建立自信心理的训练方法

1. 渐进训练

如果在口语交际中，自卑心理障碍一时不能很快克服，也不必急躁，可以用渐进训练的方法，先从容易的事情做起，即使不显眼，也不要放过训练的机会，逐渐增强自信。比如，第一次试教或演讲不成功，可以先从在自己班级（或小组）内讲一段话开始；与性格内向的人交往不成功，可以先从与性格开朗的人交往开始；等等。这些由易到难的训练，会使你发现自己并非不会上课、不会口语交际。在这个基础上，逐渐提高口语表达难度和口语交际水平。

2. 强化训练

实施强化训练法要注意激发训练欲望，训练时要以表扬鼓励为主，绝不要因为暂时效果不佳而让学生产生新的心理负担。

3. 自我暗示训练

主要通过内心积极的自我暗示，消除胆怯、紧张等心理障碍。

4. 目光接触训练

很多人初次在大庭广众下讲话觉得紧张，目光无处可放或呆呆地望着某处不动，甚至会低头以躲避台下听众的目光。因此，在目光接触训练时，要求训练者不要只探究别人的目光的含义，而要用自己的目光去同别人交流，并尽量体会自己的目光是否传递出友好的交流信号。如这样训练者仍然感到紧张，则可以用虚视或扫视的办法来解决。

（四）口语交际中心理沟通的方法

对教师来说，能否与学生沟通并形成相容心理，是教育口语和教学口语能否取得成效的关键。口语交际中，心理沟通的方法有倾听、认同、调控等。倾听是心理沟通的前提。倾听可以满足对方自尊的需要，为心理沟通创造有利的氛围。倾听的过程也是深入了解对方并考虑如何进一步做出反应的过程。因此，倾听不只是用耳朵去接收信息，而必须耐心、虚心、用心地听，这就需要良好的心理素质。下面主要讲述认同与调控的方法。

微课：一般口语交际中心理沟通的方法

1. 认同

建立认同心理，就是设法寻找同谈话者的共同语言，以求得心理上的接近与趋同。认同心理是相互沟通的基础。

认同的方法主要有以下两种。

（1）求同存异。需要沟通的双方，有时会存在严重的分歧，这些分歧可以暂时搁置，双方可以先从一些比较有共识的话题开始。待双方气氛缓和之后，再转入需要沟通的话题，效果要好得多。容易取得共识形成认同感的话题，首先是共同的兴趣、爱好。比如影迷、球迷碰在一起，几句话一聊，就熟悉起来了。其次是共同熟悉的人或事。比如在他乡遇老乡，一谈起家乡的景色，双方便眉飞色舞、心心相印了。再次是共同的经历、专长等，也有利于双方形成认同感。

（2）寻找认同感。当对方觉得你的确为他着想的时候，他在精神上就会处于松弛和开放的状态，也就会较为客观地理解和评价你的观点，沟通的目的也就容易达到了。有时，沟通双方的情感落差很大，这时需要设身处地体察领悟对方在特定境遇中的情感，形成感情的认同感。

2. 调控

口语交际中的调控是指为达到控制说话主动权以实现沟通心理、统一思想的目的而运用的语言技巧。

（1）迂回诱导

对一些难以直说或不便单刀直入的问题，可以采取"曲径通幽"的办法，通过类比、推理等办法来达到心理沟通的目的，这叫迂回诱导。

（2）情绪感染

感染是人际间情绪的同化反应形式。情绪感染指交际过程中，一个人谈高兴的事，对方也愉快；一个人说不幸的事，对方也难过。情绪感染是调控的一种好方法。

（3）话题调控

在口语交际中，当交谈出现障碍时，及时调控话题是重新达到心理相容的一个好办法。

二　课堂实训

（一）任务一：自我心理的突破

1. 任务目标

（1）能正确认识一般口语交际中的胆怯心理，并通过分析其成因，勤加练习，突破自我。

（2）运用克服心理障碍的方法，并通过训练，基本做到当众说话从容，不紧张、不胆怯。

2. 建议学时

1学时。

3. 任务实施过程

（1）任务导入。

你知道，世界闻名的教育大师卡耐基，曾因为怯场而想过轻生吗？

大学时期的卡耐基生活拮据，在获得全额奖学金的情况下，他还是需要打工挣取生活费。后来他发现学院辩论会及演讲比赛是一个可以让自己成名和成功的好机会。于是他开始了不停参加演讲比赛的生活。

然而，让他没有想到的是，他参加的比赛，从第一次到第十二次，因为怯场而全部战败。

最后一次比赛败北后，他开始对自己的能力产生怀疑，感觉所有美好的希望都破灭了。

他拖着疲惫的身子，意志消沉地在街上彷徨……

30年后，已然成名的卡耐基回忆说："虽然我没有找出旧猎枪和与之相类似的致命东西来，但当时我的确想到过自杀……"一个以演讲闻名的交际大师也会因为怯场而想要自杀似乎不合常理，但其实胆怯一直都困扰着许多人。

美国的格兰特将军在占领维克斯堡之后，对当着欢呼的士兵与民众发表演说感到"像得了脊髓病一样"；英国前首相迪斯雷利也承认"宁愿带领一队骑兵冲锋战死，也不愿首次在国会发表演说"；连老练的演说家丘吉尔也感到，在最初开口演讲时"心窝里似乎塞着一个几寸厚的冰疙瘩"。

（2）讲解知识点。

当众说话的实践告诉我们，胆怯心理人人都有，即使是名流当众讲话，也从来没有完全消除登台的恐惧感。对大多数人而言，由于没有经历过当众讲话，难免会感到焦虑和恐惧。但我们要明白，一个人可能一辈子都不会发表演讲，但不可能一辈子都不和人谈话。因此，正视公共场合说话会有恐惧心理这一事实，找到产生这一心理的根源并进行有针对性的训练，才是解决问题的正确态度。

（3）自我突破训练。

训练名称：你知道我的生肖吗？

（4）训练要求及方法。

①将全班同学按照十二生肖分组，共12组，每组4—6人。

②每组各派出2人，面对面站立，模仿本组所属生肖的叫声。

③不怕"当众出丑"，模仿生肖的叫声尽可能大声、逼真、准确。

④各组派一名学生代表上台表演，以大声、逼真、准确为评分标准，三者的综合分最高者胜出。

（二）任务二：成功心理的培养

1. 任务目标

（1）通过渐进训练，培养在众目睽睽之下从容、冷静的心理。

（2）通过强化训练，激发训练欲望，培养自信心。

2. 建议学时

1学时。

3. 任务实施过程

（1）任务导入。

1928年，沈从文被当时任中国公学校长的胡适聘为该校讲师。沈从文时年26岁，学历又是小学，带一身泥土气，闯入十里洋场的上海时间不长，却以一手灵气飘逸的文章震惊文坛。

但是，名气不是胆气。他第一次走上讲台的时候，慕名而来听课的人很多，面对台下满堂渴盼知识的莘莘学子，这位大作家竟呆了整整10分钟，一句话也说不出来。

开始讲课了，原先准备好要讲授一个课时的内容，被他10分钟就讲完了。离下课时间还早呢！但他没有天南海北地瞎扯硬撑"面子"，而是老老实实拿起粉笔在黑板上写道："今天是我第一次上课，人很多，我害怕了。"

于是，全场爆发出一阵笑声。

胡适知道后，很欣赏沈从文的坦言与直率，认为讲课"成功"了。承认失败，需要光明磊落的胸襟和正视自我的勇气。沈从文能坦然对待第一次上课的失败，并找到失败的症结，"不声不响地做自己的工作"，没过多久就能挥洒自如地讲课了。

（2）讲解知识点。

在一般口语交际中，胆怯、自卑等心理障碍一时不能克服，我们也不必急躁，可以从每一件小事做起。用渐进训练的方法，由易到难，你会发现自己并非不会上课、不会演讲、不会口语交际。在这个基础上，逐渐提高口语表达难度和口语交际水平，从而建立自信的心理状态。

（3）成功心理训练。

1）训练材料一。

训练名称：台风训练。

训练要求及方法：

①每两位同学自由搭档，在全班同学面前进行登台练习。

②从教室外走上讲台，行礼，注视听众，静场30秒。

③整个过程训练者不可讲话或笑出声，违反一次加时5秒。

④教师或指定一位学生负责掐秒表计时，时间一到，立即叫停。训练者鞠躬，走出教室。

训练说明：这是针对初登讲坛者的预备活动，站上讲坛，让大家看，站10分钟也不为长。目的是让大家丢掉羞涩，丢掉难为情。突破了"看关"，就迈出了大胆说话的第一步。

2）训练材料二。

训练名称：三分钟命题说话。

训练要求及方法：

①指定5人上台，抽题后当场讲述。命题如"我就是这样一个人""我有个优点""我的特长""我最得意的一件事"等等。

②讲完后，由其余同学评论此5人的心理素质，可以当场质疑、讨论。

③最后由此5人答辩，谈谈怎样建立稳定、自信的心理状态。

训练说明：想要克服胆怯、自卑、自傲等心理障碍，唯有找到正确的方法并迅速行动起来。

◇ 自我修养

（一）理论自修

（1）阅读右边二维码论文，思考如何在日常教学中帮助学生有效克服"怯场"。

教育论文

（2）推荐课外阅读安德森《演讲的力量》，结合自身实际，写一篇500字的读后感。

（二）自主训练

1. 上台训练

（1）训练目标：通过日常训练，克服胆怯的心理。

（2）训练准备：一张讲桌。

（3）训练方法：

①深吸慢呼、气沉丹田。

②站直挺胸沉肩。

③眼神不要左右飘忽。

2. 五个一点点

（1）训练目标：通过日常训练，培养自信的习惯。

（2）训练准备：全身镜。

（3）训练方法：

①走路的速度，快一点点。

②说话的声音，提高一点点。

③脸上的微笑，多一点点。

④把你的头，向上扬一点点。

⑤把你的后背，挺直一点点。

3. 面对紧张，我有办法

（1）训练目标：掌握培养自信心理的方法。

（2）训练准备：请心理素质好的同学配合解答，以便过程流畅顺利。

（3）训练方法：指名上台讲述，介绍自己初次登台时的心理状态，以及是如何用积极的自我暗示来稳定情绪的。也可以开展"心理咨询"活动，由教师或心理素质好的同学当场回答有关提高口语交际中的心理素质的问题。

4. 定时抢答

（1）训练目标：培养学生应对突发性提问的稳定心理。

（2）训练准备：提前准备好简单的题目，计时器，计分表。

（3）训练方法：设计十几组常识题（每组 5 题），同学抽题上台，每人完成一组快答题（提问后 3 秒内回答）。计分评比。答对 10 分；超过 3 秒，0 分；答错扣 10 分。

常识题举例：

一件中山装有几个口袋？

七只青蛙有几条腿？

树上有五只鸟，打中一只还剩几只？

房间里有两个女儿两个妈妈，至少有几人？

5. 即兴演讲

（1）训练目标：培养学生面对陌生的环境、陌生的话题、陌生人的应变能力，培养学生在陌生人面前即兴讲话所需的稳定台风与自信心理。

（2）训练准备：需约好两个班同时上课，并准备好演讲题目。

（3）训练方法：两班同时上课，同学分别交叉到陌生班级做即兴演讲（2 分钟）；题目当场抽签（可准备 4 分钟）。

第三章

说话的声音训练

◇ **学练导航**

（一）学习目标

（1）了解发声的基本原理。

（2）掌握气息、共鸣、吐字归音三种发声技巧。

（3）学会运用科学的发声方法进行口语表达。

（二）实训任务分解

任务一：声音发声的训练。

任务二：气息、共鸣、吐字归音的技巧训练。

任务三：科学发声技巧及口才训练方法的运用。

◇ **经典引路**

请同学们仔细欣赏右边的视频，然后分组思考并讨论下列问题：

（1）怎样运用自己的理解，用快慢、高低、虚实、强弱的声音形式来朗诵此文章？

（2）怎样运用发声的技巧将作品的内容和情感表达出来？

视频：散文朗诵《匆匆》

 理论奠基

声音的发出与呼吸、发声、共鸣、吐字紧密联系。肺呼出的气体通过气管，振动了喉头内的声带，发出微弱的声音。这种声波通过咽腔、口腔、鼻腔等腔体共鸣得到了扩大和美化，再经过口腔的唇、齿、舌、牙、腭的协调，不同的声音就由此产生出来，这就是声音发出的基本原理。语音则是口头语言的载体，是由人类发音器官发出的表达一定语言意义的声音。而发声是在大脑皮质高级神经的作用下，使发音器官各部位协调一致的结果，各个发音部位控制自如，如气息、口腔、喉部、共鸣控制等，这样嗓音才能发出标准且清晰的声音。正确的教学理念是通过训练使学生对发音器官的各个部位、发声过程的各个环节都能自如地掌控，让训练有素的声音为语言表达的抑扬顿挫、轻重缓急提供支撑。

说话的声音训练，主要分为发声的训练和气息、共鸣、吐字归音的技巧训练。

（一）发声的技巧

人类没有单独的发音器官，基本使用呼吸器官、消化器官来发声。发音器官包括呼吸器官、发音体、共鸣器三个部分。其中，除声带外，其他所有的发音器官都是"兼职"发声。说话时，横在呼出气流通道上的两条声带迅速开合，将稳定的气流切开，进而转换成听得见的峰音，随着舌、唇、腭等器官的运动，不断改变声道的声学性质，将峰音变成能区别的语音，通过胸、喉、咽、鼻、口腔组成的共鸣器放大而发出声音。

发声训练是为了拥有好的音质，说出清晰标准的语音，主要包括练气、练声、练吐字三个方面。

1. 练气

说话时，我们需以气托声，需要气力支撑。练气的过程可分吸气、呼气、补气。

吸气时要气沉丹田，吸到让肚子瘪下去，胸部胀起来，然后胸尽可能张开。需要注意的是，吸气时不能耸肩、提肩。

呼气时，要尽可能从腹部控制，不可一下吹完。呼气时可以想象 1 米之外有一张纸，需要呼很长时间的气才可能让它摆动。通过吸气和呼气练习，在做报告、讲话、播音遇到长句时，可以通过吸气和呼气控制将其一口气表达完。

为了控制好自己的吸气和呼气，可以使用"数旗法"练习和检验。

例：

> 广场上飘红旗，看你能数多少面旗？
> 一面旗，两面旗，三面旗，四面旗，五面旗，
> 六面旗，七面旗，八面旗，九面旗，十面旗。
> 十面旗，九面旗，八面旗，七面旗，六面旗，
> 五面旗，四面旗，三面旗，两面旗，一面旗。

补气是让气流冲击声带使其振动，专业说法是"发气泡音按摩声带"。在表达更长的句子时，如果一次吸气或呼气不能将其说完，就需要使用补气的方法。一般来说，补气练到一定程度，气流冲击声带，可能产生类似打呼噜的效果。

2. 练声

练声训练就是预声带、练嚼肌、挺软腭的过程。

预声带就是在正式讲话前，要先进行预热，让声带进入状态。在日常生活中，需要经常练一练、喊一喊，对声带进行预热。

练嚼肌、挺软腭一般是通过张口嚼，再闭口嚼，然后活动腮帮子，让其自如。为了让嘴部的肌肉得到充分运动，可以用"啊，啊"长音发声来练习，使声音产生共鸣。

例：口部操训练

(1) 搓脸：10 次。

(2) 打唇：10 次。

(3) 松下巴：10 次。

(4) 咀嚼：闭、张口嚼各 20 次。

(5) 半打哈欠：5 次。

(6) 撮唇：10 次。

(7) 双唇打响：30 次。

(8) 顶腮：30 次。

(9) 转舌：8×8 拍。

(10) 伸卷舌：20 次。

(11) 慢吸快呼：2 次。

(12) 发"啊"音：20 秒、30 秒各 2 次。

(13) 数数：一口气由 1 数到 30，3 次。

(14) 发"嘿""哈"音：共 30 次。

3. 练吐字

练吐字包括练字头、字腹、字尾。练习发声时，要求将每一个字或字节，分成字头、字腹、字尾，咬紧字头，带响字腹与字尾。

肺活量与人的呼吸密切相关，要经常练呼吸。通过长期的吸气、呼气训练，才能克服气力缺乏的问题。

训练声音的响度，最好的方法是在清晨跑步或者爬山时，大声讲话或背诵文章。在气喘吁吁、上气不接下气时大声说话，对于训练声音响度很有效，当恢复自然状态时，声音响度自然能得到提高。

例：(1) 快速读练不同发音部位的单个字。

拍　拔　盆　打　塔　都　通　那　拉　鸟　练　细　纪　前　现

飞　分　粉　凤　苏　资　聪　散　诗　初　专　输　日　入　热　软

细　序　下　现　拍　平　盆　普　姑　科　海　航　吃　者　车　双

(2) 又快又准地读出下列绕口令。

①八百标兵奔北坡，炮兵并排北边跑。炮兵怕把标兵碰，标兵怕碰炮兵炮。

②东洞庭，西洞庭，洞庭山上一根藤，藤上挂个大铜铃，风起藤动铜铃动，风停藤定铜铃静。

③树上结了四十四个涩柿子，树下蹲着四十四只石狮子。树下四十四只石狮子，要吃树上四十四个涩柿子；树上四十四个涩柿子，不让树下四十四只石狮子吃树上四十四个涩柿子，树下四十四只石狮子偏要吃树上四十四个涩柿子。

④白石塔，白石搭，白石搭白塔，白塔白石搭，搭好白石塔，石塔白又大。

⑤进了门儿，倒杯水儿，喝了两口运运气儿，顺手拿起小唱本儿，唱了一曲儿又一曲儿，练完了嗓子练嘴皮儿。绕口令儿，练字音儿，还有单弦儿牌子曲儿，小快板儿，大鼓词儿，越说越唱越带劲儿。

（二）气息、共鸣、吐字归音的技巧

1. 气息控制的技巧

没有气息，声带就不能颤动发声。呼出的气息是人体发声的动力，声音的强弱、高低、长短、大小及共鸣状况，与呼出气息的速度、流量、压力大小都有直接关系。气流的变化关系到声音的响亮度、清晰度，音色的优美圆润，嗓音的持久性。也就是说，只有控制气息，才能控制声音。因此，在诸多发声控制训练中，气息控制训练是学习发声中重要的一环。

朗诵用声的特点决定了对气息控制的要求——掌握胸腹联合呼吸法：一要有较持久的控制能力；二要保持较稳定的气息压力；三要呼气时间长；四要对气息的控制收放自如；五要学会短时无声吸气；六要能掌握"深、匀、通、活，稳定、持久、自如"的气息控制要领。

例1：打枣

出东门儿，过大桥，大桥底下一树枣，拿着竿子去打枣，青的多红的少，一个枣儿，两个枣儿，三个枣儿，四个枣儿，五个枣儿，六个枣儿，七个枣儿，八个枣儿，九个枣儿，十个枣儿，十个枣儿，九个枣儿……一个枣儿，这是一个绕口令儿，一口气说完才算好。

例2：数葫芦

一口气数不了二十四个葫芦，一个葫芦两块瓢，两个葫芦四块瓢，三个葫芦六块瓢，四个葫芦八块瓢，五个葫芦十块瓢，六个葫芦十二块瓢，七个葫芦十四块瓢，八个葫芦十六块瓢，九个葫芦十八块瓢，十个葫芦二十块瓢，十一个葫芦二十二块瓢，十二个葫芦二十四块瓢。

2. 声音共鸣的技巧

人体中有许多能够产生共鸣的空间结构。人体有口、咽、喉、鼻、头、胸、腹等腔体，当气流冲击声带发出声音（喉原音）后，通过这些腔体产生了声波的共振，原来微弱细小的声音得到美化和扩大，发出圆润、明亮的声音，这就是我们所说的共鸣。

演讲、朗诵、播音、诵读等，都需要有一定的共鸣作为基础，才能达到圆润、响亮、集中

的发声效果。我们评论一个人的嗓音是否明亮悦耳，是否自然舒展，常常是看他对共鸣掌握和运用得怎么样。如一个人的嗓音发音既音色优美、音量洪大，又不费力，自然、舒展，就是运用了共鸣。

（1）口腔共鸣。

口腔由唇、齿、舌、腭、颊五个部分构成，是气息冲击声带后形成语音的最主要的共鸣腔。口腔共鸣是决定语音音色的主要共鸣器。对于朗诵发声的共鸣技巧训练来说，主要在吐字准确、清晰的基础上进行锻炼。

口腔共鸣要求在发音时，口腔自然地上下打开，笑肌微提，下腭自然放下稍后拉，上腭有上提的感觉。基音通过声带附近的肌肉、软骨和气息的传送，使声波沿着硬腭向上齿背方向推送。这时，声波随着气息的推送离开咽喉部分流畅向前，在口腔的前上部分引起振动，声音即在硬腭前部集中反射，这时兼有鼻腔打开、畅通的感觉。这种共鸣使声音结实而清晰，调动口腔共鸣靠前则得到轻盈、甜润的音色，靠后则得到刚强、洪亮的音色。

注意口咽腔的打开要保持"打哈欠"的状态。若我们口腔开得太大，声音是发僵的，声音不自然；而口腔开得不够，会构不成口腔共鸣的状态，音色也就发挥不出来。只有在"提软腭、鼻咽后壁，下放喉头"，后咽腔壁处于站立、变硬、紧绷共鸣状态时，才能将声音最大共鸣的折射导向头腔，确保高位置。这是声音上下贯通、音色柔美、音域宽广的保障。并且要求口咽腔放松。只有口咽腔放松才能使咬字清晰，"以字带腔"在口腔中形成立体的声音，从而产生具有较大穿透力及明亮的音色。

例：①打开上下后槽牙（打牙关），上牙槽向上运动犹如"向上咬苹果"，从容地练习复韵母 ai、ei、ao、ou 的发音，体会声束沿上腭前行，使每个音"挂"于硬腭前部的感觉。练习"哀、黑、好、厚"的发音。

②双唇用喷法，舌尖用弹法，咬住字头发较短促的 ba、bi、bu、pa、pi、pu、ma、mi、mu 音，沿上腭直行到硬腭前端送出，体会声束冲击硬腭前部的感觉（适当缩紧口腔肌肉，注意气息的控制）。注意，此时鼻咽要关闭。

③声母韵母拼合练习。发音时满口紧张（缩紧口腔肌肉），注意双唇力度（双唇用喷法），b、p 发音时双唇紧张，发音响亮、集中、爆满，适当运用气息，感觉小腹具有弹力。

b—a—ba　p—a—pa　b—an—ban　p—ai—pai　p—an—pan

④两字词、四字词练习。

澎湃　冰雹　碰壁　玻璃　蓬勃　喷泉　批判　拍打

百炼成钢　波澜壮阔　翻江倒海

⑤绕口令练习。

山上五株树，架上五壶醋，林中五只鹿，柜中五条裤，伐了山上的树，取下架上醋，捉住林中鹿，拿出柜中裤。

（2）头腔共鸣。

头腔共鸣需要一定的气势及音高，运用起来比较吃力。保持好一定的气息后，把口腔共鸣中声波传递的方向朝后向上移动，以后脖颈儿为支点，保持喉头松弛、软腭上提、打开咽腔，强迫声波沿硬骨壁往上冲向鼻窦，由于共振，就产生了头腔共鸣，会给人发音出自眉心的感觉，这便是头腔共鸣的感受。

例：①用"i"上下滑音。

②高音练习。

要求：下颌要微微收敛，腹肌腰肌控制住，后脖颈儿是支点。喉头要松弛，腹肌将气往上弹，气柱冲击到硬腭，强调头腔集中点。

③音阶层递练习。

由低到高，由高到低层递训练（"啊哈、啊哈、啊哈"）。

④四声调练习。

花——红——柳——绿

风——调——雨——顺

（3）鼻腔共鸣。

鼻腔共鸣是声波在鼻骨上的振动，即将声音的焦点定位在鼻腔。声音的焦点靠前，声音薄而明亮，比较灵活。随着焦点向后向上移动，声音的位置也就越高，越浑厚，越不灵活，越美声化。

鼻腔共鸣是通过软腭来实现的。当软腭放松，鼻腔与口腔的通路打开，发音时可以感受到鼻腔的振动，声音在鼻腔得到了共鸣。发音时感觉鼻梁上部、鼻凹、上牙根等部位有明显的振动感。

标准的鼻辅音 m、n 和 ng 就是通过鼻腔共鸣发声的。

例：①串发六个元音：a—o—e—i—u—ü（先用手捏着鼻子发一遍，然后保持这个状态松手发音）。

②哼唱。

哼唱 m，使硬腭之上的鼻道中的气息振动并将软腭的前部扯紧（练习时口腔立起来）。

哼唱 n，使软腭中部振动并扩大鼻咽腔（舌尖抵住上齿龈）。

哼唱 ng，使软腭后面的垂直部分振动并打开鼻咽腔的下面部分（舌根抵住软腭）。

③词语、句子练习。

妈妈　大妈　光芒　中央　接纳　头脑

太阳冉冉升起，东方透出微明，你听，你听，国旗的飘扬声。

蓝蓝的天上白云飘，白云下面马儿跑，挥动鞭儿响四方，百鸟齐飞翔。

④拼读练习。发音时感觉鼻梁上部、鼻凹、上牙根等部位有明显的振动感。

b—ang—bang（帮）

p—ang—pang（旁）

m—ang—mang（忙）

b—ai—bai（白）

（4）胸腔共鸣。

胸腔主要指咽腔以下的空腔。调动胸腔共鸣，能得到宽厚、低沉的音色。胸腔共鸣感觉的获得需使咽喉部做半打哈欠状。发声时，下腭自然下垂，咽喉部适当开大一些，把在硬腭上声波振动的反射点移向下齿背，使声波在喉头和气管附近引起更多的振动，再由气管附近传送到胸腔引起共鸣。这时，感觉到似乎人会是要把声音唱到胸部去一样。发声时，颈部要扩张，喉头下沉到低位置，胸口缩紧，明显感觉到上腔内的强烈振动。

3. 吐字归音训练技巧

普通话吐字归音是指一个汉字的完整发音过程，从出字开始，经过立字到归音，在这个阶段形成一个"枣核"形。吐字是对字头发音的要求，归音是对字腹尤其是字后的发音要求。吐字归音总的要求是：咬住字头、发响字腹、收全字尾。

例：胸腔共鸣练习

实际上吐字归音的具体要求可以概括为以下几点。

（1）准确。字音准确、规范，即"字正"。一般口语表达，必须按照普通话语音规范吐字发音。

（2）清晰。字音清楚，让人听得明白。一个人无论声音多么好听，如果吐字不清晰，也就很难让人听清他所表达的意思。

（3）圆润。即比较丰富的泛音共鸣，悦耳动听，也是对吐字的审美要求。口语表达应尽力使字吐得圆润、饱满。

（4）集中。字音集中，会给人精神的感觉，更易于传入人耳，打动人心。

（5）流畅。吐字要轻快流畅，使语流顺畅无阻。吐字呆滞，听起来就会让人感到吃力而不自然。

例1：黄河向东，日月向西。一条绷紧的纤绳，拉动的是五千年沉重的历史。大风吹过了五千年，大河奔腾了五千年，船工的号子响彻了五千年。五千年的爱与恨，洒满了滔滔的黄河水。五千年的悲与喜，融进一声声的黄河号子里。黄河号子，是五千年凝聚的黄河魂，是黄河的另一种咆哮声。（歌吟有梦《黄河号子》）

例2：月光如流水一般，静静地泻在这一片片叶子和花上。薄薄的青雾浮起在荷塘里。叶子和花仿佛在牛乳中洗过一样，又像笼着轻纱的梦。虽然是满月，天上却有一层淡淡的云，所以不能朗照；但我以为这恰是到了好处——酣眠固不可少，小睡也别有风味的。月光是隔了树照过来的，高处丛生的灌木，落下参差的斑驳的黑影，峭楞楞如鬼一般；弯弯的杨柳的稀疏的倩影，却又像是画在荷叶上。塘中的月色并不均匀，但光与影有着和谐的旋律，如梵婀玲上奏着的名曲。(朱自清《荷塘月色》)

4. 科学发声及口才训练方法的运用

科学发声，指的是对唇、齿、舌、牙、腭、咽喉、胸廓、腰腹以及呼吸方式进行科学系统的训练，从而改变人固有的浅呼吸发声的习惯，达到长时间发声不累、声音好听的效果。也就是传统的"丹田发声"的别称。科学的丹田发声训练，不仅能够改变人的声音，而且还能够修复损伤的声带。正如华罗庚先生在总结口才训练的体会时所说："勤能补拙是良训，一分辛苦一分才。"练口才不仅要刻苦，还要掌握一定的方法。科学的方法可以使你事半功倍，加速你口才的练成。以下是符合同学们特点，简单、易行、见效快的五种口才训练方法。

(1) 速读法。

速读也就是快速地朗读，目的是通过锻炼，达到口齿伶俐、语音准确、吐字清晰的效果。一般开始朗读的时候速度较慢，逐次加快，一次比一次读得快，最后达到你所能达到的最快速度。读的过程中不要有停顿，发音要准确，吐字要清晰，要尽量做到发声完整。

(2) 口述法。

口述法是指把别人的话复述一遍。这种训练方法的目的在于锻炼人的记忆力、反应力和语言的连贯性。选一段长短合适、有一定情节的文章，最好是小说或演讲词中叙述性强的一段，然后请朗诵较好的同学进行朗读，最好能把它录下来，然后听一遍复述一遍，反复多次地进行，直到能完全把这个作品复述出来。复述的时候，你可把第一次复述的内容录下来，然后对比原文，看你能复述多少，需要多少遍才能把全部的内容复述下来。这种练习不单单在于背诵，而在于锻炼语言的连贯性。

(3) 描述法。

描述法就是把你看到的景、事、物、人用描述性的语言表达出来。描述法比以上的几种训练方法更进了一步。描述法训练的主要目的在于训练学生的语言组织能力和语言的条理性。无论是演讲、说话还是论辩都需要有较强的语言组织能力，组织语言的能力是口语表达能力的一项基本功。

(4) 角色扮演法。

角色扮演就是要学演员那样去演戏，去扮演作品中出现的不同的人物，当然这个扮演主要是在语言上的扮演。角色扮演不仅要求声音洪亮、充满感情、停顿得当，还要求绘声绘色、惟妙惟肖地把人物的性格表现出来，而且要配有一定的动作和表情。

（5）讲故事法。

讲故事本身就是件有趣的事，一件事因为讲述人的不同，听者的感受也会不同。学习讲故事是练口才的一种好方法。讲故事可以训练人的多种能力，因为故事里面既有独白，又有人物对话，还有描述性、叙述性的语言，所以讲故事可以训练人的多种口语能力。

二 课堂实训

（一）任务一：发声的训练

1. 任务目标

（1）掌握发声练习的基本方法和技巧。

（2）学会运用所学知识进行发声练习。

（3）能认识到声音在不同情境中所表现的不同效果。

2. 建议学时

4 学时。

3. 任务实施过程

（1）任务导入。

①请学生分组到台上朗读，台下学生仔细听。

②将上台朗诵的同学的发声进行比较，交流讨论，总结出自己的心得。

③教师做出小结，对不标准的发声进行简单示范，鼓励学生进行标准的发声训练。

（2）讲解知识点。

如何正确地运用发声的基本方法和技巧。（教师适当做示范）

（3）组织发声的训练。

1）训练要求：

①同学们根据老师提供的训练材料，自行选择，分组诵读并进行评比。

②每组推荐一名代表上台进行展示诵读。

2）训练材料：气息练习。

高举中国特色社会主义伟大旗帜，全面贯彻习近平新时代中国特色社会主义思想，弘扬伟大建党精神，自信自强、守正创新，踔厉奋发、勇毅前行，为全面建设社会主义现代化国家、全面推进中华民族伟大复兴而团结奋斗。

（4）总结评价。

学生互相点评，老师进行总结。

（二）任务二：气息、共鸣、吐字归音的训练

1. 任务目标

（1）掌握气息、共鸣、吐字归音的基本方法和技巧。

（2）学会运用所学的系统知识，将气息、共鸣、吐字归音代等技巧融入日常朗读当中。

（3）能认识到气息、共鸣、吐字归音在朗诵中的作用。

2. 建议学时

4 学时。

3. 任务实施过程

（1）任务导入。

①由教师对党的二十大报告选段进行领诵。

②教师范读："教育、科技、人才是全面建设社会主义现代化国家的基础性、战略性支撑。必须坚持科技是第一生产力、人才是第一资源、创新是第一动力，深入实施科教兴国战略、人才强国战略、创新驱动发展战略，开辟发展新领域新赛道，不断塑造发展新动能新优势。"学生边听边思考，并谈谈自己的看法和理解。

③教师做出小结，引导学生理解，并针对学生口语发音不标准的情况进行简单示范，引导学生进行标准的气息、共鸣、吐字归音训练。

（2）讲解知识点。

气息、共鸣、吐字归音的训练技巧和方法（由教师做示范）。

（3）气息、共鸣、吐字归音的训练。

1）训练要求：

①同学们根据老师提供的训练材料，结合自己在课堂上所学知识，完成理解和朗读。

②同学们分组进行气息、共鸣、吐字归音的训练，并互相点评。

③各组各派两名代表（男女各一名）上台朗读作品，其他同学当评委，注意做好笔记，写下自己的评语。

2）训练材料：见右侧二维码。

（4）总结评价。

（1）评出男女共两名"声入人心奖"，使其以标准的发音影响身边的每一个人。

（2）教师做出总结。

（三）任务三：科学发声技巧及口才训练方法

1. 任务目标

（1）掌握前面所学知识，并将其融入口语交际的实际中去。

《我骄傲，我是中国人》

（2）学会灵活运用声音发声，气息、共鸣、吐字归音的方法，再结合课文进行实际操作。

（3）认识到训练和实际相结合的重要性。

2. 建议学时

2—4 学时。

3. 涉及知识点

将前面所学的声音发声，气息、共鸣、吐字归音的技巧，运用科学的方法融合在一起。

4. 任务实施过程

（1）任务导入。

①同学们根据教师提供的训练文章，结合前面所学知识，自行理解与练习。

②通过视频学习，由学生自己设计故事情节，通过演练的方式表述。

③同学们可自行组队并选择故事题材，运用所学知识，分角色朗诵故事人物对白。

④教师做出小结，并对各组队伍做出点评。

（2）讲解知识点。

科学发声技巧及口才训练方法（教师做适当示范）。

（3）科学发声技巧及口才训练方法。

1）训练要求：

①同学们根据老师提供的散文、诗歌、故事等训练材料，任选一种题材自由发挥。

②同学们进行分组，将所学的发声方式及气息、吐字归音等方法进行正确运用。

③由教师担任评委，给各组队员点评打分。

2）训练材料：

视频 1：诗朗诵《面朝大海，春暖花开》

视频 2：历史故事《屈原的故事》

◇ **自我修养**

（一）理论自修

观看右边二维码内视频，做好读书笔记。

视频：《致橡树》

（二）自主训练

1. 口腔开合训练

（1）训练目标：运用技巧使喉部声带发出的声音，在口腔形成不同的语音，使字音优美动听。

（2）训练准备：准备一些诗句、绕口令及散文进行训练。

（3）训练要求：锻炼咬字器官，使字音优美动听。

（4）训练方法：

①提起下腭肌反复咀嚼，以加强两腮的咬劲儿。

②放松下巴，可使用手扶住放松而微收的下巴，使其固定；缓缓抬头以打开口腔，再缓缓低头以闭合；体会下巴放松的感觉。

③以发"a"音的感觉为基础，带动各种音节的发音。因为在所有音节中，带 a 的音节开口度最大。以开带闭，以宽带窄，是打开牙关的重要方法。可单练如下音节：

lā（拉）　　　　lái（来）　　　　lán（兰）　　　　lǎo（老）　　　　làng（浪）

2. 共鸣的运用

（1）训练目标：适当地使用口腔共鸣、鼻腔共鸣、头腔共鸣和胸腔共鸣。

（2）训练准备：准备一些文章朗读或对照着音频跟读。

（3）训练要求：抓住共鸣特点，发音标准。

（4）练习方法：

①不要咬着牙发音，要打开牙槽，提起软腭，这样能增加口腔的空间，扩大共鸣腔体以及声音的响度，使声音明亮。

②不要压迫喉头出现喉音，要使舌根、下巴放松。

③发音时要感觉到经口腔出来的声音，沿上腭中线前行，向硬腭前部冲击。

3. 舌的训练

（1）训练目标：掌握弹舌、刮舌、卷舌、立舌等技巧。

（2）训练准备：准备一些词语进行朗读或对照着音频跟读。

（3）训练要求：较灵活地运用舌头。

（4）训练方法：

①弹舌——舌尖上翘，快速反复弹上齿下缘。

②刮舌——舌尖放在下齿背，上齿接触舌前部；舌前部逐渐挺起，将口腔撑开；上齿沿中纵线从前往后刮动。

③卷舌——将舌头伸出口外，使舌前端呈尖形，向上卷回。

④立舌——略张口，使舌在口腔内向左边立起，再向右边立起。转舌、闭唇，舌尖置于齿

外唇内，舌尖在唇内齿外转动。

4. 唇的训练

（1）训练目标：口型的动作要自然、美观，口角轻圆。

（2）训练准备：准备一些词语进行朗读或对照着音频跟读。

（3）训练要求：唇要张合有度。

（4）训练方法：

①撮唇——开小口，轻提颧肌将唇撮合，再展开，反复动作。

②转唇——合口噘唇，沿上、左、下、右方向转动，再反方向转，反复转动。

③双唇打响——闭口提颧肌，上唇向中间缩，力量集中于上唇中部，反复发不带元音的 b、p，有清晰的爆破声。

第 四 章

说话的思维训练

◇ **学练导航**

（一）学习目标

（1）了解思维的类型及其对口语表达的作用。

（2）熟悉形象思维、创造思维、直觉思维、逻辑思维的特点。

（3）掌握训练形象思维、创造思维、直觉思维、逻辑思维的方法与要领。

（二）实训任务分解

任务一：形象思维训练。

任务二：创造思维训练。

任务三：直觉思维训练。

任务四：逻辑思维训练。

◇ **经典引路**

视频：《乌云背后的幸福线》

请同学们仔细欣赏右边的视频，然后分组思考并讨论下列问题：

（1）你觉得这段演讲怎么样？哪些地方最打动你？

（2）请大家尝试以"假如生活不完美"为主题进行即兴演讲。

一 理论奠基

（一）思维的概念

1. 定义

思维是人脑对客观事物的本质和事物内在联系的概括和间接反映。《大辞海·哲学卷》认为："思维是人脑对客观事物能动的、间接的和概括的反映。"思维可以看作人类特有的一种心理现象和心理能力。

2. 思维与语言的关系

关于思维和语言的关系，马克思曾经提出："语言是思想的直接现实。"他认为完全脱离语言，"赤裸裸"的思维是不存在的。因此，可以看出，思维和语言表达作为人类特有的一种能力，在自身发展与形成过程中一直是紧密相关的，思维的复杂性与多元性，需要通过语言来外化和体现；语言的精彩表达，离不开高品质的思维活动。它们相互依存、相互促进。因此，说话的思维训练对于语言表达能力来说，起到了实质性的促进作用，它是提升语言表达能力的一个重要内因。丰富的、有维度的表达，也需要良好的思维能力提供支持。

（二）思维的类型

根据语言表达过程的特点，我们把思维分成形象思维、创造思维、直觉思维、逻辑思维四种类型。这四种思维相互关联、相互依托，共同促进语言表达能力的提升。同时，这四种思维类型在思维训练过程中有很多方法相互贯通、相互支持。我们可以通过反复地综合练习提升思维能力，从而获得更好的口语表达能力。

1. 形象思维

形象思维是以形象为载体，通过调动人的各种感觉仔细观察并且立体反映事物表象特征的一种思维。在说话过程中，我们经常依赖它来表达对事物的认知、联想、形容等相关信息。

微课：形象思维

（1）形象思维的特点。

①具有形象性。李泽厚先生在《试论形象思维》一文中认为形象思维的特点就是，在思维过程中离不开关于事物形象的活动。可见，形象思维能够在最大程度上捕捉到关于感性形象的诸多信息，并且用语言反映出来。所以，在这一思维引导下的说话，能描述出特征明显、清晰具体的事物形象。

例：深蓝的天空中挂着一轮金黄的圆月，下面是海边的沙地，都种着一望无际的碧绿的西瓜。其间有一个十一二岁的少年，项带银圈，手捏一柄钢叉，向一匹猹尽力地刺去。那猹却将身一扭，反从他的胯下逃走了。（鲁迅《故乡》）

此例运用白描的手法，寥寥几笔让少年闰土月下捕猎的动态形象成为经典。

②具有非逻辑性。形象思维可以调用许多形象性材料合在一起，形成新的形象，或由一个形象跳跃到另一个形象。它对信息的加工不是基于我们所熟知的公式、定理、规则等等，更不是为了论证思维的前因后果。

例：云想衣裳花想容，春风拂槛露华浓。（李白《清平调·其一》）

以作者的情感审美作为引导，把"云"与"衣裳"，"花"与"容貌"结合在一起。让看似没有逻辑联系的事物，通过巧妙的比喻，展现出一位倾城美人的形象。尽管意象之间没有论证关系，但是这种美却跃然纸上。

（2）形象思维在语言表达中的作用。

①形象生动。在形象思维的指引下，语言表达会更注重抓住事物特征，让事物更具代表性的信息展现出来，这样的语言表达能够让事物形象更生动鲜活。

例1：袅袅兮秋风，洞庭波兮木叶下。（屈原《九歌·湘夫人》）

例2：无边落木萧萧下，不尽长江滚滚来。（杜甫《登高》）

两个作品都是描绘秋天的场景，短小精巧的诗句抓住了秋景的特点，尤其对于"落叶"的描述，两位作者都写得非常传神，能让我们感受到秋风瑟瑟、枯叶飘飞的场景。在中国古典诗歌中，有大量关于各种形象的传神描写，简单的笔调，却充满画面感。

②具有审美价值。想象是形象思维经常运用的方法，这种对客观存在形象的再加工，能够引起人们的立体感受，对形象的认知体会更完整深入，通过自身通感的引带，让这些经由形象思维塑造的说话内容更具有艺术审美价值。

《荷塘月色》是一篇写景的经典美文，作者把自己的各种感官与自然景物充分贴合，极具艺术性地展现了月下荷塘的动人景色——舞裙般的荷叶、姿态万千的荷花、如梦般轻柔奶白色的月光及光影的动人合奏，都成了文学史上的经典。欣赏此文章可以看到作者的思维过程极具层次和艺术感。

例：《荷塘月色》

（3）培养形象思维的技巧。

①善于利用辐射思维。辐射思维，是指大脑在思考时呈现的一种扩散状态的思维模式。它表现为思维视野广阔，思维呈现出扩散状态。这种思维的加入，可以更广泛地对目标信息进行搜集，更灵活地进行形象塑造与关联，让形象思维呈现出更有效的表象性。

②利用联想与想象。联想是指在说话过程中通过一个信息点引起相关信息点，能够引出的新的信息点越多，思维就越活跃，在这过程中的表达就会更加得心应手。

想象是将已存储的信息通过一定方式加工改造成新的形象事物的一种心理过程。它可以突破时空的限制，因此，能在语言表达过程中引起人们的向往，富有吸引力。它与联想相互配合、相辅相成。

2. 创造思维

创造思维，也称为创造性思维。在国内外有人将发散思维看作创造思维，也有人认为创造思维是对人脑中概念或知识节点之间的远距离联想。相关联概念间的距离越远，新产生的内容就越具有创造性。它与形象思维在培养方法与技巧上有相似之处。

（1）创造思维的特点。

①创造性。对目标内容的语言表达不只是常规的说明阐述，它往往突破思维定式，能够对表达思路、内容、情景进行重塑，从而产生出许多新的、不同以往的个性化表达。它通常具有

前无古人的独到之处，在前人、常人的基础上有新的见解、新的发现、新的突破，从而具有一定的首创性、开拓性。

例：不知细叶谁裁出，二月春风似剪刀。（贺知章《咏柳》）

春天的景色通过比喻的修辞手法展现得非常精妙，让春风具备了生命力，让柳叶的新生过程摆脱通俗普遍的表达，在动态中透露出灵动俏皮。

②批判性。在思维过程中常打破常规，表现出对常态化表达方式的思考与质疑。

例：《拿来主义》

《拿来主义》通过敏锐的洞察力，抨击当下社会现实，遣词造句考究，语言犀利，对于"送来""送去"独特的批判视角，体现出"拿来"的重要性，引人深思。

③灵活性。不对某种现成的思维方式、程序进行机械的套用，而是自由地、天马行空地发挥想象力。

例：《再别康桥》

《再别康桥》中各种意象的扩展，天马行空，熟练地运用了拟人、比喻，让整个文段的表达显得恣意洒脱。

（2）创造思维在语言表达中的作用。

①表达新颖，让人印象深刻。创造思维对信息的加工讲求独特性，使得说话内容不陈旧保守，不僵化古板，更容易获得关注，给人留下深刻印象。

例：北风卷地白草折，胡天八月即飞雪。

忽如一夜春风来，千树万树梨花开。（岑参《白雪歌送武判官归京》）

作者创造性地把大雪压枝的场景，写成被春风吹开的满树梨花，使这个作品在名篇云集的唐朝也没有被掩盖光彩，一直流传至今。

②追求突破，让表达精益求精。

例：京口瓜洲一水间，钟山只隔数重山。

春风又绿江南岸，明月何时照我还？（王安石《泊船瓜洲》）

品读整个作品，就能感受到"绿"字的精妙。这句诗从最初的"春风又到江南岸"，之后"到"先后改为"过""入""满"。王安石反复修改，没有被惯性思维束缚，获得了突破创新，留下了千古名句。

（3）培养创造思维的技巧。

①发展发散思维与逆向思维。

发散思维，从某一个论点开始，在不同层次、不同方向上延伸思考，从而带引出一系列新的信息。它是形成创造性思维非常重要的支持。

逆向思维，是指与常规思维方式相反的一种思维方式。帮助我们推翻"思维定式"，是由普通走向创意的重要途径。

②掌握对比与批判。对比，是指把对立、矛盾的事物，或事物的两个方面放在一起做比较。创造性思维尤其需要对目标内容进行综合的对比分析，从而便于我们找到创新的突破点。

批判，是在科学的基础上分析判别，评断好与坏。它意味着要具备独立的思辨能力，不拘泥于教条。

3. 直觉思维

直觉思维，也称非逻辑思维，是一种不受固定逻辑约束，没有固定的分析过程，依靠直觉、灵感或顿悟迅速做出判断和结论的思维方式。

（1）直觉思维的特点。

①直接性。一般情况下，通过直觉思维进行语言表达的思维过程直接自然，不要求严格的论证和清晰的意识，狭义上有点接近直觉，因此需要利用已有的知识经验、敏锐的洞察，对客观事物的本质及其规律性联系做出迅速的识别，最后获得一种"不假思索"的表达。

例：枯藤老树昏鸦，

小桥流水人家，

古道西风瘦马。

夕阳西下，

断肠人在天涯。（马致远《天净沙·秋思》）

看似将景物直接简单地罗列，我们却能感受到画面勾勒、气氛烘托的独具匠心。同时根据画面直抒胸臆的结尾，使整个作品完整流畅，一气呵成。中国古典诗歌的"兴"就经常透露出作者这种现场随性而发的情怀。

②偶然性。"文章本天成，妙手偶得之。"陆游的这句诗很好地反映出，一些经典的语言或文字表达不一定是经过反复琢磨、多次论证的，也可以是基于自身长期以来各方面的积累沉淀，获得的一种"灵感乍现"。

（2）直觉思维在语言表达中的作用。

①让语言简约且有灵性。直觉思维是指依据自身判断，对目标信息做出的敏锐而迅速的假设、猜想或判断，它省去了一步步分析推理的中间环节，采取了"跳跃式"的思考形式。它是一瞬间的思维火花，是长期积累的一种升华，是思维者的灵感和顿悟。它让思维过程高度简化，让人感觉探究事物的"本质"是一个简单且充满灵感的过程。

例：黑夜给了我黑色的眼睛，我却用它寻找光明。（顾城《一代人》）

看似随意间的脱口而出，却是极富哲理的话语，意象间新奇的强烈冲突，让我们感受到直觉思维使语言表达充满了魅力。

②富有情感与温度。

例：我梦想有一天，这个国家会站立起来，真正实现其信条的真谛："我们认为这些真理是不言而喻的——人人生而平等。"

我梦想有一天,在佐治亚的红山上,昔日奴隶的儿子将能够和昔日奴隶主的儿子坐在一起,共叙兄弟情谊。

我梦想有一天,甚至连密西西比州这个正义匿迹、压迫成风的地方,也将变成自由和正义的绿洲。

我梦想有一天,我的四个孩子将在一个不是以他们的肤色,而是以他们的品格优劣来评价他们的国度里生活。(马丁·路德·金《我有一个梦想》)

在这场演讲中,作者由心而发,不假思索地把各种自己期待的场景串联起来,真实感人,铿锵有力,引起人们的共情。

(3)培养直觉思维的技巧。

①借助"跳跃式"思考。"跳跃式"思考是指不依照逻辑思维步骤,实现跨越式信息重组的方式。很多资质优秀的学生身上经常会展现这种所谓"灵光闪现"的特质。

②善用猜想与推断。猜想指大胆的猜测;推断指根据有形或无形的线索做出判断。猜想与推断能力的培养,依赖细致的观察、警觉的洞察力、灵活的思考与长期的沉淀。具备了这种能力,即便是在"跟着感觉走"的仓促情形下,在语言表达时也能获得令人惊叹的效果。

4. 逻辑思维

逻辑思维是通过科学抽象,通过去粗取精、去伪存真、由此及彼、由表及里的思维加工制作,撇开事物的具体形象和个别属性,揭示事物的特征、本质,形成概念,并运用概念进行判断和推理来概括地、间接地反映现实,记录人对现实的理性认识成果。

(1)逻辑思维的特点。

①条理性。逻辑思维的思维过程复杂,对信息的加工是有步骤地、线性地进行的,因此,表述内容会透露出思考的某种依据。

例:由四川过湖南去,靠东有一条官路。这官路将近湘西边境,到了一个地方名为"茶峒"的小山城时,有一小溪,溪边有座白色小塔,塔下住了一户单独的人家。这人家只一个老人,一个女孩子,一只黄狗。(沈从文《边城》)

《边城》中可以看到作者的巧妙开篇,由远及近,由宏观到微观,将"路—溪—塔—家—人"按照视觉顺序依次展现,让简单的景物、人物逐渐聚焦在笔下,体现出一种条理性,一种逻辑美感。

②严密性。逻辑思维需要呈现对现实的理性认识,不能是虚无的、妄想的,需要体现出有步骤的论证,让人明确这就是语境中的客观事实,是有根据的、合理的。

《寒门贵子》是北大学生刘媛媛在《超级演说家》决赛时的演讲内容。开篇先破再立,用事实推翻社会热门观点,结合自身以及社会现状论证分析,直到总结,都体现了讲述者严密的逻辑。让我们信服，寒门也能出贵子，命运掌握在自己的手中。

（2）逻辑思维在语言表达中的作用。

①主题明确，易于组织语言。逻辑思维让语言表达更容易确立论述中心，并且更容易根据主题思想组织语言，这样就能够清晰地传达说话内容、突出阐述重点。

例：《寒门贵子》

例：今天，是《朗读者》节目第一次和观众见面，所以，我们第一期节目的主题词，也特意选择了——遇见。

古往今来，有太多太多的文字，在描写着各种各样的遇见。"蒹葭苍苍，白露为霜，所谓伊人，在水一方。"这是撩动心弦的遇见。"这位妹妹，我曾经见过。"这是宝玉和黛玉之间，初见面时欢喜的遇见。"幸会，今晚你好吗？"这是《罗马假日》里，安妮公主糊里糊涂的遇见。"遇到你之前，我没有想过结婚，遇到你之后，我结婚没有想过和别的人。"这是钱锺书和杨绛之间，决定一生的遇见。

所以说，遇见仿佛是一种神奇的安排，它是一切的开始。也希望从今天开始，《朗读者》和大家的遇见，能够让我们彼此之间，感受到更多的美好。（董卿《朗读者》）

开场以"遇见"为题，归纳描述了古今中外各种令人难忘的相遇场景，同时以此为节目开始做铺垫，主题突出、环环相扣，这样的开篇引人入胜。

②高效传达思想内容，引起共鸣。在逻辑思维的指引下，通常可以避免表述的杂乱无章，更容易提高信息传达的效率。

例：我方立场是：人性本恶。

第一，人性是由社会属性和自然属性组成的。自然属性指的就是无节制的本能和欲望，这是人的天性，是与生俱来的；而社会属性则是通过社会生活、社会教化所获得的，它是人的后天属性。我们说人性本恶当然指的是人性本来、先天就是恶的。

第二，提到善恶，正如一千个人的眼中会有一千个哈姆雷特，一千个人的心目当中也会有一千个善恶标准。但是，归根到底恶指的是本能和欲望无节制地扩张，而善则是对本能合理的节制。我们说人性本恶正是基于人的自然属性的无限扩张的趋势。曹操不是说过"宁可我负天下人，不可天下人负我"吗？路易十五不是也说过"在我死后哪怕洪水滔天"吗？还有一个英国男孩，他为了得到一辆自行车竟然卖掉自己三岁的妹妹。对方辩友，您还能说人性本善吗？

第三，虽然人性本恶，但是我们这个世界并没有在"人"欲横流中毁灭掉，这是因为人有理性。人性可以通过后天教化加以改造。当人的自然属性无限向外扩张的时候，如果社会属性按照同一方向推波助澜，那么人性就会更加堕落；相反，如果我们整个社会倡导扬善避恶，那么人性就有可能向善的方向发展。这一点不也正说明了儒家思想所倡导的修齐、治平、内圣、外王是何等重要吗?! 对方辩友，如果真的是人性本善的话，那么孔老夫子何必还诲人不倦呢？（姜丰　1993 年国际大专辩论赛决赛开场陈词）

演讲从立论到论证，层层剖析，思维清晰、架构分明，通过这种思维模式，我们感受到智慧的闪光，并且接收到大量信息，在潜移默化中，信服其表述。

（3）培养逻辑思维的技巧。

①纵深思维与多元思维相结合。纵深思维，是指由外到内、由现象到本质的一种思维模式，强调深度思考。这是逻辑思维建立的不可缺少的过程。多元思维，又称为"整体思维""空间思维"等，是一种复合型的思维模式，它对事物的思考不局限于某一方面，而是需要深入的全方位的思考。只有通过这两种思维的结合，才能锻炼思维的整体架构能力。

②把握抽象与辩证。抽象，是指根据现象找出本质的一种思考过程。辩证，是指把事物看成一个矛盾的整体，并且兼顾其运动变化。这种思维方法能够让表述更科学合理，让内容更完整全面。

（三）思维训练要领

1. 细致观察

要在语言表达之前对目标内容的各方面进行细致充分、入眼入心的观察，注重细节特征，留心"异同"，借助心理与情感的敏锐，让目标内容了然于胸。

2. 注重积累

一切的语言表达都不可能是当下从无到有的"现编"，长期保持良好的阅读、思考习惯，才能把这些知识、文化，连同个人的阅历与沉淀转化成自身的思想财富，在需要时，游刃有余地"拿出来"。

3. 学会分析

分析是建立良好思维的基础，对思维的培养有积极的作用。利用归纳、概括、抽象、对比、辩证等方法进行综合分析，在对立与矛盾中、在常规与激变中，找到说话的立足点，提升语言的含金量。

二　课堂实训

（一）任务一：形象思维训练

1. 任务目标

（1）学习清晰完整地描述事物形象。

（2）尝试运用丰富的语汇、多样的修辞。

（3）培养对语言的审美意识，追求语言的艺术化。

2. 建议学时

2 学时。

3. 任务实施过程

（1）任务导入。

①请进行练习的学生分好组，做好准备。

②选取一些风景优美、细节清晰的视频或图画资料，展示给准备练习的学生，每组选择一个视频或者一幅图片观看。

③同组学生描述相同的内容，依次进教室进行表述。

④教师向全班同学播放学生表述的视频。

⑤学生讨论谁的表述更能完整地展现出视频或图片的内容，谁的表述更加吸引人、感染人。

⑥教师做出小结，对表达欠生动完整的同学进行指导。

（2）讲解知识点。

①具体了解形象思维的训练过程与方法。

②讲解在形象思维引导下的说话内容会有什么变化。

（3）组织形象思维训练。

1）训练要求：①表述清晰具体，富有画面感。②语言流畅优美，能让人身临其境。

2）训练材料：教师自选风景视频或图片。

（4）总结评价。

教师点评，全班评出两名"最佳"，鼓励同学们建立语言表达的审美意识。

（二）任务二：创造思维训练

1. 任务目标

（1）避免出现思维定式，导致说话千篇一律。

（2）使学生能够在口语中展现出语言的个性化特点，训练他们学会找到新颖的观点以及开阔的表达视域。

2. 建议学时

2 学时。

3. 任务实施过程

（1）任务导入。

①游戏：成语新说。

②练习方法：选取一些大家熟悉的成语进行创新表述，如"班门弄斧未必可笑""狐假虎

威怎就不行"。

（2）讲解知识点。

①创造思维需要多种思维能力的支持，如辩证、联想、逆向思维等。

②讲解思维过程，请同学们进行相关练习。

（3）组织创造思维训练。

1）训练要求：①每名同学准备时间为 10—15 分钟。②观点新颖独特，不墨守成规。③观点清晰，表述合理，有理有据。

2）训练材料：成语词典。

（4）总结评价。

学生讨论，教师点评。教师鼓励更多的同学参与课堂活动。

（三）任务三：直觉思维训练

1. 任务目标

（1）在不同语境中能够自然快速地做出思维反应。

（2）在语言环境中能够灵活自由地表达。

（3）避免出现词不达意、文题不符的口语表达。

2. 建议学时

2 学时。

3. 任务实施过程

（1）任务导入。

①游戏：故事接龙。

②操作方法：教师写一段故事的开头，学生分组后，每人以接龙的形式续说故事。

（2）讲解知识点。

教师讲授如何调动思维及时反应，快速接力，进行语言表述。

（3）组织直觉思维训练。

1）训练要求：①每位同学要快速反应，不让故事出现卡顿。②要富有情节，可以任意发挥。

2）训练材料：①教师自选内容。②经典的寓言故事。

（4）总结评价。

学生讨论，选出"最佳"，教师点评。

（四）任务四：逻辑思维训练

1. 任务目标

（1）能够理性、科学、严谨地进行语言表达。

（2）力求口语表达过程条理清晰、逻辑严密。

（3）避免口语表达因思维混乱出现各种表述错误。

2. 建议学时

2 学时。

3. 任务实施过程

（1）任务导入。

①教师命题，学生在教师的命题范围中，选取一个进行演讲。

②分组准备，每组推荐一名同学进行展示。

（2）讲解知识点。

①如何分析题目，找到论点。

②如何建构说话宏观模式，让表述有层次、有逻辑。

（3）组织逻辑思维训练。

1）训练要求：①由教师选择辩题。②可根据上课实际情况提前一周进行准备。③演讲时间不少于 5 分钟。

2）训练材料：①"性本善""性本恶"。②"知难行易""知易行难"。

（4）总结评价。

教师点评，全班评出"超级演说家"。

◇ **自我修养**

文章 **1.** 试论"教师口语"课中思维训练的重点及原则

文章 **2.** 语言和思维——训练汉语言学习的灵魂

文章 **3.** 在语言建构中促进思维发展

（一）理论自修

阅读上面二维码链接的相关文章，做好读书笔记，写一篇高质量的读书心得。

（二）自主训练

1. 形象思维训练

（1）训练内容：用现代汉语把写景的古诗进行重新表述。

（2）训练准备：认真阅读诗词。

（3）训练要求：①完整展现诗歌描述的内容，不遗漏。②不能逐字逐句翻译。③可以对内容进行合理想象，酌情扩展。④表述时间不少于2分钟。

（4）训练材料：中国古典诗词（写景类）。

2. 创造思维训练

（1）训练内容：创编童谣。

（2）训练准备：大量阅读经典童谣。

（3）训练要求：①可以根据已有童谣进行仿写。②富有童真，充满想象。

（4）训练材料：童谣书籍。

3. 直觉思维训练

（1）训练内容：3分钟即兴演讲。

（2）训练准备：①选取普通话测试的命题进行演讲。②准备3分钟。

（3）训练要求：①主题突出，语言简洁流畅。②感情真挚，富有感染力。

（4）训练材料：《普通话训练与测试》。

4. 逻辑思维训练

（1）训练内容：写一篇小论文。

（2）训练准备：①了解论文的基本架构。②选取一个论题。

（3）训练要求：①逻辑清晰，架构清楚。②语言理性严谨。③不少于1000字。

（4）训练材料：如《论勤奋》《论艰苦奋斗的重要性》等。

5. 思维综合能力训练

（1）训练内容：组织一次辩论赛。

（2）训练准备：观看经典辩论赛的相关资料，积累辩论技巧。

（3）训练要求：①课代表组织人员制定竞赛方案，按方案组织竞赛。②以寝室为单位组成辩论队参赛，保证人人参与。③老师根据比赛情况打分，计入平时成绩。④评选出班级最佳辩手，班委会给予适当物质奖励。

（4）训练材料：如"网络使人更亲近/疏远""美是客观存在/主观感受"等。

态势语训练

◇ **学练导航**

（一）学习目标

（1）了解态势语及其作用。

（2）掌握态势语的分类及使用要求。

（3）在今后的学习及工作中能够养成合理运用态势语的良好习惯，使口语表达更具魅力。

（二）实训任务分解

任务一：身姿语训练。

任务二：手势语训练。

任务三：目光语和表情语训练。

任务四：生活、上课、表演等情境中的态势语训练。

◇ **经典引路**

于永正教学视频 1

于永正教学视频 2

于永正教学视频 3

任选一个视频片段，请同学们第一遍聆听音频，第二遍观看视频，然后思考以下问题：

（1）单纯的音频与包含声音及动作的视频相比，你更喜欢哪种呈现方式？

（2）课堂中于老师的神态、动作有什么作用？能否去掉这类神态、动作？

于老师最后结尾的背诵指导通过创设生活情境，扮演了妈妈、哥哥、奶奶三种角色，虽然其声音、服饰、妆容与这三种角色身份大相径庭，模仿过程也并非惟妙惟肖，但是通过于老师语言的转换和神态、动作的调整，学生依然觉得该环节十分有趣。这种寓教于乐的方式既让学生学得开心又巩固提升了当日所学，整个课堂充满了轻松愉悦的气氛。由此可见，态势语对课堂教学起着不可忽视的作用，师范专业的学生更应加强这方面的训练。

一 理论奠基

在人际交往中，人们除了用有声语言来进行思想及情感交流外，还会借助目光、表情、手势、身姿动作等辅助表达，这些用来帮助表情达意的身姿动作，就是态势语，又称"态势语言""体态语"。态势语是一种无声的语言，是口语交际中传递信息的重要手段，主要由身姿、手势、目光、表情、服饰等构成。

微课：态势语训练

态势语的作用主要表现在以下几个方面。

（1）强化口语信息，辅助有声语言。态势语可以辅助口头语言的表达。古罗马著名政治家、演说家西塞罗曾说："一切心理活动都伴有指手画脚等动作。手势恰如人体的一种语言，这种语言甚至连野蛮人都能理解。"在生活中，人们常常需要辅以动作来增强语言的表现力及感染力。例如，比赛前，老师会对所有队员加油鼓劲儿，当说到"我们必胜"时，会加重字音，并挥舞攥紧的拳头，使"必胜"二字更坚定且更有气势。

（2）沟通双方情感，实现生动表达。态势语能够使表达效果更加生动。苏霍姆林斯基说："教育是人和人心灵最微妙的互相接触。"在教育教学过程中，很多时候作为"无声语言"的态势语比有声语言更能发挥作用，可以达到"润物细无声"的效果。例如，当不自信的学生回答不出问题时，老师的等待、微笑以及期待的眼神……会让学生感受到老师的真诚与信任，并给他们带来极大的鼓励，产生回答的欲望和信心。

（3）增强可信度，塑造良好形象。自然大方的态势语能够塑造说话者良好的形象。哈佛大学曾经对人的第一印象做了行为研究，认为决定第一印象的因素，8%来自说话的内容，37%来自声音，55%来自肢体动作。适度且自然的态势语可以帮助年轻教师树立良好的第一印象，增强学生对老师的认同感和信任度。

好的教师会灵活运用态势语增强自身的魅力。态势语的运用须遵循自然得体、准确适度的原则，使用时应表现得自然和谐、得体大方、富有美感，切勿戏剧化；同时，态势语的主要作用是辅助有声语言进行表达，所以还需根据说话内容及情感表达的需要适度使用，切勿一句话一个手势。

（一）身姿语

身姿语，又称姿态语，主要是指身体各个部位呈现出的动作和姿态，主要包括头势语、行姿、站姿及坐姿。一个人的身姿动作往往能体现其职业与气质。由于教师的工作具有极强的示范性，因此，在工作及生活中，教师的身体姿态应端庄大方，精神饱满，给人以信赖感，切不可弯腰驼背，萎靡不振。

微课：身姿语
之行站坐

1. 头势语

头部是人身体的重要组成部分，头部姿势通常包括点头、摇头、侧头等类型。在教育教学活动中，头势语常常与面部表情配合使用。例如，当学生的回答精彩或做了一件好事时，教师会微笑点头表示赞许；当学生提出的某个观点教师感到稍有疑问时，会将头微侧；当学生某一行为做得不恰当时，教师会轻轻摇头，表示"不能这样做"。

例：特级语文教师钱梦龙在讲解《论雷峰塔的倒掉》时向学生提问："为什么雷峰塔能够象征封建势力呢？所有的塔都有这种象征意义吗？"

面对这样一个问题，有学生当堂提出质疑："老师，我认为你的问题提得不够确切……"

钱梦龙老师并没有批评那个学生，而是频频点头表示赞同，等那位同学说完后，他说道："太好了！太好了！谢谢你的指正……"

钱老师的频频点头给予提出质疑的学生充分的肯定和自信，同时还带动了其他同学认真听课和思考。

2. 行姿

教师行走时应干脆利落，步履稳健，富有朝气。一般情况下，教师不会一整节课都站在讲台上，适当地走动，能够引起学生注意，有利于教师了解学生上课的状态，并及时调节课堂氛围；同时对新教师而言，适当的行走可缓解紧张。

行姿训练要求具体如下。

（1）上身：抬头、挺胸、收腹，肩膀放平，双眼直视前方。

（2）手臂：前后自然摆动，不可过于夸张，手臂与身体的夹角一般为10°—15°。

（3）步位：明确自己的方向，尽可能走直线，避免"内八字"或"外八字"。

（4）步幅：步幅要适度，不宜过大或过小，一般为一只脚或稍大于一只脚的长度。

（5）步速：走路速度应均匀、平稳，避免忽快忽慢。

3. 站姿

挺拔的站姿会给人自信大方、稳重专业的积极印象，因此站立时应挺胸收腹，避免弯腰驼背。

站姿训练要求做到如下几个方面。

（1）男性站姿：身体直立，抬头挺胸，双脚自然分开或脚跟并拢，双手自然下垂，五指并拢，手指自然弯曲，中指轻压裤缝。

（2）女性站姿：身体直立，抬头挺胸，双脚并拢或脚跟并拢，双手自然下垂，五指并拢，手指自然弯曲，中指轻压裤缝。

（3）在正式场合，例如演讲、面试时，男生可沿用以上站立姿势；女生除以上姿势外，还可使用丁字步，或将右手叠放在左手上，两手虎口相交，贴近腹部。

4. 坐姿

就座时上身应自然挺直，双膝自然并拢。在正式场合通常为了保持身姿挺拔，建议就座时仅坐座位的三分之二或二分之一，如需久坐时，可将背部轻靠椅背。

坐姿训练要求包含以下三点。

（1）男性就座时双腿可自然分开，双脚平行，两腿间距小于或等于肩宽，双手分别平行放置在双腿上。

（2）女性就座时应双膝并拢，或者双膝并拢后向右或向左斜放，然后将双手交叉叠放在腿上。女性若穿着裙装，入座时应双手拢平裙摆，再从容坐下。

（3）在与人交谈时，身体略向前倾，表示正在认真听对方说话，切不可跷二郎腿或全身瘫坐在椅子上，以免给人倨傲不屑之感。同时，说话者应当注意观察听话者身体姿势的变化，及时调整自己的谈话内容。

（二）手势语

手势语是说话者运用手指、手掌、手臂等部位的变化，表达思想情感的一种态势语。法国著名画家德拉克洛瓦曾说："手应当像脸一样富有表情。"手势语虽然"无声"，但它的作用是有声语言代替不了的。

作为态势语的重要组成部分，手势语有多种分类方式，按使用方式可分为手指的运用、手掌的运用和拳头的运用；按使用功能可以分为情意手势、指示手势、象形手势和象征手势；按活动区域可以分为上区手势、中区手势和下区手势。教师在课堂中可用手势辅助说话，针对教学所需，灵活选用不同类型的手势。

1. 根据使用方式划分

（1）手指的运用。

①竖起大拇指，表示肯定、赞扬或佩服。

②伸出食指，表示数字"1"；若食指竖直与嘴唇接触则表示"停止说话""安静"；若食指指向某个方向，则是对某些活动进行指示、引导；若食指轻点学生额头，则表示亲昵和喜爱。这一手势通常在幼儿园和低年级较多使用。若是在语文课堂上，教师也会要求学生伸出食指书空，熟悉笔顺。

例："这时候大灰狼悄悄地来了，小羊透过门缝儿发现了狼的踪迹。嘘……别出声……"敏敏老师将食指放在唇上。小朋友们看见敏敏老师的动作，赶紧捂住了小嘴，张大眼睛安静地盯着老师。（《狼和七只小羊》教学片段）

教师结合故事情境，通过嘘声及竖起的食指，生动表现了小羊在提醒其他兄弟姐妹安静的同时，心里的紧张和害怕，小朋友们通过老师的手势更加理解故事内容，全身心地投入了教师创设的情境之中。

（2）手掌的运用。

①手掌上抬，表示请一位或几位同学起立。

②手掌下按，则是示意学生坐下；若是双手下按，也可以引申为"停止做某事"。

③双手鼓掌，积极的态势语，表示"肯定""祝贺""欢迎""感谢"等。

（3）拳头的运用。

①单手握拳，并置于身前表示信心与力量。

②挥动拳头，多表示"加油"，若辅以严肃的面容则是威胁或愤怒的信号。

③以拳击物，主要是宣泄情绪。

在特定的朗诵、演讲情境中，表演者可根据自身需求选择适合表达内容的手势语，但在实际工作与生活中，教师严禁对学生挥动威胁性拳头或以拳击物。

例：反动派暗杀李先生的消息传出以后，大家听了都悲愤痛恨。我心里想，这些无耻的东西，不知他们是怎么想法，他们的心理是什么状态，他们的心怎样长的！（捶击桌子）其实简单，他们这样疯狂地来制造恐怖，正是他们自己在慌啊！在害怕啊！所以他们制造恐怖，其实是他们自己在恐怖啊！特务们，你们想想，你们还有几天？你们完了，快完了！你们以为打伤几个，杀死几个就可以了事，就可以把人民吓倒了吗？其实广大的人民是打不尽的，杀不完的！要是这样可以的话，世界上早没有人了。（闻一多《最后一次讲演》）

闻一多先生在演讲时"捶击桌子"的动作，不仅宣泄了愤怒情绪，还通过动作感染了其他听众，激起了大家对反动派的憎恶。

2. 根据使用功能划分

（1）情意手势，常用来表达说话者的思想、情感、态度。例如，在读到"为了销毁罪证，10月18日和19日，三千多名侵略者奉命在园内放火。我国这一园林艺术的瑰宝、建筑艺术的精华，就这样化为一片灰烬……"时，教师右手握紧拳头放在胸前，表示愤怒和惋惜。

（2）指示手势，指明要说的人、事、物的方向，一般不带有感情色彩。例如，老师在讲到"这里""那里""我""你""他"时，会用到指示手势来阐述说明，从而给学生更清晰的印象。

（3）象形手势，用来描摹比画具体事物的样貌。人的高矮胖瘦、事物的大小形态等都可用象形手势进行模拟，化抽象为具体，给人以生动明确的形象。

例：师：What is this?（教师双手五指张开，放在脸颊处）

生：Cat！

师：What is this？（教师双手掌心相对，做出鱼尾巴摇摆状）

生：Fish！

师：What is this？（教师双手竖起食指和中指，放在头顶）

生：Rabbit！

……

英语课上，教师利用象形手势进行英语教学，不但令学生觉得生动有趣而且有助于他们快速记忆单词。

（4）象征手势，用来表示约定俗成的含义及信息。例如，教师竖起大拇指，学生就知道自己受到了表扬；教师将食指垂直放在平伸的手掌之下，所有学生都会停止说话。象征手势的含义是明确固定的，不会随意更改。

例：竖大拇指：在中国表示棒、厉害；在欧美表示数字 1 或搭车。

伸小指：在中国表示最小的、倒数第一；在日本表示女孩子、女人、恋人。

同时伸出食指和大拇指：在中国表示数字 8；在大多数国家表示数字 2。

OK 手势：在中国表示数字 0 或 3；在美国和英国用来征求对方意见或表示同意；在日本、韩国、缅甸，表示金钱。

V 字手势：手掌朝外，表示胜利；若手背朝外，在一些地区表示侮辱。

象征手势是用手势动作表示约定俗成的抽象概念，它在不同的民族或地域代表着不同的含义。因此，了解各种象征手势语是非常必要的。

3. 根据活动区域划分

上区手势，通常在肩部以上活动，这类手势一般会用于诗朗诵或演讲的结尾，手势向上，动作幅度较大，表示美好的愿景，或积极向上、慷慨激昂的情感。

中区手势，通常在肩部至腰部活动，这类手势使用时一般比较平静，不带有浓厚的感情色彩，动作幅度适中。

下区手势，通常在腰部以下活动，这类手势一般表示憎恶、鄙视、紧张、不安，手势向下。

教师的手势语应尽量简洁适度、舒展大方，多用掌势语，少用指势语，尤其应避免用手抓头发、抠鼻子或用食指指人等动作，以免给人不尊重之感。

（三）目光语

眼睛是心灵的窗户，人的所思所想都可以从眼神中找寻端倪。一般情况下，人的目光常常与面部表情相适应。交谈时，交际双方的目光应随着谈话内容发生相应变化，切勿左顾右盼，或长时间注视对方，使人感到不适。作为教师，应多给予学生正面、鼓励的目光，让学生感受到关注与信任。

例：优秀教师王老师说：我在幸福感教育中一直是运用欣赏的眼光看待每一位学生的。他们懂礼貌、知礼仪是我欣赏的，后进生有一点进步是我欣赏的，中等生通过不懈的努力成为优等生是我所欣赏的。当我欣赏学生、鼓励学生成长的同时，学生感受到了自己的进步，他们又会用欣赏的目光来看待我，这是一种感受、是一种回馈，是对我的欣赏，是我对他们欣赏的最好回报。我对学生进行欣赏教育、幸福感教育的同时自己也受到感化，让我感受到教育的幸福，感受到教师职业的价值。对学生的德育教育成了我的一种习惯，我心里不自觉地就会去教育学生，让学生成为一个像我一样幸福的人。

教师常用的目光语主要分为以下几种。

1. 环视

环视即目光在较大范围内进行扫视，通常用于教师面向全体学生授课或进行集体活动时。环视不是机械性地摆动头部，进行扫视时，目光的流动通常可以呈扇形、O 形、W 形等。进行环视时教师无须看清楚每一位学生，但可根据自身需要在特定的学生身上做短暂停留。例如，上课铃响了，但某位学生还没有拿出相应教材，这时老师可通过目光语对其进行提醒。

在教育教学活动中，教师可在讲课之前运用环视，让学生尽快安静，进入状态；或是在提问过后，通过环视鼓励学生开动脑筋；亦可在课堂练习或集体朗读环节，通过环视监督练习情况，调控课堂效果，使每一位学生参与其中。

2. 注视

注视即目光较长时间停留在某个人物或某个角落，这是很具内涵的目光语。教师在开展教育教学活动时使用的注视主要分为严肃注视、授课注视。

严肃注视多用在教师对学生进行批评教育的情形中。使用此类注视时目光通常看向学生眼睛或落在学生的眉心，这样的目光会让学生感受到老师的威严与认真，更能听进老师的教诲。

授课注视主要用于授课过程中。教师的目光往往落在学生的双眼与嘴唇之间，这个区域的注视会让目光更亲切，更能营造融洽和谐的气氛，激发学生的学习动力。教师进行授课注视时常会配合相关的语言，例如"想一想""再想一想"。

3. 虚视

虚视与环视和注视不同，说话者往往没有具体看向某人或某物，可听众却认为说话者在与自己交流，这种目光语多用于上台演讲，但不利于说话双方信息的交流与反馈。初次走上讲台的年轻教师感到紧张、胆怯时可使用虚视，避免使学生觉得老师没有注意到自己而走神。

目光语还包括平视、点视、侧视等，这些类型的目光语也十分重要。一般情况下，教师不会仅使用某一种目光语，而是会根据表情达意的需要综合运用。

（四）表情语

人的表情丰富多彩，不同的情绪下会呈现不同的面部表情。如开心愉快时，会眉飞色舞，嘴角上扬；伤心难过时，会垂头丧气，嘴角下垂。马卡连柯曾说："没有面部表情、不能给自己的脸部以必要的表情或者不能控制自己情绪的人，不能成为一个优秀教师。教师应该这样来要求自己，他的每一个举止都有教育意义，而且应该经常清楚地知道，当时他希望的是什么，反对的又是什么。"

对于教师来说，微笑是常用的表情之一。发自内心的微笑可以拉近教师与学生之间的距离，让学生感到平等亲切，从而对教师产生信任感。但需注意的是，教师不能一味地微笑，而忽略其他情绪的表达。例如，在朗读《青山处处埋忠骨》《十里长街送总理》等基调沉痛悲伤的课文时，保持微笑是不符合文章情感基调的。教师的表情应跟随教学内容、教学情境等产生相应的变化，这样才能使课堂更加生动且富有魅力。

教师常用的表情语有以下四类。

（1）表示兴趣，眉毛上扬，双眼微微睁大，嘴角呈现笑意。

（2）表示满意，眼睛微眯，嘴角上翘，并伴随点头这一动作。

（3）表示询问，眉毛上扬，眼睛微微睁大，头向一边微偏；感到怀疑时，还会伴有皱眉现象。

（4）表示严肃，眉毛微皱，双唇紧抿。在对学生进行批评教育时，该表情会有深刻的警醒作用。

教师应多用亲切、赞许等正面的表情语鼓励学生，切勿使用愤怒、轻蔑等消极的表情语。表情语传达的情绪太过激烈，有时比有声语言对学生造成的心灵伤害还要严重。

（五）服饰语

教师服饰应注意与职业相协调，与工作情境相适应，同时，服饰能够体现一定的思想品位和审美水平，因此，教师着装应当结合自身个性，做到稳重又不失大方，尽可能地展现职业特点和个人风貌。

不论是日常着装还是工作着装，都可遵循国际上通行的着装原则——TPO原则。

T（time）是指"时间"，不同的季节、甚至时间的早晚都会对穿着产生影响。

P（place）是指"地点"，包括不同地域、不同国家甚至室内室外等因素。

O（occasion）是指"场合"，服饰穿着一定要考虑场景及场合，分清正式场合、工作场合和非正式的休闲场合。

教师服饰着装的功能不是把自己打扮得多么光鲜亮丽，更重要的是通过服饰提升自身的魅力与自信，从而感染和影响学生。

例：只见他穿了一件绿色 polo 衫，戴着有着春天颜色的帽子，"一身绿"让他显得青春逼人。再看看他的五官，面临秃顶的头发被帽子盖住，浓眉大眼，仔细想想他不过 26 岁而已。

他听见我们的揶揄声，吼了一句："信侯哥，得永生！以后这就是咱们学物理的口号了！"

我慌忙拿出笔，把这句话写在物理书上。

这便是初见。

……

以上文字描述了学生与老师"侯哥"初次见面的情景，通过文字，我们可以体会到学生对"侯哥"的喜爱。这不但是由于教师的语言风趣幽默，而且是因为学生透过服饰感受到"侯哥"的个性与魅力，进而对老师产生了极大的亲切感和认同感。

（六）距离语

口语交际双方的空间距离及其变化，往往反映了说话双方的谈话内容、态度意图、关系程度等，这种空间距离所传递的信息被称为距离语。一般来说，如果交际双方关系密切且谈话内容较为私密，双方空间距离就小；如果彼此非常陌生且谈话内容为公事，双方空间距离就大。

教师要善于利用距离语，根据情境和对象适当调控双方的空间距离。例如，当班级纪律不好时，教师可站上讲台，扩大双方的空间距离，从而树立权威，达到需要的整顿效果；当课堂中开展练习、讨论等环节需要启发学生思考时，教师可走下讲台，让学生感到亲切，进而能够勇于提出或回答提问；在对个别同学进行交流或进行思想工作时，教师应放下架子，走到他们当中去，使学生感到民主平等、亲切和谐。只有这样教师才能真正发现学生丰富的内心世界，学生也会更乐意接受教师的建议与教诲。

同时，教师切勿根据自己的喜好把握与学生之间的距离，喜欢就与之亲近，不喜欢就疏而远之；并且，教师也应注意保持与异性学生之间的距离。教师与到了一定年龄的异性学生相处，不宜过分亲密。

例：几个学生正趴在树下兴致勃勃地观察着什么，一个教师看到他们满身是灰的样子，生气地走过去问："你们在干什么？""听蚂蚁唱歌呢。"学生头也不抬，随口而答。"胡说，蚂蚁怎会唱歌？"老师的声音提高了八度。严厉的斥责让学生猛地从"槐安国"里清醒过来。于是一个个小脑袋耷拉下来，等候老师发落。只有一个倔强的小家伙还不服气，小声嘟囔说："老师，您又不蹲下来，怎么知道蚂蚁不会唱歌？"（《蚂蚁唱歌》，摘自《人民教育》）

教师要走近学生，拉近距离，进入孩童的世界，与他们的心灵进行沟通……然后才会发现，"幼稚"的想法不一定可笑，"错误"的行为也有其合理的一面。

二 课堂实训

（一）任务一：身姿语训练

1. 任务目标

（1）通过训练克服不良身姿动作。

（2）在工作和生活中能有意识地端正自己的行姿、站姿和坐姿等。

2. 建议学时

1学时。

3. 任务实施过程

（1）任务导入。

2022年10月16日上午，中国共产党第二十次全国代表大会在北京人民大会堂开幕。会议开始前，首场"党代表通道"开启。中央广播电视总台记者向中国航天员王亚平提问："您是我国第一个在太空授课的太空教师，也是第一个进驻中国空间站、第一个漫步太空的中国女航天员，也是目前为止中国在轨飞行时间最长的航天员。能否分享一下亲身经历中国航天事业发展的感受？对未来的中国航天有什么期待？"

观看相关视频，思考并讨论在正式场合当众讲话时的身姿语与生活中的身姿语有何区别。

（2）讲解知识点。

身姿语的概念、分类、要求。

（3）身姿语训练。

结合训练材料的情境，练习身姿语。

1）训练要求及方法：

①将学生分组并模拟材料中的情境。

②小组讨论，找出训练材料中你认为存在问题的身姿语，并思考你会如何处理。

③请学生互相观察各自处理后的行姿、站姿和坐姿并提出改进建议。

2）训练材料：

①放假了，晓民到中学同学家玩，正与同学谈起曾经的朋友，这时候他发现同学坐下时并没有面对自己，只是不停地在看手机、发信息，同时眼睛时不时看向门外，脚不停地在晃动……

②一次数学课上，教师在讲解题目，突然发现班上的一个学生正伏在桌子上睡觉。这位教师心中很不高兴，直接用手指指向学生，并叫学生的名字请他站起来，但这位学生根本没反应。教师怒火中烧，快步走到学生面前在桌子上猛拍了一下，学生吓得一下子惊醒过来，略带

惊恐又不知所措地呆望着怒目圆睁的老师。

（二）任务二：手势语训练

1. 任务目标

掌握常用的手势语并灵活使用。

2. 建议学时

1学时。

3. 任务实施过程

（1）任务导入。

扫码观看右边的朗诵视频《将进酒》，观察朗诵者的态势语，说一说朗诵手势与朗读时的手势有何区别。

（2）讲解知识点。

手势语的概念及分类。

视频：《将进酒》

（3）手势语训练。

结合具体的训练材料，设计手势语并上台展示。

1）训练要求及方法：

①阅读、理解并分析诗词，根据主题、内容、情感等设计手势语，要求各诗句的手势语动作连贯、过渡自然，动作幅度不宜过大或夸张，可以根据自己对诗词的体会，创造性地进行设计。

②分小组练习，结合手势语进行朗读并上台展示，注意克服不自觉的随意手势。

③小组中选取优秀者上台朗诵，可适当结合夸张的手势语。

2）训练材料：

材料1：《沁园春》

材料2：《我用残损的手掌》

（三）任务三：目光语和表情语训练

1. 任务目标

通过训练熟悉各种教学情境下的目光语和表情语。

2. 建议学时

1学时。

3. 任务实施过程

（1）任务导入。

情境案例：

这是一堂二年级的语文公开课，王老师给大家上的是《亡羊补牢》。在讲解标题时，王老师一边将手举起，一边向大家提问："亡是什么意思？"

同学们纷纷举手。

王老师伸出右掌向上一抬，请坐得离她稍远的小宇回答问题。

"我知道，亡是死亡的意思。"

王老师微笑着轻轻摇了摇头。

小宇看着王老师的动作，皱着眉头，挠了挠后脑勺。王老师并不着急，眼中带笑地看着小宇说："别泄气，再想想。"

王老师的目光和表情有什么作用？猜一猜小宇最后是否回答了出来。

（2）讲解知识点。

目光语与表情语的概念及使用特点。

（3）目光语和表情语训练。

结合所学内容，任意选取一个情境片段，设计生动形象的目光语和表情语，在班上进行展示。

1）训练要求及方法：

①教师的表情大部分时候应以微笑为主。

②目光、表情生动丰富，给人以亲切自然之感。

2）训练材料：见右边的二维码。

训练材料

（四）任务四：生活、上课、表演等情境中的态势语训练

1. 任务目标

掌握态势语在各种场合的用法，并灵活运用，使口语表达更具魅力。

2. 建议学时

1学时。

3. 任务实施过程

（1）任务导入。

观看相关视频，激发学生训练的兴趣。

（2）讲解知识点。

态势语要与情境结合，配合有声语言传递更丰富的信息与情感。在口语交际中，我们除了要保证说话内容清楚明白、说话方式礼貌得体等，还需要注意说话者自身的角色和身份。对于

教师而言，不同的角色会使我们在不同时间、不同场合，面对不同交际对象时，使用不同的有声语言和态势语言。

（3）综合训练。

生活训练——家访。

情境训练——上课。

表演训练——主持。

1）训练要求及方法：

可一人表演或分小组进行，根据以下材料模拟不同的情境，设计相应的态势语，采用各种形式进行综合训练。

2）训练材料：

1. 家访

2.《去年的树》王崧舟教学实录

3.《环球新瞭望》主持稿

◇ 自我修养

（一）理论自修

阅读右边二维码文章，思考以下问题。

（1）为什么说"书本是理论，细节是艺术"？联系本章节内容，思考该如何借鉴文中涉及的经验和方法。

（2）"教师的抚摸"为什么有这么大的作用？对于我们今后开展教育教学活动有什么样的启示？

拓展阅览

（3）结合自己的经历，想想你更喜欢"不苟言笑的教师"还是"面带笑容的教师"。在今后的工作中可以用哪些方法保持自身积极的状态？

（二）自主训练

1. 手势语训练

（1）训练目标：能够合理运用手势语辅助表达。

（2）训练准备：掌握各种手势的分类。

（3）训练方法：给下列语句配上合适的手势。

（4）训练材料：

①有的人活着，他已经死了；有的人死了，他还活着。（节选自臧克家《有的人》）

②而当你终于无视地走过／在你身后落了一地的／朋友啊／那不是花瓣／那是我凋零的心（节选自席慕蓉《一棵开花的树》）

③鼓动吧，风！咆哮吧，雷！闪耀吧，电！把一切沉睡在黑暗怀里的东西，毁灭，毁灭，毁灭呀！（节选自郭沫若《雷电颂》）

2. 目光语、表情语训练

（1）训练目标：掌握常用的目光语及表情语。

（2）训练准备：准备一面小镜子，以便观察自己的表情。

（3）训练方法：运用合适的目光语和表情语，表达以下句子的意思及情感。

（4）训练材料：

①呵，我多伟大！

②为什么会有这样的想法呢？

③我的发言完毕，谢谢大家！

3. 服饰语训练

（1）训练目标：对不同时间、地点及场合的着装有基本的理解和认识。

（2）训练准备：了解着装的 TPO 原则。

（3）训练方法：设想自己正处于以下情境，思考自己会穿着什么样的服饰。

（4）训练材料：

①去某银行面试。

②第一次上公开课。

③参加演讲比赛。

故事：《狐假虎威》

4. 态势语综合训练

（1）训练目标：掌握各种态势语并能在教学中灵活运用。

（2）训练准备：熟悉寓言故事，请不上台展示的同学配合当学生，以便模拟教学过程流畅顺利。

（3）训练方法：给寓言故事《狐假虎威》设计生动形象的态势语，在班上进行模拟教学。

（4）训练材料：《狐假虎威》。

第 六 章

听话训练

◇ **学练导航**

（一）学习目标

（1）了解听话的重要意义，理解听话的含义与作用。

（2）掌握快速听记、抓住要点、理解语义、客观评判的听话要领，克服倾听不专注、听辨不明等不良倾向。

（3）培养乐于倾听、专注倾听的良好心理品质。

（二）实训任务分解

任务一：听辨要点、听辨指误训练。

任务二：听辨悟情、听辨隐意训练。

◇ **经典引路**

请同学们仔细欣赏右边的视频，然后分组思考并讨论下列问题：

（1）只强调"说"而忽略"听"，会有什么样的后果？为什么？

（2）倾听有什么价值和意义？

（3）你从熊浩的演讲中，获得了哪些启示？

视频：《倾听的力量》

一 理论奠基

（一）听话概说

1. 听话的概念

听话能力是一种语言信息认知能力，是指在听觉能力的基础上，听话人通过对有声语言信息进行感知、思维等一系列心理认知的过程，从而理解语意的能力。在口语交际中，话语的理解与话语的组建同等重要。良好的听话能力是交际活动顺利进行的基础，只有善于倾听，才能准确地把握谈话者的意图，促使交际活动继续进行。

微课：听话训练

2. 听话的作用

在日常交际中，听是不可或缺的环节。日常口语交际由密不可分的"听"和"说"两种活动构成，交际双方的交流沟通，不仅要表达自己的观点，还要在倾听对方观点的基础上做出积极反馈。可以说，听是交际的前提和基础，是交流得以继续的保障。

在日常活动中，听是获得信息的重要途径。有资料表明，在人们日常的交流活动中，听占45%，说占30%，读占16%，写占9%。也就是说，人们有接近一半的时间在听。在信息化、高效率的现代社会中，用声音传播、存储信息的方式越来越普遍，较强的听话能力，能帮助人们更好地适应现代生活。

在学习生活中，听记能力是获取知识的重要能力。很多学习活动与听话有关，如听课、听讲座、听报告、听演讲等。在这些学习活动中，学生听取学习信息，记下学习重点，才能时时温习，牢记并消化。

在教学过程中，听是了解学情，做出反馈的重要依据。作为教师，在课堂教学时，要从学生零散的回答中快速筛选出有价值的答案，要对学生的回答做出客观而中肯的评价，要通过学生的回答对学生的课堂学习状况进行实时掌控，这些都离不开听话。在教育工作中，倾听是教师与教育对象交流沟通的重要方法。教师通过倾听，能了解学生当前的思想实际，了解学生内心的真实想法，了解校园事件的前因后果；通过倾听，还能拉近师生的心理距离，融洽师生关系，便于教师做学生的思想教育工作。对于未来从事基础教育的师范生而言，善于倾听，不仅有利于生活，更有益于学习和工作。

（二）听话的能力构成

1. 语音的辨识能力

从现代汉语的角度来说，语音的辨识能力首先是对音节的分辨能力。普通话中，由声、韵、调组合成了1200多个音节。语音的辨识首先是指分辨出不同于此音节的彼音节，如分辨出发音比较接近的鼻音声母"n"与边音声母"l"、前鼻韵母"in"与后鼻韵母"ing"等。其次是对普通话语流中的音变现象进行分辨。如"大爷"读轻声时是对自己的伯父及年长的男子的称呼，读非轻声时是指不好劳动、傲慢任性的男子。第三是对发音不太标准或不太清晰的语音的分辨。如因外界噪声的干扰导致的主音不够清晰，因发音者生理缺陷或发音习惯造成的发音含混等。第四，是能对表达者的方言或不太标准的普通话准确地进行辨识。如南方的方言中大多平翘舌不分，听者就要根据具体语境辨识对方想要表达的是"诗人"还是"私人"，是"桑场"还是"商场"。第五是对同音词的辨识能力。汉语中有些读音相同而表意不同的词语，如"食言"和"食盐","适时"和"事实",这给语音的辨识带来了一定难度,听者要结合具体的语境运用自己的文字素养来确定该音节所对应的汉字与意思。

例:电视连续剧《隋唐英雄之薛刚反唐》中,"五虎"发现树上有人,循迹追去,遇到一位神秘的蒙面老者,于是有了下面的对话。

问:老头,你到底什么人?这里到底有多少同伙?

答:这里是一个人。

问:十一个人?

答:不是十一个人,而是一个人。

问:二十一个人?!说,他们都藏哪儿去了?

答:你听错了,不是二十一个人,其实一个人!

问:七十一个人?!你当我傻呀?这七十一个人,这么小的地方,能藏得住吗?

答:傻瓜,你又听错了,这里就是一个人。

问:九十一个人?!

答:二百五,是一个人!

问:二百五十一个人?!

上例中,神秘老者的方言语调与普通话略有差异,加上问话者程越虎的语音辨识能力较弱,所以问话者直到最后也没有听明白神秘老者的话语内容。

例:从前有个有钱人不学无术却官瘾很足,就用银钱买了个县官做。上任以后他去拜见上司,上司问他:"贵县风土如何?"他答:"本县没有大风,也不刮黄土。"上司见他答非所问,只好又问:"黎庶如何?"他更不懂"黎庶"是什么意思,便回答:"梨树倒是不少,只是不结果。"上司气极了,喝道:"我什么时候问你梨树杏树,我问的是百姓。"县官这下终于明白了,回答道:"白杏只有两棵,红杏不少。"上司大发雷霆,骂道:"混蛋,我问的是小民!"县官连忙回答:"我的小名叫狗儿。"

这个故事中,县官胸无点墨,缺乏官员该有的知识素养,所以无法辨识上司的官场语言,以致造成误会,闹出笑话。

2. 语句的记忆能力

语句的记忆能力是对所接受的语言信息进行贮存的能力。在口语交际中,表达者呈现的声音形式是连续的稍纵即逝的语流。语句的记忆能力强,才能快速准确地捕捉到语言信息并存储在脑海里。语句的记忆能力可以从三个维度考查。首先是记得全,即把对方所说的内容完整地记下来,无遗漏。其次是记得准,即把对方所说的内容准确地记下来,无走样。最后是记得牢,即能将语言信息长时间地贮存,不遗忘。

3. 语意的理解能力

语意的理解能力是对收到的语言信息进行正确解读的能力。语意的理解力是听者探知说话者意图并做出正确反馈的前提，是听话能力中的核心能力。它可分为基本语意理解能力和深层语意理解能力。基本语意理解能力，就是对说话者语言本身所表现出来的表面意义的理解。深层语意理解能力就是对语言的言外之意与未尽之意的理解，听者透过语言本身的层面，领悟说话者的真实意图。

例：淳于髡看到邹忌身居相位，心中不服，就上门去找邹忌。邹忌恭恭敬敬地接待，而淳于髡非常傲慢，一进门便在上座坐下，开口就不客气地说："邹忌，我对你当这个相国有点看法，不知我可不可以说？"邹忌说："愿听高见！"淳于髡说："子不离母，妇不离夫。"邹忌说："我懂你的意思，我的心身时时不离国君。"淳于髡又说："以酸枣木做车轮，再涂上猪油非常滑，但是，如果把它放进四方孔里，运转就很费力。"邹忌说："我懂你的意思，我不敢违背民情。"淳于髡又说："用膘胶粘的东西，虽然牢固，但有时也要脱胶裂缝；很多小河流汇在一起就成了江海。"邹忌说："我懂你的意思，我不敢不亲附老百姓，我一定听民众意见，为民众办事。"淳于髡又说："孤裘皮袄，虽然破败了，也不能用黄狗皮补缀。"邹忌说："我懂你的意思，我一定选贤任能，不录庸才。"淳于髡又说："木匠不量准尺寸就造车，这车一上路，就会散架；再好的乐师，如果不调准琴弦，也弹不出好的音律。"邹忌说："我懂你的意思，应该严肃法纪，惩治奸佞。"

两人对话至此，淳于髡不再说话了，给邹忌又作揖又磕头，然后告辞。

淳于髡有意刁难邹忌，所以话语隐晦，只说家庭伦理与日常生活。邹忌从其态度与话语中探知了言外之意，知其以母子夫妇喻君臣之义，以生活琐事喻治国理政，所以真挚而诚恳地进行了回答，让淳于髡心服口服，再拜而归。

4. 语言的鉴别能力

语言的鉴别能力是指对听到的话语做出正误优劣等方面评价的能力，它决定了听者对所听话语应持的态度与应做的选择，是对听话能力的高层次要求。

例：父子俩赶着驴子去集市买食品。起初，父亲骑驴，儿子走路。路人看见他们经过，就说："真狠心哪，一个强壮的汉子坐驴背上，那可怜的小家伙却要步行。"于是父亲下来，儿子上去。可是人们又说："真不孝顺哪！父亲走路，儿子骑驴。"于是父子两人一齐骑上去。这时路人说："真残忍哪！两个人骑在那可怜的驴背上。"于是父子俩只得下来走路。路人却说："真是蠢材！两个人步行，那只壮实的驴子却没有东西驮。"他们最后到达集市时整整迟到了一天。人们惊讶地发现，那人同他儿子一起抬着那只驴子来到了集市！

案例中的父子缺乏主见与语言鉴别能力，不懂得结合自己的处境合理采纳他人的意见与建议，反弄得进退两难，徒增笑柄。

（三）倾听的心理品质

倾听的心理品质指的是听者在较长时间内保持在听话活动上，同时避开一切与听话无关的事物，对妨碍听话的活动加以抑制的心理过程。在交际过程中，说话者的心态会较大程度地受到倾听者态度的影响。良好的倾听品质不仅有利于交际的顺利进行，更有助于听者全面准确地掌握话语信息。在交际过程中，良好的倾听品质表现为专注、耐心、积极。

1. 专注倾听

听话时，听者要尽量排除一切干扰，将注意力集中在说话者和听话的具体内容上。从倾听者的表情来看，专注体现为神情镇定从容，目光集中，指向说话者，面部表情随着所听内容的变化而变化。从体态来看，专注体现为手足没有零碎而无意识的动作，如抖腿、玩弄手指等，身体微微向说话者倾斜，如侧耳倾听。

例：一个学音乐的年轻人很自卑，偷偷地躲到山上一片茂密的小树林里去练琴。在那里，他遇到一位特殊的老妇人。这位极瘦的老妇人静静地坐在一条长木椅上，双眼平静地望着那位年轻人……一束阳光透过树叶的缝隙照射下来，老妇人的满头银发显得格外晶莹。

老妇人对年轻人说："我猜想你一定拉得非常好，只可惜我的耳朵聋了。如果你不介意我在场，请接着拉吧。"

年轻人摇了摇头，表示自己拉不好。老妇人鼓励他说："也许我会用心去感受这音乐。我能做你的听众吗？就在每天早晨。"

老妇人诗一般的语言打动了年轻人的心，他心里洋溢着一种从未有过的感觉，变得有几分兴奋。以后，他每天清晨都到小树林里练琴，那位耳聋的老妇人也总是早早地坐在木椅上等他，看他拉琴。时间就这样一天天过去了，年轻人的琴艺日渐长进，逐渐成了一名真正的小提琴手。

后来，年轻人知道了那位老妇人并不耳聋，而且还是音乐学院最有声望的教授，曾当过乐团的首席小提琴手。

女教授是一个十分懂得倾听的人，也是一个非常高明的教育家，她用认真倾听、专注倾听的方式成功地培养出了一个优秀的小提琴手，塑造了一颗热爱生活、满怀信心的美好心灵。

2. 耐心倾听

耐心倾听，是言语交际活动的必备礼仪，是对交际对象的尊重，体现出乐于与对方交流的诚意，这样更能与交际对象产生情感上的共鸣，达到良好的交际效果。在倾听时，这些行为是不礼貌，缺乏耐心的：随意打断对方的表达；对方表达不畅时露出不耐烦的神色；一边听话，一边插嘴；一边听话，一边玩手机；听话时频频看手表；等等。

例：美术课上，老师让孩子们画晴朗的春天，东东画了蓝蓝的天、白白的云、青青的草、红红的花，还画了两个红红的太阳。其他小朋友看到东东的画，不断地指指点点，有的还大声嘲笑。美术老师李老师细心地观察了东东的画，温和地对东东说："你真是一个有想象力的孩子，你能告诉我为什么要画两个太阳吗？"东东说："这个大大的太阳是妈妈，她每天照看花朵和草地，累得生病了，需要休息。这个小小的太阳是孩子，他来帮他的妈妈分担工作。"李老师听了，对着全班同学表扬东东："你笔下的小太阳真是一个孝顺、有责任感的孩子，你画得好，说得更好！"

上述案例中，李老师没有简单粗暴地批评孩子画中的错误，而是细心观察，温和鼓励，耐心倾听，这样，才走进了孩子的内心，了解了孩子的奇思妙想，发现了孩子心中的善与美。

3. 积极倾听

听者如果在听的过程中一言不发，默然不应，会令对方有受冷遇之感，使交谈气氛变得尴尬。所以，听者要表现出积极主动的态度，如用鼓励期盼的眼神表现出对话题的兴趣；用自己的话语复述对方的观点，"你的意思是……""你是说……"；用简短的语言应答，"原来是这么回事啊""后来呢"等。如果对方表达技巧或心理素质欠佳，还需听者积极引导。如通过简单提问助其梳理思路，通过微笑的表情鼓励他继续往下说等。

例：孩子："妈妈，我明天不想去上学了。"

妈妈："你不喜欢你们学校，你的老师？"

孩子："不是，是英语太难学了，我怎么都学不会。"

妈妈："哦，我明白了，是英语太难学让你不想上学了。"

孩子："就是啊，老师在课堂上全说英语，我听不懂，教我读单词，可我老是记不住，今天老师喊我读单词，我不会读，大家都笑我。"

妈妈："听出来你想学好英语，也做出了很多努力，但效果不佳，所以你才会觉得失望，也觉得难受。"

孩子："是的，我再也不想学英语了，我是中国人，说不定以后不会用到英语。"

妈妈："噢，你觉得学英语完全没意义，没价值。"

孩子："也不是完全没价值，不懂英语，连手机、电脑都不会操作。英语不学不行。"

妈妈：（拥抱孩子）"你真棒，要不，我们探讨一下怎样学好英语？"

孩子："老师说要在家里多听多读，我要去读英语了，妈妈再见。"

示例中，当孩子遇到挫折、想要倾诉的时候，妈妈对孩子的表达采取的不是粗暴阻止，而是积极引导，积极倾听，孩子在民主而轻松的氛围中表达了自己的看法，有效发泄了负面情绪。

（四）听话的要领

听话能力的养成不是一蹴而就的，需要在持之以恒的训练中培养，更要靠提升文化素质、丰富生活阅历来增强。

1. 快速听记的要领

记忆语句的方法有下列三种。

（1）整体记忆法。这是把对方所说的每个音节、每个句子都一字不漏地记下来，它能为语意的理解提供最全面的材料，在较短的会话中，一般采用这种记忆方法。

（2）概括记忆法。这是通过分析、综合、概括，把最能反映说话者意图的观点和材料提炼出来，并记下来。在较长的口语会话中，如听故事、听报告、听讲座等，一般只记主要观点和重要事实。

（3）细节记忆法。这是指听者把感受最深的地方记下来。如一句充满哲理的话，一个很有代表性的事例，一种富有创意的想法，一个有启发性的方法或技巧等。它们并不是说话者表达的主体内容，但往往是精华部分。

2. 捕捉要点的要领

捕捉要点意味着对纷繁零散的语言信息进行筛选，提取话语的主干，厘清对方的思路。捕捉要点可以从以下几个方面入手。

（1）从说话人的层次结构入手捕捉要点。人们说话时根据语境或表达习惯的不同，会有不同的思路，有人喜欢开门见山，有人喜欢先铺垫再点明本意，有人喜欢先总说后分说，有人喜欢先分说结尾再做总结。听话时，要边综观全局，边梳理思路。

（2）通过说话人的语气和态势语来捕捉要点。语气是高低、快慢、强弱、虚实等声音形式。说话者常通过加大音量、放慢语速、故作停顿等方式把要强调的内容表达出来，听者可以据此把握说话要点。态势语是大脑活动的外露和显示，是对有声语言的适当补充，说话者往往借助态势语对说话的要点加以补充和强化，听者可以根据态势语的提示，更好地把握说话要点。

例：著名教育家班杰明曾经接到一名青年的求教电话，于是与那个向往成功、渴望指点的青年约好了见面的时间和地点。等到那名青年如约而至时，班杰明的房门敞开着，眼前的景象令青年颇感意外——班杰明的房间里乱七八糟、一片狼藉。

没等青年开口，班杰明就招呼道："你看我这房间，太不整洁了，请你在门外等候一分钟，我收拾一下，你再进来吧。"一边说着，班杰明就轻轻关上了房门。

不到一分钟的时间，班杰明又打开了房门并热情地把青年领进客厅。这时，青年的眼前展现出另一番景象——房间里的一切已变得井然有序，而且有两杯刚刚倒好的红酒在淡淡的香水气息里还荡漾着微波。可是，没等青年把满腹有关人生和事业的疑难问题向班杰明讲出来，班杰明就非常客气地说道："干杯。你可以走了。"

青年手持酒杯一下子愣住了，既尴尬又非常遗憾地说："可是，我……我还没向您请教呢……""这些……难道还不够吗？"班杰明一边微笑一边扫视着自己的房间，轻言细语地说：

"你进来又有一分钟了。""一分钟……一分钟……"青年若有所思地说,"我懂了,您让我明白了一分钟的时间可以做许多事情,可以改变许多事情的深刻道理。"

在这个案例中,青年开始不明白"你可以走了"这句话的意思,班杰明用表情语与目光语做提示后,青年才抓住要点,原来班杰明已经用行动告诉自己一个道理:一分钟的时间可以做许多事情。

3. 理解语意的要领

(1)理解基本语意的要领。

首先要理解基本词义。要理解词语的基本含义与感情色彩、使用语境,要根据语境对词语的多重义项进行选择,对其临时意义进行推断。其次是理解基本句义。要修正病句,将变式句还原为常式句,补全省略句的省略成分,提炼长句的主干,厘清复句的层次。第三是理解语段。要删除重复无用的信息,理清语段的思路,找出整个语段的中心句等。

(2)理解深层语意的要领。

首先,是从修辞的角度理解话语的深层含义。如,双关的话语有双重意义,隐含在字句背后的意义才是表达者真正的意图;委婉所要表达的意义与语言本身所显示的意义有一定的距离;反语所要表达的意义和语言本身的意义刚好相反;还有比拟、借喻、借代、夸张、拈连等修辞手法,表达的意义与语言本身的意义也有差别。如果只按语言本身的意义去理解,就会曲解说话者的真正意图。

其次,要根据说话者的语气、语调以及体态语来揣测说话者的本意。同样一句话,说话者的语调、表情不同,其意义也会不同,甚至会和语言本身的意义完全相反。美国心理学家艾德华·霍尔说过:"无声语言所显示的意义要比有声语言多得多。"因此,在听话的过程中,要注意认真辨别说话者的语气、语调,观察其神情举止,揣测其内心活动,领会其真正意图。

再次,通过对语言背景的分析来推测语言的真正含义。语言的背景包括说话者的地位、身份,说话的时间、地点、场合以及听者的地位、身份等,只有把这些因素综合起来分析,才能体会话语中蕴含的"话"和"情"。

例:《红楼梦》中,林黛玉与贾宝玉闹矛盾后又和好了,这一切被薛宝钗看在了眼里,宝钗借看戏之事,揶揄二人,于是有了下面的对话。

林黛玉……笑道:"宝姐姐,你听了两出什么戏?"宝钗……,便笑道:"我看的是李逵骂了宋江,后来又赔不是。"宝玉便笑道:"姐姐通今博古,色色都知道,怎么连这一出戏的名字也不知道,就说了这么一串子。这叫《负荆请罪》。"宝钗笑道:"原来这叫《负荆请罪》!你们通今博古,才知道'负荆请罪',我不知道什么是'负荆请罪'!"一句话还未说完,宝玉黛玉二人心里有病,听了这话早把脸羞红了。凤姐于这些上虽不通达,但见他三人形景,便知其意,便也笑着问人道:"你们大暑天,谁还吃生姜呢?"众人不解其意,便说道:"没有吃生姜。"凤姐故意用手摸着腮，诧异道："既没人吃姜，怎么这么辣辣的？"宝玉黛玉二人听见这话，越发不好过了。……别人总未解得他四个人的言语，因此付之流水。

这段话中，宝钗巧用双关，借戏名"负荆请罪"嘲笑宝玉把黛玉惹恼了又给黛玉赔罪。宝玉开始只从表层意思去理解，未解其意；宝钗话带机锋，又补说了一句，宝、黛二人听出了其嘲讽之意，所以羞红了脸。凤姐虽不解其意，但善于察言观色，从三人的神情举止中大致猜出了事情端由。她话里有话，用"吃姜"一句笑问众人，对三人的斗嘴半是调侃、半作劝解。众人并不了解宝、黛、钗三人的微妙心事，所以对四人的言语也就无法理解。

4. 客观评判的要领

客观评判既指对表达内容正误真伪的判断，也指对表达言语与技巧高低优劣的判断。

话语的正误真伪可以从这些方面评判：内容是否真实，观点是否正确，评价是否客观，结论是否以偏概全。

语言表达的高下优劣可以从这些方面评判：语音表达是否准确，词语运用是否准确，句子是否通顺，思路是否清晰，逻辑是否严密，语气、音调、感情是否得当，体态是否自然，说话的风格，如文野、雅俗、工拙、庄谐，是否与表达的语境相宜。

课堂实训

（一）任务一：听辨要点、听辨指误训练

1. 任务目标

（1）抑制、纠正学生听话时出现的听话不专注、听话抓不住要点、对听到的内容不能正确评判的倾向。

（2）在具体的表达情境中培养听话的理解能力、听话的准确性与专注度，提升听话能力。

2. 任务实施过程

（1）听辨要点训练。

1）扫码播放民间故事《找骆驼》音频，请大家找出要点，边听边记。

2）提示学生，故事情节、重要结论、规律性的认识往往是话语中的要点，时间名词、地点名词、数词、体现事物特性的词语往往是话语中的关键词。

音频：《找骆驼》

3）现场小测验，学生根据教师的提问作答。

①本文讲了一件什么事？

②本文中有哪些主要人物，这些人物的性格特征是怎样的？

③商人走失的骆驼有什么特征？

④老人为什么知道骆驼的特征？

⑤商人最后找到骆驼了吗？

4）教师出示《找骆驼》的文字资料，让大家核对，纠正错误答案。

（2）听辨指误训练。

1）请学生现场说话两分钟，内容为"我的学习生活"，倾听的学生如实填写下表。

项目评价		主要问题	综合评价
语言规范程度	语音		
	语汇		
	语法		
表达内容			
表达技巧			

2）提示：可以从语音、语汇、语法等方面辨析语言是否准确规范；可以从内容的角度辨析其思路是否清晰，重点是否突出；可以从表达技巧的角度辨析其重音是否合理，停连是否恰当。

3）学生认真倾听"我的学习生活"，将听到的问题填入表格，教师做出小结。

（二）任务二：听辨悟情、听辨隐意训练

1. 任务目标

（1）能够对所听到的话语准确分析、准确理解、准确判断，提升对话语的理解能力。

（2）能够对所听到的话语在记忆理解的基础上进行内外辨析和表里透视，养成边听边思考的良好听话习惯。

2. 任务实施过程

（1）教师出示电视剧片段《杯酒释兵权》。

（2）布置听辨任务，细听赵匡胤的"九忧"与"困扰之梦"。边听边思考下列问题。

视频：《杯酒释兵权》

①根据"忧"的具体内容给赵匡胤的"九忧"分类。

②用一句话概括困扰赵匡胤的梦。

③播放到赵匡胤说完自己的梦境时先暂停，让学生猜猜赵匡胤向群臣描述自己梦境的目的是什么，推测群臣听到赵匡胤梦境后的反应。

（3）继续播放视频，学生结合视频看看自己的推测是否准确。

◇ 自我修养

（一）理论自修

（1）扫码阅读论文，思考：面对学生，教师应该学会倾听什么？

（2）扫码阅读论文，思考：大学生应具备怎样的倾听能力？培养大学生倾听能力的途径有哪些？

《教师要做倾听的先行者》　　　《论大学生倾听能力的培养》

（3）课外阅读美国教育著作丽萨·波曼的《老师，你在听吗?》，写一篇 500 字以上的读书心得体会。

（二）自主训练

1. 听时评，练听力

训练目标：通过每天听时政评论，了解国事民生，提升听辨反应速度，养成专注倾听的习惯，掌握听辨的基本要领。

训练方法：

（1）放下手头所有事情，放空大脑，排除杂念，静心凝神，准备倾听。

（2）打开喜马拉雅听书软件中的"人民日报评论"专栏，听每天更新的评论文章。

边听边思考以下内容：本次评论的关键词是什么？评论者的主要观点是什么？作者是怎样阐述自己的观点的？用了哪些论据？这些观点对我们有何启示？

（3）和同学交流讨论，看看大家的想法是否一致。

2. 倾听综合训练

训练目标：通过听话训练，培养学生的听记能力、理解能力、分析能力，提升学生的听辨水平。

训练方法：

（1）逐条播放纪伯伦《沙与沫》精选诗句。

（2）学生认真听音频，通过记关键词等方式快速记住诗句，并尝试复述诗句内容。

音频:《沙与沫》

（3）学生说说诗句蕴含的哲理，并联系自己的生活实际简要加以阐释。

第七章

朗读训练

◇ 学练导航

（一）学习目标

（1）理解朗读的基本要求。

（2）通过训练，掌握朗读的技巧和方法。

（3）学会运用朗读的技巧，用普通话准确、流利、生动地朗读作品。

（二）实训任务分解

任务一：朗读备稿训练。

任务二：朗读内部技巧训练。

任务三：朗读外部技巧训练。

任务四：四种文体的朗读训练。

◇ 经典引路

请同学们仔细欣赏右边的视频，比较自己的朗读和视频中的朗读有什么不同，存在哪些差距？

视频：《青春万岁》

一　理论奠基

（一）朗读的概念与基本要求

1. 朗读的概念

朗读是用标准的普通话把文字作品转化为有声语言的再创作活动。朗读是用清晰、响亮的声音，结合各种语言表达手段，传递作品思想感情的一种语言艺术。朗读者把对文字作品的理解、感受、感情融合到声音里，把书面文字语言转化为有声语言，声情并茂地传情达意。

第一，朗读是朗读者文化修养的集中体现。听众听到的是朗读者的声音，看到的是朗读者的形象，声音和形象共同展现出朗读者的文化、修养、感情、气质、风度等。

第二，朗读是一种再创作活动。朗读不仅是把文字转化为声音的简单过程，而是进行语言艺术创作的复杂过程。汉字是表意文字，书面语言文字有一定的局限性，难以把有声语言细微的情感表达显现出来。朗读者的声音可以弥补这些缺憾，将文字所承载的信息和情感更完美地表现出来，甚至可以把文字背后作者、作品包含的丰富内涵传递出来。

微课：节奏的运用

第三，朗读是朗读者艺术修养的综合体现。朗读综合了多种艺术门类的特点，如文学、语言、表演、形体、舞台等。

2. 朗读的基本要求

（1）朗读应该使用标准、规范的普通话。朗读时要求普通话声、韵、调到位，吐字清晰，音色圆润，声音有一定的响度。

（2）朗读时，要忠实于原作品，做到不丢字、不添字、不改字、不错读字音，要读得流畅自然。

（3）朗读时要根据作品的内容、风格，以及朗读者自身的语音条件，采用不同的方式和技巧去朗读，把握好朗读的分寸。

（二）朗读的基本技巧

1. 朗读的备稿

朗读是一种再创作活动，要求朗读者通过原作的字句，忠实准确地反映作品的精神实质，鲜明生动地传达作品的思想感情，用有声语言传达出作品的主要精神和艺术美感。不仅要让听众领会朗读的内容，而且要使听众在情绪上受到感染。

备稿有六个步骤：划分层次、概括主题、联系背景、明确目的、找出重点、确定基调。

（1）划分层次。

层次是指一篇文章的结构和布局。稿件的自然段落是从写作的角度形成的，而这里的层次是为了朗读需要形成的。层次是对自然段落的进一步加工整理，是对自然段落的归并和划分。

归并是指把稿件中内在联系比较紧密的自然段落归并为一个大的层次或者一个大的部分。

划分是在一个较长的自然段内，把内在联系较为紧密的句子划分为一个小的层次。短小的自然段可以不再划分。划分的目的是使句子"归堆儿""抱团儿"。

经过归并和划分，文字作品的脉络就清晰了，人物、事件的来龙去脉，观点、例证的前因后果，了然于胸。

（2）概括主题。

主题就是一篇文字作品的中心思想。概括主题既要揭示作品的深刻思想内涵，又要有利于调动朗读者的思想感情。主题的概括要准确、言简意赅。

（3）联系背景。

文字作品都有其写作背景，朗读时也有朗读背景。联系背景是为了把握作品的整体思路和朗读时的针对性，有利于进一步丰富和感受作品。

（4）明确目的。

朗读者要明确朗读的目的，即作品朗读后所能达到的社会效果，它解决的是为什么要朗读这篇作品的问题。作品的主题具有稳定性，而朗读的目的在不同的时期有不同的侧重和表现。

（5）找出重点。

重点一般是直接表现主题、体现目的、抒发感情、感染听众的地方。重点一般有两种存在方式，一种是集中，一种是分散。集中，是指重点集中在某一个或几个自然段中。分散，是指重点分散在全篇作品中。

（6）确定基调。

基调，是指作品总的感情色彩和分量。朗读时总的态度倾向，体现的是朗读者对整体作品认识、感受的结果。

朗读作品的每一个大小单位都有更为具体的内容，朗读时的感情色彩、分量应该与内容相适应。随着作品内容的发展，感情色彩和分量要不断变化。这种变化既是形成作品基调的具体因素，又受作品基调的影响和制约。

2. 内部技巧

朗读的内部技巧，是指朗读作品时引发朗读者思想感情、心理状态发展变化的技巧。内部技巧包括情景再现、内在语、对象感。

（1）情景再现。

情景再现是指以作品提供的背景内容为基础，使作品中的人物、事件、情节、场面、景物、情绪等，在朗读者脑中不断浮现，形成连续活动的画面，引发相应的态度、感情，这个过程就是情景再现。朗读者在理解和感受作品的过程中，不仅要感受作品中的形象、情景，更要感受、体验作品中的情感、内蕴，从而达到情景交融的境界，这个过程是运动的、融合的、整体的。

在理解情景再现的过程中要注重把握好三个关键词：感受、想象、表达。感受作品是基础，由作品内容触发的联想、想象是桥梁，有声语言的表达是朗读目的的实现。

情景再现一般有四个过程。

①理清头绪。阅读作品后，我们的头脑中连续的画面是怎样产生的，又是如何发展变化

的，结果怎样。做到对这些问题的答案心中有数，这是情景再现的基础。

②设身处地。要把作品所叙述的一切事物当作亲眼所见、亲耳所闻、亲身经历，进入具体事件的场景，获得现场感，产生"我在场"的自觉感受。

③触景生情。当作品描述的某种画面在我们脑海中浮现时，要做出积极的情感反应。作品往往是寄情于景，我们朗读时要触景生情。触景生情是情景再现的核心。

例：情景再现练习

④现身说法。头脑中再现的作品情景，经过朗读者自己的消化吸收，使听众产生相应情景的再现，从中受到感染，完成朗读者的任务。

情景再现作为联想、想象活动，需要朗读者有深刻的理解、细致丰富的感受做基础，以作品提供的事物为原型，传情达意。

（2）内在语。

内在语是在有声语言表达中不便表露、不能表露，或没有完全和没有直接表露出来的语句关系和语言本质。作品的文字常常是"言有尽而意无穷"，在具体朗读时，必须由表及里，将语言蕴含的言外之意、无尽之意挖掘出来，读出语言的"弦外之音"。

根据内在语性质和作用的不同，一般可以分为六种类型。

①发语性内在语。

发语性内在语，是在语句、段落、层次、作品的开始处，加上适当的词语作为开头，从朗读者的内心读出来，与作品自然衔接，引出后面的文字。

例：（亲爱的朋友们）我常想读书人是世间幸福人，因为他除了拥有现实的世界之外，还拥有另一个更为浩瀚也更为丰富的世界。（谢冕《读书人是幸福人》）

②寓意性内在语。

寓意性内在语，是作品文字中的"弦外之音"，是隐含在语句中的深层含义，是结合上下文语言环境挖掘出来的语句本质和语句目的。特别是那些在意向色彩或程度分寸上，与文字表面非截然对立而又有细微差别的语句本质。

例：孔乙己是站着喝酒而穿长衫的唯一的人。（鲁迅《孔乙己》）

③关联性内在语。

关联性内在语，指那些没有用文字表示出来的语句关系，具体而言，就是体现逻辑关系和语法意义的隐含性关联词和短语。

例：我在这头，（可是）大陆（却）在那头。（余光中《乡愁》）

④提示性内在语。

提示性内在语用于语句、段落、层次之间，也是为了解决上下句衔接的问题。但与关联性内在语有所不同，它不是以关联词或短语的形式出现，而且在内容上更加丰富多彩。

例：我接过来一看，（嘿！可不是嘛！）针脚整齐，横是横，竖是竖，补的就是不错！

⑤回味性内在语。

回味性内在语，指在作品文字段落、层次和全文结尾处设置相应的词语，提示朗读者的语气，或回味、或思考、或想象、或憧憬，给人以语已尽、情尚存的印象。

例：春天像健壮的青年，有铁一般的胳膊和腰脚，领着我们上前去。（多么催人奋进的春天哪！）（朱自清《春》）

⑥反语性内在语。

反语性内在语，表现为语言文字的表层意思与深层含义存在对立关系或对比关系。

例：正因为这样，所以马克思是当代最遭嫉恨和最受污蔑的人。各国政府——无论专制政府或共和政府，都驱逐他；资产者——无论保守派或极端民主派，都竞相诽谤他，诅咒他。（这一切反倒说明，马克思无疑是最伟大的人！）（恩格斯《在马克思墓前的讲话》）

（3）对象感。

朗读中的对象感是指朗读者能够设想和感觉到对象的存在和反应，从感觉上意识到听众的心理、要求、愿望、情绪等，由此调动自己的思想感情。

对象感的把握，主要是指朗读者对朗读对象的性别、年龄、职业、心理素养、人数及所处的环境、气氛的了解和掌握。

朗读者在朗读中要流露出与朗读对象相应的态度、眼神、语气、姿态，从而增强朗读的感染力。

例1：《我微笑着走向生活》

例2：《小壁虎借尾巴》

例3：视频：《母亲是一种岁月》

3. 外部技巧

外部技巧，是指有声语言形式对于人们变化着的思想感情、心理活动的适应能力。外部技巧包括停连、重音、语气、节奏。

（1）停连。

朗读过程中，声音中断、停止的地方就是停顿；不停顿、不休止的地方，特别是有标点符号，却不中断、不休止的地方，就是连接。停顿和连接都是有声语言中，显示语意、抒发情感的常用方法。

朗读中的停顿和连接，既是生理需要，也是心理需要。思想感情的抒发需要停顿，就停顿；需要连接，就连接。停连应该服从思想感情抒发的需要。在停连的运用上，生理上换气的需要必须服从心理情感表达的需要；停顿不是思想感情的空白与中断，恰当的停顿可使朗读有声语言的未尽之意更加明确，往往是情感的汇聚处与爆发点。

①停连的三个原则。

a. 标点符号是参考。朗读作品的标点符号显示了文字语言的停连关系，如顿号、逗号、句号、问号、感叹号等，但是停顿和连接是朗读有声语言的标点符号，我们应该强调打破书面标点符号的限制和束缚，掌握朗读有声语言特有的标点符号，运用好停连。

b. 语法关系是基础。对朗读作品的理解感受和有声语言的表达，必须通过符合语法规范的作品才能实现。朗读作品的每一句话都符合语法，是我们朗读有声语言的基础。

c. 情感表达是根本。朗读作品，是传情达意、明志省人的过程，是综合性的思想感情的表达。停顿和连接的地方，要根据作品内容和情感表达，联系上下文决定。

②停连类型。

a. 呼应性停连。呼应性停连是在有呼有应的句子里，体现呼应关系的停连。

例：我们要拿来，我们要⌒或使用或存放或毁灭。（鲁迅《拿来主义》）

b. 并列性停连。并列性停连，是指在作品中属于同等位置、同等关系、同等形式的词语之间的停顿及各成分内部的连接。凡属各并列关系之间的停顿，要求位置类似、时间近似，以显示并列关系，而它们内部的连接较紧密，有时有些小停顿，时间不可过长。

例1：山⌒朗润起来了，水⌒涨起来了，太阳的脸⌒红起来了。（朱自清《春》）

例2：出门⌒走好路，出口⌒说好话，出手⌒做好事。

c. 分合性停连。在并列关系之前有领属性词语，在并列关系之后就往往有总括性词语，在领属性词语之后或者总括性词语之前，都有较长时间的停顿，比并列关系之间的停顿时间要长。这样就形成了合—分—合的关系。可以先分后合，也可以先合后分，先合后分再合是联合使用。

例1：不能⌒完成计划与没有完成计划⌒一个样。

例2：桂林的山真奇啊，⌒一座座拔地而起，各不相连，⌒像老人，像巨象，像骆驼，⌒奇峰罗列，形态万千。（陈森《桂林山水》）

d. 强调性停连。在句子、词组、词之间，为了强调某个句子、词组、词，在它的前边、后边或者前后同时停顿，使所强调的成分凸显出来。

例：胜利⌒——不惜一切代价⌒也要赢得胜利！

e. 转换性停连。朗读有声语言由一个意思转换到另一个意思，一种感情转换成另一种感情，这中间应使用相应的停顿，显示语意转换的关系。

例：早晨出发的时候，天气晴朗，⌒没想到中午突然刮起了大风，下起了大雪，气温急剧下降。

f. 回味性停连。有的词、句，在朗读完之后需要给听众留有想象、回味的时间、余地，这样的停顿就是回味性停顿。

例：我懂得∨母亲没有说完的话，妹妹∨也懂。我俩∨在一块儿，要好好儿活……（史铁生《秋天的怀念》）

g. 灵活性停连。任何停顿和连接都不是生硬的，停连的位置、时间没有固定的模式，根据表达的需要，只要语意清晰、语言链条完整、思想感情运动活跃，在内容允许的情况下，符合思想感情运动的需要，可以灵活地运用停连。

例1：他∨不会修电脑。

例2：他不会修∨电脑。

停连的类型，是交错使用、融会贯通的，要从思想感情的运动状态去确定和把握停连。

③停连的方法。

停连的方法可以分为落停和扬停，直连和曲连。

a. 落停。落停是指在一句话、一个层次、一篇文章结束后使用，句首、句中一般较平稳、舒缓，句尾语势下落，缓缓地收住。

例：叶子底下是脉脉的流水，遮住了，不能见一些颜色，而叶子却更见风致了。（朱自清《荷塘月色》）

b. 扬停。扬停用于呈上扬趋势的语句，句首、句中语势平稳，句尾语势上扬，在表现较雄壮、自豪、坚定的情感时运用。

例1：暴风雨！暴风雨就要来啦！这是勇敢的海燕，在闪电之间，在怒吼的大海上高傲地飞翔。这是胜利的预言家在叫喊：——让暴风雨来得更猛烈些吧！（高尔基《海燕》）

例2：轻易不朗诵，天安门城楼上只那一句，便站成了世界的诗眼，嘹亮了东方。（任先青《诗人毛泽东》）

c. 直连。直连一般用于有标点符号而内在联系又比较紧密的地方，它的特点是顺势连带，语速较快，衔接紧密，不露接点。

例：老刘听到一声似乎是树倒的声音，不好，有人偷树了。他大声喊："谁？站住！"一边喊一边追了上去。

d. 曲连。曲连一般用于没有标点符号，但内容又需要有所区别的地方，它的特点是声断意连，语势向前推进。

例：在逝去如飞的日子里，在千门万户的世界里的我能做些什么呢？只有徘徊罢了，只有匆匆罢了；在八千多日的匆匆里，除徘徊外，又剩些什么呢？（朱自清《匆匆》）

（2）重音。

重音，指朗读中根据语句目的、思想感情表达的需要，加以强调的词或者短语。找准重音，会使语意更加清楚准确、语句目的更加突出、逻辑关系更加严密、感情色彩更加鲜明。

重音可以重读，加重音量，也可以采用放慢语速、提高音量、放轻声音、前后设置停顿等方式来表现。

a. 加重音量。

例：我崇敬那只小小的、英勇的鸟儿，我崇敬它那种爱的冲动和力量。（屠格涅夫《麻雀》）

b. 重音慢读、拖长音节。

例：但它整个小小的身体因恐怖而战栗着，它小小的声音也变得粗暴嘶哑，它在牺牲自己！（屠格涅夫《麻雀》）

c. 重音轻读。

例：船开了，一个朋友拨着船，缓缓地流到河中间去。（巴金《鸟的天堂》）

d. 重音前后设置停顿。

例：是的，智力可以受损，但爱永远不会。

①语法重音。

依据语法结构确定的重音，叫语法重音或者结构重音。一般来说，短句中的主语、谓语、宾语、定语、状语等语法成分可以读重音，语法重音只要读得比其他音节重些就可以了。

a. 主语。

例1：我们的船渐渐地逼近榕树了。（巴金《鸟的天堂》）

例2：晚饭过后，火烧云上来了。（萧红《火烧云》）

b. 谓语。

例1：最早出现的启明星，在这蓝色的天幕上闪烁起来了。（峻青《海滨仲夏夜》）

例2：山朗润起来了，水涨起来了，太阳的脸红起来了。（朱自清《春》）

c. 宾语。

例1：这是入冬以来，胶东半岛上第一场雪。（峻青《第一场雪》）

例2：她的名字叫翁香玉。（苦伶《永远的记忆》）

d. 定语。

例1：万里江山，变成了粉妆玉砌的世界。（峻青《第一场雪》）

例2：家乡的桥啊，我梦中的桥！（郑莹《家乡的桥》）

e. 状语。

例1：大雪整整下了一夜。（峻青《第一场雪》）

例2：外祖母永远不会回来了。（林清玄《和时间赛跑》）

②强调重音。

强调重音，是在理解和感受作品的内容和情感的基础上，根据语句目的确定的重音。强调重音有时和语法重音一致，有时不一致。强调重音与语法重音不一致时，语法重音必须服从强调重音。

③强调重音的十种类型。

a. 并列性重音。朗读语句中具有并列关系的词或词组、短语，形成并列性重音。

例：那一张张面黄肌瘦的脸庞，那一个个衣衫褴褛的背影，把理想挥作引路的旗帜，把信念闪成前进的明灯。

b. 对比性重音。朗读作品中对立的事物，通过比较、对照，使事物的特征表现得更加突出，事物的形象更加鲜明。

例：有的人活着，他已经死了；有的人死了，他还活着。（臧克家《有的人》）

c. 呼应性重音。响应有一呼一应、一呼几应，呼应性重音可以使作品层次清晰，结构严谨，也是揭示上下文呼应关系的一种有效方法。

例：谁是我们最可爱的人呢？我们的战士，我感到他们是最可爱的人。（魏巍《谁是最可爱的人》）

d. 递进性重音。朗读作品描写的对象步步向前发展，步步深入，在这种递进结构的语句中，使用递进性重音。

例：竹叶烧了，还有竹枝；竹枝断了，还有竹鞭；竹鞭砍了，还有深埋在地下的竹根。（袁鹰《井冈翠竹》）

e. 转折性重音。转折性重音是通过对相反方向的内容变化的深入揭示，表现真实意图、揭示话语本意。

例：他的事迹是平凡的，但他奉献爱心的精神是许多人想做、能做而没能做到的。

f. 肯定性重音。朗读作品在表达对事物的态度时，一般用肯定性词语，比如：是、有等。有声语言要看整句话的意图是什么以确定肯定性重音的位置。

例：在无数蓝色的眼睛和褐色的眼睛之中，我有着一双宝石般的黑色的眼睛，我骄傲，我是中国人！（王怀让《我骄傲，我是中国人》）

g. 强调性重音。把句子中表达感情色彩的词或词组加以强调，以突出表达某种特别的感情。

例：堵车，车之洪流被堵住了，从高处往低处望去，北京城成了五彩缤纷的停车场。

h. 比喻性重音。朗读中把比喻性词语作为重音，称为比喻性重音。

例：雨是最寻常的，一下就是三两天。看，像牛毛，像花针，像细丝，密密的斜织着，人家屋顶上全笼着一层薄烟。（朱自清《春》）

i. 拟声性重音。拟声性重音是指句子中的象声词，根据在句子中的重要性确定重音。

例：风呼呼地刮着，雨哗哗地下着。

j. 反义性重音。为了揭示事物的本质，作者会使用正话反说或者反话正说的修辞手法，把否定的事物的不合理性表达得更加充分，将创作者的情感表达得更加强烈。

例：狼在吃了小羊之后，还要表示自己是善良的。

④重音的表达方式。

重音的表达方式在对比中显现，一般分为强弱法、快慢法和虚实法三种。

a. 强弱法。强弱法是一种用声音的轻重、高低变化来强调重音的方法。

例：只要有一线希望，就要尽百倍努力。

b. 快慢法。快慢法是一种用声音的缓急、长短来强调重音的方法。

例：漓江的水真静啊，静得让你感觉不到它在流动。（陈淼《桂林山水》）

c. 虚实法。虚实法是一种通过声音的虚实变化来强调重音的方法。

例：大江东去，浪淘尽，千古风流人物。（苏轼《念奴娇·赤壁怀古》）

（3）语气。

有声语言表达中，语气是指具体思想感情支配下语句的声音形式。语气以句子为单位，存在于语句中。

具体的思想感情包括两个方面的内容。一是语气的感情色彩，二是语气的感情分量。语气的感情色彩，主要指语句所包含的喜、怒、哀、乐、欲、惧、爱、憎、疑、冷等态度感情方面的具体性质。语气的感情分量是指在把握具体语气感情色彩的基础上，区分是非、爱憎的不同程度。强调语气的感情分量，就是要求我们掌握感情色彩的分寸、火候，表达得恰到好处。

语气的声音形式是语气具体思想感情的载体，语气的感情色彩和分量必须通过恰当的声音形式体现出来。声音形式的变化主要是由口腔状态、气息状态和语音要素的变化形成的。表达不同的思想感情，口腔的松紧、开合，发音器官的控制，吐字力度的强弱，气息的深浅、强弱，声音的高低、强弱、长短和音色都会有所不同。

①爱的感情：气徐声柔，口腔宽松，气息深长。

例1：我愿意是急流，只要我的爱人是一条小鱼，在我的浪花中，快乐地游来游去。（裴多菲《我愿意是急流》）

例2：后来小兔子累了，躺在床上，大兔子微笑着小声地对它说："我爱你，从这里一直到月亮，再绕回来。"（《猜猜我有多爱你》）

②憎的感情：气足声硬，口腔紧窄，气息激越。

例："捉老鼠有什么了不起的？"小猴提高了嗓门儿说道，"他能像我跑得那样快吗？能像我一样爬上这棵树吗？"（《勇敢的小刺猬》）

③悲的感情：气沉声缓，口腔如负重，气息如力竭。

例：敬爱的周总理，我无法到医院瞻仰你，只好攥一张冰冷的报纸，静静地伫立在长安街的暮色里。任一月的风，撩起我的头发；任黄昏的路灯，照着我冰冷的泪滴。（李瑛《一月的哀思》）

④喜的感情：气满声高，口腔似千里轻舟，气息似不绝清流。

例：山笑水笑人欢笑，歌声绕云飞，实现四个现代化，家乡更秀美。

⑤惧的感情：气凝声提，口腔似冰封，气息似倒流。

例：小白兔撒腿往草丛里跑，雪白的身子被长长的草遮住了。忽然，小白兔惊惶地尖叫起来："蛇！蛇！"（《勇敢的小刺猬》）

⑥欲的感情：气多声放，口腔积极敞开，气息力求畅达。

例1：寻梦？撑一支长篙，向青草更青处漫溯，满载一船星辉，在星辉斑斓里放歌。（徐志摩《再别康桥》）

例2：小猴给自己画了一个又大又漂亮的房子，还对小松鼠说："快了，快了，明天，等明天就能盖好了。我要请很多很多的朋友来新房子里做客！"（《等明天》）

⑦急的感情：气短声促，口腔似弓箭，气息如飞箭如流星穿梭。

例：老刘听到一声似乎是树倒的声音，不好，有人偷树了。他大声喊："谁？站住！"

⑧冷的感情：气少声平，口腔松懒，气息微弱。

例：小时候，他问父亲／"山那边是什么"／父亲说"是山"／"那边的那边呢"／"山，还是山"／他不做声了，看着远处／山第一次使他这样疲惫（韩东《山民》）

⑨怒的感情：气重声粗，口腔如鼓，气息如橡。

例：电，你这宇宙中的剑，也正是，我心中的剑。你劈吧，劈吧，劈吧！把这比铁还坚固的黑暗，劈开，劈开，劈开！（郭沫若《雷电颂》）

⑩疑的感情：气细声黏，口腔欲松还紧，气息欲连还断。

例1：多多一听，脑子里轰的一下，急傻了！"这一切，妈妈怎么全知道了呢？"（李少白《多多没吃巧克力》）

例2：黑暗的旧中国，地是黑沉沉的地，天是黑沉沉的天。灾难深重的人民啊，你身上带着沉重的锁链，头上压着三座大山。你一次又一次地呼喊，一次又一次地战斗，可是啊，夜漫漫，路漫漫，长夜难明赤县天……

亲爱的同志啊！你可记得，在那战火纷飞的黎明，在那风雪弥漫的夜晚，我们是怎样的向往啊！向往着胜利的一天。

这一天终于来到了！看哪，人人脸上挂着喜悦的眼泪，个个兴高采烈。流水发出欢笑，山岗也显得年轻，他们在倾听，倾听，倾听着这震撼世界的声音，中华人民共和国诞生了！中国

人民从此站起来了！（大型音乐舞蹈史诗《东方红》朗诵词）

这一段内容新旧对比，声音运动幅度较大，并伴有夸张的表现手法。第一自然段忧伤用暗色，气息下沉，字音着力伴着叹息发出。第二自然段音量小，气息深而长，声音柔和，字音较松弛。第三自然段自豪而有气魄，声音开阔响亮，坚定昂扬，口腔开度大，字音放松，气息深厚、结实。

（4）节奏。

节奏是指朗读时全篇作品生发出来的波澜起伏的思想感情造成的抑扬顿挫、轻重缓急的声音形式的回环往复。可以从四个方面具体认识它。

节奏是以思想感情运动为依据的声音运动形式，朗读者能动地感受作品的刺激，使自己的思想感情处于积极的运动状态，产生心理节奏的适度变化。

节奏的外部表现形式就是声音形式的抑扬顿挫、轻重缓急。有声语言中声音的高低、强弱、快慢、停连等方面的变化，是构成节奏的基本要素。

节奏是根据作品朗读需要的声音形式的回环往复。相似的基本语气、相似的转换形式形成了一篇朗读作品主导节奏的回环往复，这能使节奏鲜明地显现出来。

节奏立足于全篇，受基调的制约。

一般来说，节奏可以分为六种类型。

①高亢型。语势向高峰逐步推进，声音明亮、高昂、爽朗。如高尔基的《海燕》、毛泽东的《沁园春·雪》、王怀让的《人民万岁》。

例：在苍茫的大海上，狂风卷集着乌云。在乌云和大海之间，海燕像黑色的闪电，在高傲地飞翔。

一会儿翅膀碰着波浪，一会儿箭一般地直冲向乌云，它叫喊着，——就在这鸟儿勇敢的叫喊声里，乌云听出了欢乐。

在这叫喊声里——充满着对暴风雨的渴望！在这叫喊声里，乌云听出了愤怒的力量、热情的火焰和胜利的信心。（高尔基《海燕》）

②紧张型。气急、音短、急促、紧张。如闻一多的《最后一次讲演》、托尔斯泰的《跳水》、李元兴的《我的战友邱少云》。

例：排炮过后，敌人竟使用了燃烧弹，我们附近的荒草着火了。火苗子呼呼地蔓延，烧得枯黄的茅草毕毕剥剥地响。我忽然闻到一股浓重的棉布的焦味，扭转头一看，哎呀！火烧到邱少云身上了！他的棉衣已经烧着，火苗趁风势乱窜，一团烈火把他整个身子包住了。（李元兴《我的战友邱少云》）

③轻快型。多扬少抑，轻快欢畅。如朱自清的《春》、汪国真的《我喜欢出发》。

例："吹面不寒杨柳风"，不错的，像母亲的手抚摩着你。风里带来些新翻的泥土的气息，混着青草味儿，还有各种花的香，都在微微润湿的空气里酝酿。鸟儿将巢安在繁花嫩叶当中，高兴起来了，呼朋引伴地卖弄清脆的喉咙，唱出婉转的曲子，与轻风流水应和着。牛背上牧童的短笛，这时候也成天嘹亮地响着。（朱自清《春》）

④低沉型。少扬多抑，语速缓慢，偏暗、偏沉。如李瑛的《一月的哀思》、吴瑛的《十里长街送总理》、史铁生的《秋天的怀念》。

例：啊，汽车，扎起白花，人们，黑纱缠臂。广场——如此肃穆，长街——如此沉寂。残阳如血呀，映着天安门前——低垂的冬云，半落的红旗……（李瑛《一月的哀思》）

⑤凝重型。多抑少扬，多重少轻，语音沉着、坚实、有力。如叶挺的《囚歌》、西蒙诺夫的《等着我吧，我会回来的》。

例：等着我吧，我会回来的/只是你要苦苦地等待/等到那愁煞人的阴雨/勾起你忧伤满怀/等到大雪纷飞/等到酷暑难耐/等到别人不再把亲人盼望/往昔的一切一股脑儿抛开/等到遥远的家乡/不再有家书传来/心灰意冷/都已倦怠。（西蒙诺夫《等着我吧，我会回来的》）

⑥舒缓型。舒缓自如，气长而稳。如徐志摩的《再别康桥》、老舍的《济南的冬天》、陈淼的《桂林山水》。

例：漓江的水真静啊，静得让你感觉不到它在流动；漓江的水真清啊，清得可以看见江底的沙石；漓江的水真绿啊，绿得仿佛那是一块无瑕的翡翠。（陈淼《桂林山水》）

运用节奏的方法大体分为以下几种。

①欲抑先扬，欲扬先抑。声音向高的趋势发展称为"扬"，声音向低的趋势发展称为"抑"。以抑作扬的铺垫，以扬作抑的衬托，可以加大抑扬变化的幅度，在抑扬之间，显示出不同层级的变化。

②欲停先连，欲连先停。有声语言中，停连要有机地结合在一起。

③欲轻先重，欲重先轻。轻重主要是用来处理语句重音，在声音形式上表现为轻、重、虚、实。在加重声音之前，要先弱化声音；在弱化声音之前，要先强化声音。

④欲快先慢，欲慢先快。重点语句需要慢读，它前面的语句需要稍快读；重点的语句需要快读，它前面的语句就需要稍慢读。在加快和放慢时，要注意变化的多样性。

例1：《让我怎样感谢你》

例2：《七色花》

（三）各种文体的朗读

1. 诗歌朗读训练

（1）表达形象，再现意境。

朗读的形象，就是朗读者通过有声语言将作品所要表达的事物描述得生动具体，在听众的脑海里勾勒出清晰的人物或事物形象，使听众不仅听得见，还看得见、摸得着。

对于形象的表达，要做到对作品中的形象有鲜明的态度，并将鲜明的态度落实到具体语气中。

①动词要读出动态感受。

在表达过程中，可以用加强音量、语势的上扬、强弱的对比，表现动词强烈的动态。

例：电，你这宇宙中的剑，也正是，我心中的剑。你劈吧，劈吧，劈吧！把这比铁还坚固的黑暗，劈开，劈开，劈开！（郭沫若《雷电颂》）

②形容词、名词要读出鲜明、生动的形象。

在表达形象时，要调动自己的感觉、知觉，读出形容词的色彩、质感、形貌，体会字里行间的意蕴，将饱满的情绪融入作品的意境。

名词的表达。每一个名词都可以被看作是具体事物的符号，符号对应的事物形象，必须通过有声语言生动地还原、再现。

例：我的歌声是希望的田野，

我的歌声是丰收的十月；

我的歌声是满园的春色，

我的歌声是壮丽的启程！（碑林路人《祖国，你就是我要唱的那首歌》）

③趋向词要有准确的方向，方位词要有准确的方位。

趋向词的方向和方位词的方位，要通过声音的抑扬、语势的高低来表现，还可以通过朗读者的手势、眼神、动作来加以区分表现。方向和方位的明确可以使朗读者的表达更加准确。

例：你是一粒种子落在干涸的土地，

你是一抹云霞挂在失血的天空；

你是滚滚东去的长江波涛，

你是汹涌而来的黄河巨浪。（碑林路人《祖国，你就是我要唱的那首歌》）

（2）深入心灵，以情感人。

诗歌的本质在于抒情。要朗读好一首诗歌，首先自己要被诗歌打动，有真情实感，能够激发自己强烈的朗读欲望。

《祖国，我要燃烧》这首诗描写了一棵青松化身为煤的过程。在漫长的演化过程中，一个坚定的信念支撑着"我"，沧海桑田的变化，抑制不住诗人心中最热烈的期待。诗人用以寄托情感的景物，看似平凡无奇，却赋予它全新的人格——中国知识分子，袒露了为祖国烧成灰烬也在所不辞的深情。

例1：《祖国，我要燃烧》

（3）节奏鲜明，韵律和谐。

诗歌鲜明的节奏、和谐的韵律，犹如音乐的节拍和旋律，节拍轻重疾徐、抑扬顿挫，旋律如行云流水，动心悦耳、荡气回肠。

汉字的声调、语句语气、篇章节奏，抑扬顿挫，具有音乐一样的特性，在长短相间中具有无限的可能性。诗歌的平仄、句式的长短等体现着诗歌的音乐之美，在朗读时，能够获得旋律般的美感。

《教我如何不想她》这首诗在形式上的整饬，一望而知。全诗四节，每节五句。前两句都是七字，大体都是三个音步，并用韵（除第一节外），如第四节的"枯树/在冷风里/摇""野火/在暮色中/烧"。中间的第三句都用单独一个"啊"字，这在某种意义上有时代的烙印。新诗初期，抒情手段还比较单一，诗人往往用感叹词直抒胸臆。第四句都是八个字，大体上音步仍然是三

例2：《教我如何不想她》

个，第三和第四句的短长之变，则在整节诗中造成了节奏的大幅度改变。第五句每节相同，都是"教我如何不想她"七字，造成一唱三叹之感，同时第五句还和第四句押韵（除第二节外）。因此，这首诗可以看作是广义的格律诗，即在一首之内形成固定格律，但不追求每首诗都相同，因此又保持了新诗的自由。

（4）丰富想象，深化意境。

诗歌的内容凝练，感情丰富，篇幅短小，诗歌作者通过想象才能把复杂的社会生活、深沉而抽象的情思转化为具体的艺术形象生动地表现出来。诗歌的欣赏、朗读活动是再创作过程，再创作的活动方式是想象活动。朗读者需要调动自己的生活体验，用丰富的想象、大胆的联想和幻想，突破物我之间、时空之间的界限，最大限度地将诗人的心灵感受和丰富情感表现出来，创造意境，拓展境界，释放情感。

例3：《春天的第一缕阳光》

例4：视频：朗诵《月光下的中国》

2. 散文朗读训练

散文题材广泛，行文自由，笔触灵活，长于创造深邃的意境，有很强的抒情色彩。朗读散文要深入领会作者的审美情趣，突出散文的情感、神韵，体会散文的情意美、文辞美、韵致美。

散文的表现手法灵活多样，叙述、描写、抒情、议论兼而有之。朗读时，叙述语言要读得舒展、自然、清晰；描写语言要读得细致、感性、生动；抒情语言要读得真挚、内敛；议论语言要读得有感而发，由情而议。

散文的朗读应该细腻、真实、质朴，重在内心感受到位，语言舒展、亲切，声音松弛、轻柔，气息绵长，展现散文优美的情致和意境。

例1：《祖国，到底是什么》　　　　例2：《百合花开》

3. 故事朗读训练

角色和情节，是故事的两大要素。故事以叙述为主，侧重事件过程的描述，强调情节的生动性和连贯性。

朗读故事首先要有丰富合理的想象，朗读时要想象故事中的人物形象，更要想象拟人化的动物、植物的外形特征和内在特质，感受和想象具体形象的行为、心理、神态等，产生栩栩如生的内心影像。

故事一般都有夸张、渲染的艺术特性，朗读故事，要对各种形象进行造型设计。角色的性格特征、生理特征、行为方式与其他角色形象的关系，都要了然于胸，用声音、气息、咬字等各种有声语言技巧为其造型，增强故事的艺术情趣和魅力。

如《乌鸦和猪的"谅解"》朗读乌鸦的话时声音可以尖细一些，加快语速，因为乌鸦体形小。朗读猪的话时，要把声音放低一些、粗一些，表现猪的愚笨和憨厚。两个角色的声音要拉开距离，形成对比。

例3：《乌鸦和猪的"谅解"》

4. 议论文朗读训练

议论文要说明、论证某个道理、某个观点，论点、论据、论证过程很重要。朗读时必须透彻地把握作品的逻辑关系，把其中的概念、判断、推理融会贯通，明确内涵、作用，以切身感受，鲜明的态度，用有声语言表达出来。

态度要明朗。在议论文的朗读中，态度必须鲜明，是非曲直，态度明确。态度明朗就是要肯定、果断、从容、大度，还要讲究分寸、火候。

重音要坚实。朗读者的态度要庄重，语气要肯定，重音的表达要扎实确切，最常用的是加重、压低或延长音节的方式，如《谈骨气》。

例4：《谈骨气》

二 课堂实训

（一）任务一：朗读备稿训练

1. 任务目标

（1）掌握朗读备稿的六个步骤。

（2）学会运用朗读备稿的六个步骤，准备朗读稿件。

（3）能够认识到备稿对顺利完成教学任务，提高课堂教学效果的重要意义。

2. 建议学时

1学时。

3. 任务实施过程

（1）任务导入。

①请一名同学上台朗读《再别康桥》，台下同学仔细听。

②请同学们将视频与上面同学的朗读进行比较，根据朗读的基本要求交流讨论，发表自己的看法。

③教师点评，鼓励学生，引入训练主题。

（2）讲解知识点。

讲解朗读备稿的六个步骤。

（3）组织学生朗读《生命 生命》。

1）训练要求：

①学生根据提供的训练材料，运用备稿的六个步骤进行朗读前的准备。

②学生分组讨论，进行组内展示，互相点评。

③每一小组派一名学生代表到台上展示。

2）训练材料：

视频：《再别康桥》

生命 生命

杏林子

我常常想，生命是什么呢？

昨晚，我在灯下写稿，一只飞蛾不停地在我头顶上飞来飞去，骚扰着我。趁它停下来的时候，我一伸手捉住了它，只要我的手指稍一用力，它就不能动弹了。但它挣扎着，极力鼓动双翅，我感到一股生命的力量在我手中跃动，那样强烈！那样鲜明！飞蛾那种求生的欲望令我震惊，我忍不住放了它！

墙角的砖缝中掉进一粒香瓜子，过了几天，竟然冒出一截小瓜苗。那小小的种子里，包含着一种多么强的生命力啊！竟使它可以冲破坚硬的外壳，在没有阳光、没有泥土的砖缝中，不屈向上，茁壮生长，即使它仅仅活了几天。

有一次，我用医生的听诊器，静听自己的心跳，那一声声沉稳而有规律的心跳，给我极大的震撼，这就是我的生命，单单属于我的。我可以好好地使用它，也可以白白地糟蹋它。一切全由自己决定，我必须对自己负责。

虽然生命短暂，但是，我们却可以让有限的生命体现出无限的价值。于是，我下定决心，一定要珍惜生命，使自己活得更加光彩有力，决不让它白白流失。

我们可以从以下方面把这个训练材料做一个拆解。

①层次：全文共有五个自然段，分为三个层次。

第一层次，第1自然段，表现了作者对生命提出的思考。

第二层次，第2—4自然段，通过三个小故事，阐述强烈的生之欲望、顽强的生命力、对自己的生命负责的态度。强调生命的可贵，表达出对生命强烈的热爱和敬畏。

第三层次，第5自然段，表达对生命意义的深刻感悟。

②主题：表达了作者强烈的生命意识、对生命的敬畏，积极奋进的人生态度，启发读者珍视生命。

③背景：身残志坚的杏林子面对人生的挫折，不屈不挠，与病魔抗争，珍视生命，探寻生命的意义，实现生命的价值。

④目的：激励人们乐观生活，让有限的生命发挥无限的价值，让人生更有光彩、更有意义。

⑤重点：第4—5自然段。

⑥基调：温暖、平实、自然。

（4）总结评价。

同学点评，教师总结。

（二）任务二：朗读内部技巧训练

1. 任务目标

（1）掌握情景再现、内在语、对象感等朗读内部技巧。

（2）学会运用内部技巧朗读文章。

（3）能认识到内部技巧训练对提高朗读效果的作用。

2. 建议学时

1学时。

3. 任务实施过程

（1）任务导入。

①抽签，请学生朗读《我们是青年》。

②播放右边的视频，请同学仔细欣赏比较，谈谈自己的看法。

③教师小结，引出训练内容。

（2）讲解知识点。

掌握情景再现、内在语、对象感的概念、方法、技巧（教师做相应的示范）。

（3）进行朗读的内部技巧训练。

1）训练要求：

①学生分组进行朗读展示，互相点评。

②每组派代表上台展示训练成果，其他同学做评委，写下自己的评语。

2）训练材料：见右边的二维码。

（4）总结评价。

①选定一位同学组织讨论展示成果，其他同学举手点评，投票选出两名"最佳朗读者"。

②教师总结。

视频：朗诵《我们是青年》

训练材料：《我们是青年》

（三）任务三：朗读外部技巧训练

1. 任务目标

（1）掌握停连、重音、语气、节奏等朗读方法、技巧。

（2）学会运用朗读的外部技巧朗读文章。

（3）体会外部技巧的运用对声情并茂地进行朗读的作用。

2. 建议学时

4学时。

3. 任务实施过程

（1）任务导入。

①播放两名同学朗读寓言的视频（课前录制好）。

②同学们对两个视频进行比较、讨论，点评优缺点。

③教师小结，引出朗读外部技巧训练。

（2）讲解知识点。

停连、重音、语气、节奏的知识、方法、技巧。

（3）朗读外部技巧训练。

1）训练要求：

①全班分组抢答有关停连、重音、语气、节奏的知识。

②教师指导训练停连、重音、语气、节奏的方法和技巧。

③各组同学内部展示，互相评价。

④各组派代表抽签，按顺序上台展示，其他同学做好笔记，做点评。

2）训练材料：见右边的二维码。

训练材料：《狐假虎威》

（4）总结评价。

①展示结束，选一名同学主持讨论。同学评议，选出"最优朗读者"。

②教师总结。

（四）任务四：四种文体的朗读训练

1. 任务目标

（1）掌握四种文体各自的特点。

（2）熟练运用朗读技巧朗读四种文体。

2. 建议学时

2学时。

3. 任务实施过程

（1）任务导入。

①请同学扫码观看朗读视频，比较四种文体朗读的不同方法和技巧。

②同学评议，讨论四种文体不同的朗读方法和技巧。

③教师小结，引出四种文体的朗读训练。

（2）讲解知识点。

四种文体的不同特点，朗读的不同方法和技巧。

朗读视频

（3）四种文体的朗读训练。

①分组抽签回答四种文体的不同特点。

②教师指导训练四种文体朗读的不同方法和技巧。

③各组同学内部互相展示，点评。

④抽签决定各组代表上台展示，其他同学倾听，做好评价准备。

（4）总结评价。

①选出主持人组织讨论，评选"最优朗读者"。

②教师总结。

◇ 自我修养

（一）理论自修

（1）请阅读二维码中《小学语文朗读教学中存在的问题及改进策略》等相关论文，思考并完成 500 字以上的读书笔记。

（2）请课外阅读相关论文，拓展学习并理解、掌握朗读的技巧和方法。

论文 4 篇

（二）自主训练

（1）请根据诗歌朗读的方法和技巧，朗读诗歌《爱情的故事》（见二维码）。

（2）请根据散文朗读的方法和技巧，朗读散文《在路上》（见二维码）。

（3）请根据故事朗读的方法和技巧，朗读故事《谦虚过度》（见二维码）。

（4）请根据议论文朗读的方法和技巧，朗读议论文《说勤》（见二维码）。

诗歌：《爱情的故事》　　散文：《在路上》　　故事：《谦虚过度》　　议论文：《说勤》

第 八 章
讲故事训练

◇ 学练导航

（一）学习目标

（1）掌握改编故事文本、素材的技能。

（2）掌握讲故事的基本技能，学会运用声音和态势语来演绎故事。

（3）感知儿童故事真善美的思想内涵，树立正确的价值观、审美观。

（二）实训任务分解

任务一：故事文本、素材的改编训练。

任务二：巧用声音塑造故事角色形象训练。

任务三：妙用态势语增强故事感染力训练。

任务四：分类型讲演故事。

◇ 经典引路

请同学们仔细欣赏视频，然后分组思考并讨论下列问题：

（1）资料中讲述者对故事的演绎有什么特色？你认为什么样的语气语调可以让故事更生动活泼？

（2）指定一名学生现场讲述这个故事，找找其与资料中讲述者的差距，探讨如何讲好故事。

《猪八戒吃西瓜》

① 理论奠基

著名儿童文学作家冰心说过："讲故事是孩子最喜闻乐见的，也是孩子最容易接受的一种教育形式。"著名儿童教育家孙敬修先生曾说："一个生动故事的教育作用，要比单纯的要求、命令、说教效果好得多。"讲故事是小学阶段深受学生喜爱的口语表达形式。小学语文教材中故事的比例相当高，而且在课后有明确的"讲故事"练习，如《小蝌蚪找妈妈》《千人糕》等。其他课程中也有相当比例的素材是以故事形式呈现的，如音乐、舞蹈、科学等课程。讲故事有助于小学生对文本的理解，有助于发展他们的思维能力和语言表现力，丰富小学生的情感体验。教

音频：编讲故事技巧

师通过讲故事这一形式实施思想道德、审美认知等教育，效果是优于直接说教的。可以说，小学教师讲故事的能力是其教学能力的一个重要组成部分。

（一）故事的基本内涵和结构

1. 故事的内涵

故事作为一种文学体裁，侧重描述事件发展的过程，以生动曲折的情节和连贯有趣的内容打动读者，适合口头讲述。故事的含义有广义和狭义之分。凡带有故事性质的文学作品都可称之为广义的故事，例如童话、传说和专为儿童编写的小说、散文等多种形式的文体。狭义的故事则主要是指区别于童话、传说以及小说等其他文学体裁的一种特有的文学形式。在小学阶段，"故事"指的是广义的故事。

故事起源于原始人类对大自然的探究，由于科学技术极为落后，他们只能参照自身并凭借想象来"认识"周围的世界，所以早期故事的内容与他们的生产生活息息相关。故事具有如下几个特点：奇妙夸张的想象、鲜明集中的主题、曲折生动的情节、简洁完整的内容、通俗直白的语言。根据不同的划分标准，故事可分为不同的类型。如按照内容可分为历史故事、科学故事、人物故事、成语故事、寓言故事、神话故事、传说故事等；按照来源可分为传统故事和创作故事。

2. 故事的构成

故事的构成简单地说就是"两三个人物围绕着一件事在两三个环境里展开两三次矛盾冲突"。各类型故事所具备的共同因素有背景（环境）、人物（角色）、事件（目标）、冲突（矛盾）、结局等。

故事背景指故事中对人物、事件产生影响的历史事实或现实环境（包括时代背景、政治背景），是事件发展、人物形象塑造的"源头、土壤"，起烘托作用。如《后羿射日》的故事背景为"远古的时候，大地出现了严重的旱灾。炎热烤焦了森林，烘干了大地，晒干了禾苗草木……"这就交代了后羿射日的原因，也是他成为英雄的前提。

人物在故事中主要是承载故事性的。故事中的"人物"可以是人、动物，也可以是物体，甚至是抽象的一个概念，如常见的"鼠妈妈""树先生""春姑娘"等等。一个故事一般有三个左右的人物。通过人物间的矛盾或者人物需要达成的目标来展现情节，表达鲜明的情感倾向，即体现故事性。多个人物之间可以构成对立关系，常见的有好人和坏人之分，如《神笔马

良》中的马良和贪心的官员；也可以是同伴关系、亲人关系、师生关系等。各角色间的互动、冲突等可传达故事的教育目的。如《小壁虎借尾巴》，小壁虎与妈妈的互动传授了"壁虎尾巴可再生"的科学常识。如果是单个人物的故事，那这个人物必然会面临一个难题（目标），这个难题（目标）如何解决（达到）就是故事性的体现，如《乌鸦喝水》这个故事中，想办法喝到水的乌鸦是我们遇事要积极动脑的好榜样。

事件是故事的核心所在，故事人物围绕某事件展现各自的个性特点，演绎不同的价值观、审美观。完整的事件一般至少包含三个基本环节：开端（事件缘由）、发展（行动过程）和结局（行动结果）。情节一般按照先后关系、因果关系或并列关系铺开。如《小蝌蚪找妈妈》，故事开端是小蝌蚪看见别人有妈妈便打算找自己的妈妈；发展部分是小蝌蚪一次次认错了妈妈，但也一步步准确掌握了青蛙妈妈的特征；故事结局是小蝌蚪找到了自己的妈妈。这个故事的情节是按照先后顺序展开的。

冲突是推动故事发展、塑造人物形象的关键因素，也是最具吸引力的部分，可以说没有矛盾冲突就没有故事。故事人物面对冲突产生内在反应并据此采取相应行动，其他人物做出的相关回应，共同促成最后呈现的结果，由此丰富充实了故事情节，使故事饱满生动。如故事《猎人海力布》中，冲突就非常尖锐：海力布说出秘密自己就会变成石头，不说清楚缘由乡亲们就不会搬家，必然在即将到来的灾难中悉数毙命。一方是是不能说，一方非要说明白才走，海力布短暂挣扎后决定牺牲自己，最后变成了石头。海力布牺牲自我的高贵品质在尖锐的矛盾冲突中得以凸显。故事也格外扣人心弦，读者会伴随矛盾冲突的尖锐化而随之心情紧张。

结局是故事情节的收束，或是对故事内容的升华，或是留下悬念让人回味，或是主人公得偿所愿……总之是给读者的一个交代，开启他们自主探求的大门。这也符合孩子们刨根问底的心理需求。

（二）故事性的基本表现

故事性是指文学作品中完整和生动的故事情节所形成的叙事特质。在故事中表现为情节生动曲折、富有戏剧性，角色个性鲜明、吸引人。小学阶段的故事一般情节单纯而有趣、结构简单但有头有尾，关键在于叙述过程婉转动人。常见手法如设置悬念（抓注意力）、细节描摹（情景再现）、铺垫（环境、背景交代）、重复（一般是三次）、设计冲突（凸显主题）、设置高潮（刻画个性特征）等。

故事讲得是否精彩，主要看是否将这些体现故事性的环节处理到位了。一个故事情节基本的四个环节（开端→发展→高潮→结尾）在讲述时语气、语调、语速等都是有所区分的。如《猎人海力布》开端部分，"从前有一位叫海力布的猎人，他热心帮助别人……这样就过了几年"。陈述事实，轻快舒缓。在发展部分，"有一天……但是大家都无动于衷"。情节逐渐紧张，出现了矛盾冲突，讲述时要将矛盾双方的神态、心情、语言等做鲜明对比，更能体现当时的情景。高潮部分需要体会海力布内心的强烈斗争，"海力布急得掉了眼泪"。结局是乡亲们安全转移了，用沉重缓慢的语调表达悲痛的心情和对海力布高贵品格的赞美。

（三）故事讲述的基本技巧

1. 选择材料，熟悉情节

小学各科教学素材归根结底来自生活，可成为孩子们感兴趣的故事材料。但是，小学阶段讲故事不单纯是为了娱乐，还包含教育教学的需要。因此，要对故事材料进行选择。首先选择有助于本学科知识理解运用的材料，如科学课上讲"牛顿与苹果"的故事，数学课讲"田忌赛马""高斯的故事"等；其次是蕴含"真、善、美"且有助于学生建立正确思想观念的材料，如"九色鹿""孔融让梨"等；再次是适合用口头语言表达的材料。

选好材料后，弄清楚"何人何时遇上何事，怎么解决的，最后怎么样了"，教师熟练解答这个问题后，再以自己独特的视角做适当的评论或对学生提出要求。当然，最主要的是记清楚"发生了什么事"，处理好故事的逻辑顺序。这也是指导学生准确复述故事的主要框架。

例：从前有一只公鸡，自以为很美丽，整天得意扬扬地唱：公鸡公鸡真美丽，大红冠子花外衣，油亮脖子金黄脚，要比漂亮我第一。

有一天，公鸡吃得饱饱的，挺着胸脯，唱着歌，来到一棵大树下。它看见一只啄木鸟，说："长嘴巴的啄木鸟，咱们比比谁美。"啄木鸟冷冷地说："对不起，老树生了虫子，我要给它治病。"公鸡听了，唱着歌，大摇大摆地走了。

公鸡来到一个果园里，看见一只蜜蜂，说："鼓眼睛的小蜜蜂，咱们比比谁美。"蜜蜂冷冷地说："对不起，果树开花了，我要采蜜去。"公鸡听了，又唱着歌，大摇大摆地走了。

公鸡来到一块稻田边，看见一只青蛙，说："大肚皮的青蛙，咱们比比谁美。"青蛙冷冷地说："对不起，稻田里有害虫，我要捉虫去。"公鸡见谁也不跟它比美，只好往回走。

在路上，公鸡碰到一匹驮着粮食的老马，伤心地说："老马伯伯，我去和啄木鸟、蜜蜂、青蛙比美，它们为什么都不理我呢？"老马说："因为它们懂得，美不美不能光看外表，还要看能不能为人们做事。"

公鸡听了很惭愧，再也不夸耀自己了。从此，它每天天不亮就喔喔地打鸣，一遍又一遍地催人们早起。（《美丽的公鸡》）

这个故事的主角是学生非常熟悉的"大公鸡"，他们对"大红冠子花外衣"的形象印象深刻。文本中对话比较多，口语化特征明显。故事情节层次清晰：公鸡三次比美遭冷眼，最后老马讲清了"什么是真正的美"。弄清楚了"谁、发生了什么事、结果如何"，这个故事的梗概就清楚明白了。很明显，这个故事的讲演的重点内容是三次比美带给公鸡的困惑。老马给出的解释也正是老师需要告诉学生的人生道理。所以，在讲演的时候要将三位辛勤工作的角色（啄木鸟、蜜蜂、青蛙）与悠闲爱美的公鸡从神情、语气等方面做鲜明对比。

2. 理解文本，按需改编

讲故事是需要带有强烈情感的，这种情感源自对故事的深层次理解，和对故事主旨的明确把握。讲演者通过与文本作者的"对话"，研究故事角色的特征以及各角色间的关系，融合自己对文本的独特感知、听众的基本情况，最后运用语言生动地诠释、演绎故事。

一般从以下几个方面对故事文本进行改编。

（1）把书面语转换成口语。如"蔚蓝色的天空万里无云"改成"蓝蓝的天上一丝云也看不见"。

（2）把长句拆开或缩减成短句。

（3）适当增加故事角色的对话。对话可以在原有基础上扩充，也可以把陈述性语言改成角色对话呈现出来。如《亡羊补牢》中的"那个人不肯接受劝告"这句话，换成："我才不修窟窿呢，多费力呀。我就不信今晚狼还会来，哼!"

（4）增加拟声词。拟声词的出现不仅增加了故事的趣味性，而且让故事形式更加情境化，如在"卖泥塘喽"前面增加几声青蛙"呱、呱"的叫声。又如"天下雨了"改成"滴答、滴答，下雨了"。

（5）删减一些提示语，如"某某说"之类的语句。还有讲故事过程中的一些停顿，如"然后、嗯、那个"，需要减少。

例:《亡羊补牢》

由于儿童故事原文比较简短，情节和人物形象较粗糙，感情色彩不强烈，为增强其生动性，让故事情节曲折有变化，改编时可以增加细节，人物对话和神态也可采取重复手法加深听众印象。

3. 巧用声音，塑造角色

一般讲故事要求声音清晰柔和，营造娓娓道来、亲切友好的氛围。有效调动听众的听觉感知，引发其内在情绪，使听众产生共鸣。如鞠萍在讲故事时总是气息充足，语调温和，显得特别亲切。通过声音塑造故事角色具体从下面几方面着手。

（1）咬字准确有力，这是讲好故事的基本条件。咬字准确首先要做到普通话语音标准，使内容不产生歧义。其次是做好"吐字归音"。如果讲故事时有个别音发不清楚就会大大降低故事的质量，影响故事情节的生动性。咬字有力是指发音气息集中，声音听起来不"飘"，声音能够"立"起来。

（2）通过声音的抑扬顿挫、高低变化来体现故事情节跌宕起伏的发展过程。故事讲得是否吸引人，很大程度上取决于声音的快慢高低是否伴随着情节发展而自然变化。这也是讲故事的一项重要技巧。声音的高低起伏一般通过重音、停顿、语调、节奏以及一些比较特殊的技巧（颤音、气音、笑语、模拟等）来实现。讲故事时一般尽量在呼气时带出声音，以气托声，而不是仅仅依靠喉部力量来发声。

（3）用丰富的音色展现各角色的个性特征。故事中，不同角色用不同的音色进行描述，如爷爷奶奶与爸爸妈妈、老虎和小兔子、坏人和好人等声音应该有显著区别。不同的情感表达也要用不同的声音来表现。如表现恐惧时要气提声凝、喜爱时要气徐声柔，着急时则气短声促，生气时则气粗声重。总的说来，声音的运用要遵循"情—气—声"相融合的原则，基于传达故事情感的需要来调整气息，以气托声。情、气、声三方面是相互依存的，要注意控制情感、角色的变换和自如转换，做到"感情运动—气随情动—声随情变"。

如，表现凶恶的反面角色"大灰狼""恶人"等，气息往下压，用粗哑生硬的嗓音；表现温柔可爱的角色"小白兔""天真的孩子"等，气息略往上提，用柔和亲切的嗓音。讲到故事情节紧张处，或敛声静气或慷慨激昂，讲故事者自身要有紧张害怕的情绪，才能自然带动气息的相应变化，让声音随之变化；或轻声细气像说悄悄话一样压低嗓音，制造出紧张气氛；或高声大气激动地呼喊，让听者也气血翻涌。讲到愉悦舒缓处，要内心生发快乐情绪，才能实现嗓音甜美带笑意。

音频：《孔雀爸爸和小孔雀》

4. 妙用态势语，角色表演

讲故事既要运用好有声语言又要适当运用无声语言。这里所说的无声语言指态势语，包括面部表情、手势、体态等。讲故事的过程中附带动作表演和丰富的表情，积极调动听众的视觉感知，这是提升故事感染力的有效手段之一。如讲到蝴蝶，不妨双臂张开飞一飞；讲到企鹅就左右摇摆走两步；讲到老爷爷就驼背捋一捋胡子；讲到生气时就噘噘嘴、跺跺脚。如此，增强了故事的趣味性，符合小学生的认知习惯。

音频：《寻猫公告》

但是，讲故事时，设计的动作幅度不宜过大，有表演色彩即可。眼神在故事讲述中有至关重要的作用，它可以随着故事情节的转换而变化：高兴时眉开眼笑；难过时黯淡无光；愤怒时目光如炬；疑惑时忽闪迷离。运用眼神与听众进行真诚的交流时，还需要观察听众的反应并做出些许调整。

5. 注重互动，鼓励参与

讲故事过程中，可以通过有意停顿、设置提问等方式增加听众的参与度。故事讲述需要控制好时间和节奏。有意义的停顿能产生悬念，是快速抓住听众注意力的好办法。一般在情节发生转变或者角色更换时停顿。如果听众注意力不太集中，不妨停顿下来调节一下气氛。也可以在紧要关头停下来，设置提问，比如"你们猜谁来了？""接下来会发生什么呢？""如果是你，你怎么办呀？"等，时间够用的话还可以停下来一起讨论、预测一下。讨论一番后再接着讲故事中的情况，听众会更兴致勃勃地期待故事的结局，以对比自己的猜测。另外，准备一些道具、音频资料也能增加听众的参与度。

音频：《猴吃西瓜》

课堂实训

（一）任务一：故事文本、素材的改编训练

1. 任务目标

掌握不同类型故事文本的改编。

2. 建议学时

1 学时。

3. 任务实施过程

（1）任务导入。

讨论：读故事和讲故事有什么区别？

（2）讲解知识点。

①童话的改编。童话的篇幅一般相对较长，改编时要进行压缩处理。尽量保留主线，不必保留细枝末节。如《巨人的花园》，讲给低年级学生听就要适当删减。童话故事中的"超现实"情节（如力大无穷、宝物、神灵等）比较吸引人，能引发学生的好奇心，改编时可以多运用夸张、拟人、递进、排比等修辞手法，以引起学生的注意。

②寓言、成语故事的改编。寓言、成语故事改编时可以对主角进行扩充描写，如加入主角的语言、动作、神情描写。如改编《守株待兔》时，可以扩充主人公的言行举止，凸显他的无知可笑。也可按照教学需要和现代价值观审美观赋予故事新意，如赋予《精卫填海》故事"坚持不懈，勇于与命运抗争"的新主题。

③生活故事、历史故事、传奇故事的改编。这类故事的主要作用是进行生活常识教育、益智教育、历史常识、社会规则教育等。如《孟母三迁》《负荆请罪》等。改编时可适当虚构细节（动作、语言），加入内心独白或者对话来彰显人物个性，在刻画角色个性特征和情节发展上下功夫。也可根据教育教学需要加入（删减）相应内容，让学生更易于领悟故事的意义。

④讲"身边事"。厘清这件事的主人公是谁（父母、爷爷奶奶、同学、老师等），何时何地说了什么、做了什么，这件事的前因后果、事件经过如何，最终结局如何等。组织语言将该事件"情景再现"，那么日常所见就带上了故事的色彩。

（3）故事改编训练。

①训练内容：请学生分组改编故事文本，如《龟兔赛跑》《巨人的花园》《狐假虎威》《两小儿辩日》《我选我》《负荆请罪》《曹冲称象》《郑和下西洋》等。

②训练要求：文从字顺，口语化；改编故事要重视听众和教育教学的需求；情节完整曲折有变化；角色形象鲜明生动。

③训练方法：各组随机抽取故事进行改编，小组合作探究，提出改编意见后择优用之；形成文本，组内尝试说一说；展示各组改编文本，全班评论，再次修改定稿；教师小结，对书面语色彩明显、表述不顺畅自然的语句进行修正，鼓励学生大胆设计不同的改编方案，耐心比对不同的改编方案，选择最佳语言表达方式。

④训练材料：

龟兔赛跑

有一天，兔子和乌龟跑步，兔子嘲笑乌龟爬得慢。乌龟说，总有一天我会赢。兔子说，我们现在就开始比赛。兔子飞快地跑着，乌龟拼命地爬。不一会儿，兔子与乌龟之间已经有很大一段距离了。兔子认为这个比赛太轻松了，它要先睡一会儿，并且自以为是地说很快就能追上乌龟。而乌龟呢，它一刻不停地往前爬。当兔子醒来的时候，乌龟已经到达终点了。

两小儿辩日

孔子东游，见两小儿辩斗，问其故。

一儿曰："我以日始出时去人近，而日中时远也。"

一儿曰："我以日初出远，而日中时近也。"

一儿曰："日初出大如车盖，及日中则如盘盂，此不为远者小而近者大乎？"

一儿曰："日初出沧沧凉凉，及其日中如探汤，此不为近者热而远者凉乎？"

孔子不能决也。

两小儿笑曰："孰为汝多知乎？"

狐假虎威

虎求百兽而食之，得狐。狐曰："子无敢食我也！天帝使我长百兽，今子食我，是逆天帝命也。子以我为不信，吾为子先行，子随我后，观百兽之见我而敢不走乎？"虎以为然，故遂与之行。兽见之皆走。虎不知兽畏己而走也，以为畏狐也。

（二）任务二：巧用声音塑造故事角色形象训练

1. 任务目标

能根据故事情节的发展和角色特点转变嗓音。

2. 建议学时

2 学时。

3. 任务实施过程

（1）任务导入。

听《猪八戒吃西瓜》，说说这个故事中"八戒"的懒散、贪吃是通过什么样的音色体现出来的。

音频：《猪八戒吃西瓜》

（2）讲解知识点。

叙述性语言中，表述人物、时间、地点的词语做重音处理，在语法结构、逻辑意义转换处稍作停顿。故事中个性独特的角色呈现出不同的角色语言，才能使故事精彩纷呈。"各说各话"，是什么样的形象就说符合这一形象的语言。如爷爷奶奶这类人物气息低沉柔和，充满慈爱；弱小善良的角色气息柔弱，上扬语调较多。

（3）讲演训练。

1）训练内容：讲演本组改编好的故事，请台下同学评判是否有合理的音色变化。先朗读再讲演。

2）训练要求：

①角色语言有区分。如，兔子说话语速快，调儿高，得意的心态；乌龟说话慢吞吞，调儿低，谦虚的姿态；老虎说话声气粗重；狐狸说话声气尖细。

②叙述语在不同环节有轻重缓急的变化。如故事开始一段较舒缓，正常语速（一分钟 150 个音节左右），在紧张部分则加快语速或者故作神秘放低声音。

参考音频：《鞠萍模拟狐狸声音》

③运用拟声。如老虎出场先"嗷呜"吼一声，猪八戒会不时地"哼哼"。

3）训练方法：各组共同讨论故事的讲演方案，在文稿中做出批注，注明该处讲演所需要的声音状态，如尖细、粗重、嘶哑等，然后派代表上台讲演故事。

4）训练材料：《龟兔赛跑》《狐假虎威》《猪八戒吃西瓜》。

（三）任务三：妙用态势语增强故事感染力训练

1. 任务目标

根据故事情节和角色特色设计合理、生动的态势语。

2. 建议学时

1 学时。

3. 任务实施过程

（1）任务导入。

播放视频《猴子吃西瓜》，请学生现场模仿。

（2）讲解知识点。

故事要讲得生动形象，一方面需要讲述者恰当地运用自己的表情来"再现"故事中人物

的表情，另一方面需要运用手势及身体其他部位的动作来模拟故事中人物的
动作形态或其他事物的形态。另外，还需要在叙述部分带着"现场感"来调
动神态。态势语的设计要遵循自然、得体、适度、和谐的原则。

视频：《猴子吃西瓜》

（3）态势语训练。

1）训练内容：眼神、表情、手势、体态的演示。

2）训练要求：模仿猴儿的挠腮、反肘眺望等标志性动作；设计老猴子捋胡子，弯腰驼背
倚老卖老的样子；设计活泼可爱的小毛猴的动作和神态。

3）训练方法：

①演示各种情态的眼神和表情。如高兴的、失望的、生气的、得意的等。

②恰当运用手势。如猴王威严地挥手；小毛猴积极地抢着举手；老猴子背着手；小猴子偷
偷戳别人；猴子手捧西瓜吃等。

③合理设计体态：猴王怎么坐？小毛猴怎么蹦着走？老猴子怎么站？

4）训练材料：《猴子吃西瓜》。

（四）任务四：分类型讲演故事

1. 任务目标

掌握童话、寓言、传奇等故事类型的讲演方式。

2. 建议学时

2学时。

3. 任务实施过程

（1）任务导入。

唯美的童话世界要采取怎样的讲演方式才能让人身临其境？富有哲理的寓言、成语故事又
该如何通过语音传递才能令人深思？写实的历史故事、传奇故事又该怎么"重现"？

（2）讲解知识点。

童话、寓言、成语故事的内容基本是虚构的。其中，童话表现出奇妙的想象力，所以讲演
时声音、动作、表情需要活泼夸张；而寓言具有浓郁的劝诫、讽刺意味，讲演时需有循循善
诱、语重心长之感；成语故事含义深远、知识性强，讲演时语气要相对沉稳平和，感情色彩趋
于平淡。

生活故事、历史故事、传奇故事幻想色彩较少，一般在真人真事的基础上加工而成，其主
要作用是进行生活常识教育、益智教育、历史常识教育、社会规则教育。所涉及范围几乎涵盖
了社会生活的方方面面，表现出较强的现实性和真实性。这类故事的讲演要给听众带来真实
感，讲演时采用符合现实逻辑的言行举止娓娓道来即可，但一般会带上讲演者鲜明的感情倾
向。如对故事中出现的"英雄""智者""贤人"就应带着明显的敬意。

（3）分类型故事讲演训练。

1）训练内容：每组选一个类型的故事进行讲演练习。

2）训练要求：准确把握各类型故事的主要特点来设计讲演方案，形式活泼生动。提前一周准备好背景音乐，制作道具等。

3）训练方法：

①确定角色。依据故事情节请学生扮演《巨人的花园》里不同的"巨人"——自私的巨人和慷慨的巨人，注意要从语气、神态、动作上加以区分。请学生演绎《狐假虎威》中威风凛凛、凶狠却又智商不足的老虎和机灵狡猾的狐狸，二者语气、动作皆要有对比性。

②制作相应的道具。分别为自私的巨人和慷慨的巨人制作面具；缝制手偶娃娃；制作狐狸、老虎头饰等。

③选择符合情节发展节奏的音乐。例如故事《猪八戒吃西瓜》开头部分播放《西游记》的主题曲。

4）拟声练习：

①模拟各种动物的声音。羊咩咩叫是绷紧声带发出的尖细且发颤的声音；大公鸡打鸣则高亢嘹亮，一声声地由小到大；母鸡"咯咯哒"，"哒"音拖泥带水，有点像"咯咯咯哒——"；小狗"汪汪"，起音刚猛急促，尖锐中透着狠；牛"哞——"，叫声低沉浑厚而且悠长。

音频：《聪明的
小白兔》

②人物不同情态的声音练习。发出哭声、笑声和叹息声等；分别带着愉悦、焦虑、担忧、气愤的情绪说"天快要黑了，妈妈还没有回来"。

③不同人物的声音练习。分别用爸爸、妈妈、爷爷、奶奶、山羊老师、小猴子的声音说"小兔子，这是你画的画呀"。

5）训练材料：

《巨人的花园》《狐假虎威》《守株待兔》《曹冲称象》《孟母三迁》《负荆请罪》《一鸣惊人》《司马光砸缸》《郑和下西洋》。

◇ **自我修养**

（一）理论自修

（1）阅读赵琳的《声声入心：重塑你的声音》，谈谈我们可以从哪些方面重塑自己的声音？

（2）研读王倩的论文《运用课文语言练习讲述故事》，思考小学语文课上，怎样指导孩子们把故事讲好。

（3）研读李元乔的论文《掌握讲故事这门手艺》，写一篇心得体会，谈谈作为未来的小学教师，你打算如何给孩子们讲好听的故事？

《声声入心：重塑你的声音》　　《运用课文语言练习讲述故事》　　《掌握讲故事这门手艺》

（二）自主训练

课本剧表演

（1）训练目标：掌握营造生动有趣的故事情景的方法；强化故事角色意识。

（2）训练准备：为故事搭配适宜的背景音乐；布置故事场景；制作与故事相关的道具（含服装）。

（3）训练方法：抓阄选故事，分组练习；一人担任导演，指导演员的表演；一人负责剧务；其他人担任演员及工作人员。

（4）训练材料：《狼和小羊》《乌鸦和狐狸》《郑人买履》《小蝌蚪找妈妈》《丑小鸭》《巨人的花园》《谁的本领大》。

故事 1：《狼和小羊》　　　故事 2：《狐狸和乌鸦》

第 九 章

演讲训练

◇ **学练导航**

(一) 学习目标

(1) 认识、了解演讲。

(2) 掌握演讲稿的写法。

(3) 掌握命题演讲和即兴演讲的技巧。

(二) 实训任务分解

任务一：演讲稿撰写训练。

任务二：命题演讲训练。

任务三：即兴演讲训练。

任务四：演讲技巧综合演练——班级演讲比赛。

◇ **经典引路**

请同学们仔细欣赏视频，然后分组思考并讨论下列问题：

(1) 董老师的演讲有什么特点？

(2) 一次成功的演讲需要怎样准备什么？

视频:《教育
的意义》

演讲稿:《教
育的意义》

一　理论奠基

（一）演讲概说

演讲又称讲演、演说，是指演讲者以口头语言为主要形式，以态势语为辅助形式，在特定的时空环境中，面对听众发表个人见解，以阐明道理，从而达到感召听众并促使其行动的语言实践活动。"演"是指态势语，"讲"是指演讲者的口语。

微课：演讲技巧训练

演讲是一种高级的语言表达形式，任何演讲活动都必须由四个方面构成：演讲者（演讲主体）、听众（演讲客体）、沟通主客体的媒介（有声语言、无声语言等）、主客体同处的时间和环境。这四个方面，缺少了任何一个，都不可能构成真正意义上的演讲。谈话、报告、说书等口语表达形式虽然也具有以上四个要素，然而，同演讲比起来，它们表面相似但性质不同。一方面，演讲同说书、单口相声等口语艺术形式相比，主客体之间不是艺术表演者和欣赏者的关系，而是相互交流信息的关系；另一方面，演讲是一种现实活动，而口语艺术是一种艺术活动。演讲同报告、谈话等口语表达形式相比，有着质的区别。

演讲也像其他口语活动一样具有它独有的特征，认清这些特征，才能对演讲活动有更深入的把握，从而也更有利于开展演讲活动，提高演讲水平。演讲的主要特征如下。

（1）现实性。

演讲是为了实现某种目的而影响听众思想和行为的一种现实性很强的社会实践活动。古今中外的演讲家都是面对现实、紧扣时代脉搏向广大听众发表自己的看法，从而使演讲成为斗争的武器、教育的手段和传播科学文化的工具。演讲的主题必须紧密结合现实并具有强烈的时代感，或针对现实生活中人们关心和瞩目的问题发表自己的见解和主张，或指出解决有关实际问题的办法，或弘扬传播中国优秀传统文化和社会主义核心价值观，使听众受到教育和启迪。

（2）逻辑性。

演讲论事说理是重点，需要有很强的逻辑性。听话不比看文章，稍纵即逝，如果逻辑性不强，内容混乱，听众不能很好地接受、理解演讲者的观点、知识、情感，演讲就无法达到预期的效果。因此，演讲的内容一定要有条有理，逻辑性强；要清晰完整，让听众过耳不忘。

（3）鼓动性。

鼓动性是演讲的一个显著特征，也是演讲取得成功的原因所在。古希腊演讲家德摩斯梯尼曾对朋友说："你所讲的，只令人说个'好'字，而我却能使听的人一起跳起来，众口同声地说'让我们赶快去抵抗腓力'。"这就是演讲的鼓动性，也是演讲的目的所在。所以演讲者要饱含炽热的情感，及时观察听众的情绪和反应，及时调整自己的演讲内容和形式，使演讲更能说服听众、激发听众、鼓动听众。

（4）艺术性。

演讲是口语表达的高级形式，演讲时演讲者的思想是通过概念和某种主张来表达的，而这些概念和主张则通过判断、论证、推理及其他逻辑手段来揭示。演讲者在演讲时，要将思想、知识、文采、情感融为一体，用生动形象的口语表达自己鲜明的观点和深邃的思想，用得体的态势动作来辅助表情达意。演讲的艺术性主要通过有声语言和态势语的创造性运用产生，从而给听众以艺术美的享受。著名演讲家李燕杰教授说，演讲开始时要有相声般的幽默，演讲过程中要有小说般的形象，演讲高潮时要有戏剧般的冲突，演讲结束前要有诗歌般的激情。演讲如能达到这种境界，就可以使听众受到德的熏陶、智的启迪、美的洗礼。

（二）演讲的类型

按照不同的划分标准，演讲可以分为不同的种类。

1. 按照演讲的内容分

按照演讲的内容来分，演讲可分为政治演讲、学术演讲、法律演讲、竞选演讲、生活演讲等。

政治演讲一般是为了一定的政治目的或出于某种政治动机，评论当前重大事件，表明自己的态度、立场或主张等，有的放矢，具有较强的鼓动性。如闻一多的《最后一次讲演》。

学术演讲是指对某一学科或某个科学现象进行系统的、科学的、专门的演讲，包括对具体的社会科学研究与探索实验的总结。学术演讲最大的特点是内容的科学性和论证的严密性。学术演讲的运用范围比较广，包括学术会议上的发言、学位论文答辩、各类学术讲座等。美学家朱光潜的演讲《谈作文》就属此类。

法律演讲是指法庭上自诉人、公诉人、被告人或辩护代理人发表的演讲，具有较强的公平性和针对性，要求以客观事实为依据，以法律为准绳，力求准确。

竞选演讲是指演讲者为获得某一职位或某项工作，凭口才实施自我推销的一种演讲。演讲者用自己良好的口才向听众展示自己的能力和实力，获得听众的认可、支持，最终实现获得某一职位或工作的目的。如学校学生干部的竞选演讲等。

生活演讲主要是对生活中的各种问题、风俗、现象进行的演讲。一方面是庆祝演讲，如生日祝词、婚礼祝词等，在热烈而欢快的气氛中进行，表达真诚的情感和衷心的祝愿；另一方面是哀悼演讲，一般是对已逝者表示哀悼，气氛比较庄重，既要寄托和表达哀思，还要对逝者的功绩进行简单的评价。

2. 按照演讲的形式分

按照演讲的形式来分，演讲可分为命题演讲、即兴演讲、论辩演讲等。

命题演讲是指由别人指定演讲题目或范围，经过事先准备后进行的演讲。有全命题演讲和半命题演讲之分。全命题演讲由演讲的组织者确定题目，如学校举行"孝顺父母，请从现在开始"的演讲，演讲者就只能用这个题目进行演讲，事先写好演讲稿并做好充分的准备；半命题演讲由演讲组织者限定演讲的范围，演讲者自行确定题目，如学校开展以"感恩教育"为主题的演讲，只指定了"感恩教育"的主题，演讲题目由演讲者自拟。

即兴演讲指演讲者在事先毫无准备的情况下就眼前场面、情境、事物、人物临时起兴发表的演讲，如婚礼祝词、欢迎致辞、丧事悼念、聚会演讲等。它的特点是有感而发，现场感强，篇幅短小。

论辩演讲指两方或两方以上的人因对某个问题产生不同意见而展开的面对面的语言交锋，其目的是坚持真理，批驳谬误，明辨是非。比如，我们生活中常见的法庭论辩、外交论辩、赛场论辩，以及每个人都曾经历过的生活论辩等。论辩演讲较之命题演讲、即兴演讲更难些，要求演讲者必须具备正确的思想、高尚的品质、严密的逻辑思维及较强的应变能力。

（三）命题演讲技巧

命题演讲具有内容主题的规定性、结构的完整性和准备的充分性等特点。要想成功地进行一次命题演讲，必须注意以下几个方面。

1. 构思讲题

命题演讲有的规定了题目（全命题演讲），有的只定主题，题目由演讲者自拟（半命题演讲），这时，演讲者需先进行提炼，形成自己的观点和主张，并由此确定题目。成功的演讲都少不了一个出彩的演讲标题，比如李燕杰的《心上绽开春花，芳草绿遍天涯》、王安的《黄土地，我的理想大地》、白义琴的《改革，唤醒了女性的新觉醒》、于笑洋的《天下岂有不散的宴席》等。这些题目，有的热情洋溢，有的豪情满怀，有的新颖别致。在各单位、学校组织的演讲比赛中，也有很多好题目。如举行一个关于绿色环保主题的演讲比赛，有的同学就结合自己的学生身份，践行绿色环保从节约开始的理念，拟定了《节俭贵如油》的演讲题目；又如某学校举行主题为"中学生不该早恋"的演讲比赛，一位同学的演讲题目确定为《为'我爱你'贴上封条》。

演讲题目要积极、新颖、生动，富有吸引力，充满正能量；要紧扣主题、长短适度、合乎身份，不能无的放矢、冗长累赘、平淡无奇。

2. 撰写讲稿

演讲稿是演讲的依据、规范和提示，属于应用文中的一种独立文体。演讲稿能帮助演讲者实现演讲的目的，使演讲者在演讲的过程中胸有成竹，演讲稿的质量直接决定演讲的质量。

演讲稿与一般文稿相比具有以下特点。一是有声性。由于演讲"口传耳闻"的特点，演讲稿虽然也是书面语言，但是有声化了的书面语言，更适合口头的表达。二是综合性。演讲稿是自身的完整性与诸种演讲客观要素的综合，除了具备主题、材料、语言、结构等要素外，还要考虑演讲的时间、空间、听众对象等。演讲稿还综合了许多文体的表达方式特点，如记叙文、议论文、说明文等。三是可变性。演讲稿是一种定而未定的文字稿。在演讲过程中或讲完后，都可以进行调整、改动和润色。

演讲稿的撰写一般分为三个阶段。

（1）编写提纲。

演讲提纲一般由开头、主体、结尾三部分组成。下面就以《同学交往，不妨害点"健忘症"》为例，来看看演讲稿的提纲编写。

例：开场（引言）："健忘症"是一种毛病。然而，《战国策》有言：事有不可忘者，有不可不忘者。在人际交往中，适当、适时地害点"健忘症"却是一种艺术，会让彼此的友谊定格在美好的记忆深处。

正文：

首先，通过讲述苏东坡与王安石之间互相"健忘"、不念旧恶、心态坦然、相交甚欢的故事，表明演讲者的观点：人际交往时，不妨害点"健忘症"。

其次，分析并告知听众怎样"健忘"。忘人之短，对别人的短处有选择性地忘记；忘人之过，对别人的过错别紧盯着不放；忘己之恩，忘记自己对别人的"施恩"。

结尾：呼吁同学们学会忘记，用一种轻松、平和的心态来珍视彼此之间的友情。

（2）撰写初稿。

①演讲稿的开头方法。

演讲稿的开头，也叫开场白，在演讲稿中具有重要的地位。演讲稿的开头如何写才好？我国著名演讲理论家杨炳乾先生有一段论述，他说："发端之风格，以自然为贵，字句须短洁，辞语须温和，不能如描述之华美，不能如推辩之流利，亦不能如结尾之热烈。优良之发端，具'简单、平易、明确'三性质，使人愉悦与接收，其组织之长短，视事题之繁简难易定之。"好的演讲稿，一开头就应该用最简洁的语言、最短的时间，集中听众的注意力，激发听众的兴奋点，以达到出奇制胜的效果。主要有以下这样一些方式。

a. 开门见山式。这一类开头直接入题，不蔓不枝。

例：演讲稿《感恩》的开头是这样的：

"今天是父亲节，让我不由自主地想到了'感恩'二字。是的，鲜花感恩雨露，因为雨露滋润它成长；苍鹰感恩长空，因为长空让它飞翔；高山感恩大地，因为大地让它高耸。因为感恩，才会有世界的多彩，才会有真挚的感情；因为感恩，才让我们懂得生命的真谛！"

这样的开头，开门见山，直奔主题，一下就抓住了听众的注意力。

b. 介绍式。演讲的开头既可以是对演讲者自己的介绍，也可以是对标题的解释或内容的介绍。这样可以加深听众对演讲的理解。

例：1938 年，陈毅率部队在浙江抗日组织欢迎大会上进行演讲，开头是这样的：

"我叫陈毅，耳东陈，毅力的毅。刚才司仪先生称我为将军，实不敢当，我现在还不是将军。当然，叫我将军也可以。我是受全国老百姓的委托，去'将'日本鬼子的'军'。这一'将'直到把他们'将'死为止……"

这个开场白十分漂亮，既介绍了自己的身份和任务，鼓舞了士气；又自然风趣，活跃了会场气氛，紧紧抓住了听众的心。

c. 提问式。在演讲的开始提出一个发人深省、新颖独特的问题，以引起听众的积极思考，集中听众的注意力。

例：演讲稿《要事业，也要生活》的开头是这样的：

"生活的动力是什么？是矛盾。今天我所讲的就涉及这样一个矛盾：工科女大学生应该选择事业，还是生活？"

这个提问式的开头，不仅与演讲内容扣得很紧，而且抓住了当时大学生关注的问题，触动了大学生敏感的神经，激发了听众的兴趣，把听众带入了思考之中。

d. 引用式。在演讲的开头引用党和国家领导人的讲话、名人名言、警句格言、诗歌谚语等，以提出问题，论证演讲者的观点。

例：一位同学在《奋勇向前 无悔青春》主题演讲比赛中是这样开头的：

"同学们，在刚结束的党的二十大上，习近平总书记寄语广大青年：'青年强，则国强。当代中国青年生逢其时，施展才干的舞台无比广阔，实现梦想的前景无比光明。'这无疑是对年轻人最好的激励。一代人有一代人的使命，一代人有一代人的担当。无论什么时候，青年身上总是充满了时代的希望。作为新时代的青年，我们也应该肩负起应有的责任。"

开头引用领导人讲话，紧扣演讲主题，具有很强的感召力。

e. 故事引入式。故事有生动的情节，用故事开头，能让演讲有吸引力，生动感人。

例：王华的演讲《论自强》是这样开头的：

"据说，春秋时代，越国被吴国打败，越王勾践立志要报仇雪恨。为了不因使自己贪图安乐而忘记耻辱，激励斗志，他夜间睡在柴草上，并在住处悬挂着苦胆，经常尝尝那胆的苦味。经过长期的准备，终于打败了吴国。"

引这个故事作为开场白，以此来形容人的刻苦自励、发愤图强，极好地引出了演讲的主题。

演讲开头的方法还有很多，如释题式、抒情式、制造悬念式等，演讲者可以根据演讲内容的需要灵活运用。

②演讲稿的主体。

演讲稿的主体是分析和论证问题的部分，其结构主要有以下三种。

a. 并列式。指围绕中心论点，从不同角度、不同侧面论证，初学者宜先掌握这种结构。

例：以下是王理的演讲稿《人贵有志》的中间部分，列了4个小标题。

一是目标高。

引用高尔基的名言："一个人追求的目标越高，他的才力就发展得越快，对社会就越有益。"引用我国古语："志当存高远。"

目标高，更符合人生正确的追求方向，如栾菓提出的"三士"：政治上成为共产主义战士，业务上成为博士，身体上成为大力士。

二是立志坚。

引用爱迪生的话："伟大人物最明显的标志，就是他坚强的意志，不管环境变换到何等地步，他的初衷和希望，不会有丝毫改变，终得克服障碍，达到期望的目的。"

列举在逆境下立志不屈的各种范例。

三是生活俭。

生活态度、生活作风历来是人们思想状况的晴雨表。刘邦入关，"财物无所取，妇女无所幸，此其志不在小"。

列举南北朝时的范缜，北宋的范仲淹、司马光等人物生活俭朴的事例。

四是惜分秒。

列举列宁、鲁迅、爱因斯坦等名人珍惜分秒的事例。

这篇演讲稿提炼了4个小标题，有的小标题中又分了几个部分，都是从不同角度对所讲的中心做较为全面的论证，层次分明，纲目清晰。

b. 递进式。指一层一层地分析论述问题，由小到大，由浅入深，逐步把问题讲清。

例：徐宁的演讲稿《叶的事业》是这样层层递进分析的：

"幼儿教师之所以高尚，就在于教师们不仅要爱孩子、照料孩子，还要教育孩子怎样去认识世界、怎样去生活、怎样去做人。幼儿教师是孩子知识的开拓者。未来的领袖和将军、科学家和诗人，都将在幼儿园里度过他们的童年。幼儿园，这个小天地是孕育未来人才的摇篮，文明的曙光就在这里升起。"

这篇演讲稿的中心为：幼儿教师是一个平凡却高尚的职业，年轻的朋友应该献身幼儿教育事业，为祖国添光彩。演讲首先讲明了幼儿教育事业的伟大意义，进而讲为什么要选择幼儿教育事业，最后，进一步具体讲述了幼儿教育事业的伟大神圣，使人感受到幼教事业是民族兴旺、国家富强的重要因素。以上层层意思，逻辑严密，自浅入深，步步推进。

c. 对比式。先对错误的观点进行批驳，在批驳中确立自己的主张，然后论证自己主张的正确性。胡红的演讲稿《伟大的凝聚力》就采用了纵横交叉对比的结构方式。这是一篇论辩演讲稿，通过对信仰危机的分析，说明什么是伟大的力量。演讲稿可以分为三层，前层和中层形成横比，前层和后层形成纵比。

③演讲稿的结尾。

俗语云："编筐做篓，全在收口。"演讲稿的结尾，是前面论证发展的必然结果。

好的结尾能收拢全篇，升华主题；言简意赅，余音绕梁。而不好的结尾则如画蛇添足，冗长啰唆，不能起到画龙点睛的效果。下面列举几种主要的结尾方式。

a. 总结式。以简洁的语言对全篇演讲进行简明扼要的总结，突出中心，加深听众印象。

例：演讲稿《青年与读书》的结尾如下：

"高尔基说得好：书籍是青年人不可分割的伴侣和导师。一个踌躇满志的中国青年，就要为中华之崛起而读书，为民族之振兴而读书，为祖国之强盛而读书！"

b. 号召式。用演讲者激越的情感向听众发出号召，提出希望，让人受到鼓舞。

例：左英的演讲稿《生命之树常青》的结尾是这样的：

"现实曾是过去的希望，现实的希望则在于未来。现实是连接过去和未来的桥梁。还是让我们从现实做起吧，用知识来充实我们的头脑，让高尚的理想为我们插上奋飞的翅膀。时代的火炬已点燃了我们青春的烈火，让我们喷发出所有的光和热吧！"

c. 引用式。引用哲理名言、诗句佳作作结，既可以让结尾部分情感丰富、语言精练，还往往富有哲理，引发共鸣。

例：王俊青的演讲稿《忘我的爱》引用了莎士比亚的名言作为结尾：

"青年朋友们，在未来的社会面前，横着一条时间的长河、知识的长河。我们只有将青春的心贴在一起，互相扶持着，彼此温暖着，去接受命运的挑战，支起明天的太阳。对于明天，让我们和英国戏剧家莎士比亚一起来祝福吧：'愿太阳放出永恒的光和热，愿人间永远充满安慰和温暖。'"

d. 提问式。在论述自己的观点后提出问题，显得更加含蓄和深沉，更能给人们长时间的思考和鼓动。在听众的思考中结束演讲是一种别出心裁的结尾。

例：有一篇演讲稿是这样结尾的：

"萧伯纳说得好：'人生不是一支短短的蜡烛，而是一支由我们暂时拿着的火炬，我们一定要把它燃烧得十分光明灿烂，然后交给下一代的人们。'我们如何让自己的青春火炬燃烧得更旺呢？我们怎样为后一代开拓灿烂的前程呢？愿您深思。"

④演讲稿的材料选择。

主题是演讲的"灵魂"，材料则是演讲的"血肉"，演讲者真知灼见的产生和正确观点的确立，都必须以大量的材料为基础。所谓材料，是指演讲者为了说明自己的主题所选取的论据及事实。材料的选择一定要典型，这样，演讲的说服力、感召性才强。选择材料撰写演讲稿时要注意以下一些原则。

a. 材料要紧扣主题。任何材料都要为主题服务，如果所选的材料不能为主题服务，即使材料再生动、再丰富、再吸引人，也毫无说服力可言。比如演讲要论证的观点是"珍惜时间，把握大好青春"，如果选用"越王勾践卧薪尝胆"这个材料来论证主题，则多少有些穿凿附会，缺少典型性，因为这个材料更多是说明一个人如何忍辱负重与发愤图强，而不是怎样珍惜时间。

b. 材料要贴近听众与场合需要。要针对不同听众，选择不同材料。

c. 材料要深刻辩证。要对准备选择的材料进行深入地挖掘和提炼，过滤掉那些材料中表面的、片面的成分，使材料更精辟，能更好地论证演讲的主题。

d. 材料要讲求质量。俗话说：一叶可知秋，一斑可窥豹。选择演讲稿的材料贵精不贵多，要讲求材料的质量，不贪多求全，不堆砌；要去粗取精，选择一个典型将其说深说透。这样不但会强化材料的典型性，也会使演讲精练许多，从而增强说服力。

e. 材料要坚守中华文化立场，弘扬中华优秀传统文化和社会主义核心价值观。要精心选择充满正能量、体现社会主义核心价值观的故事、案例等材料，增强中华文明传播力影响力，讲好中国故事、传播好中国声音。

3. 演讲临场技巧

（1）关于控场。

所谓控场，就是演讲者对演讲场面进行有效控制的技能和办法。在演讲的过程中，由于各种原因，听众的情绪、注意力及场上气氛、秩序经常有变化，这就需要演讲者有效地调动听众的情绪，集中听众的注意力，从而驾驭场上的气氛，变被动为主动。

李燕杰有一次到医院做一场关于爱国主义的演讲，演讲中，他发现有几位老大夫正在看书，无意听他的演讲。于是，他灵机一动，插进了这么一段："每当我回忆重病缠身的时候，白衣战士就引起我深情的遐想。是他，人格的诗，心灵的美，圣洁的光，赋予我第二次生命；是他，给了我去参加拯救那灾难深重的中华民族的权利和力量。"他这样一讲，那几位大夫立即抬起了头，盯住演讲者。李燕杰见此情景，抓住时机，又把医生治病救人与救国救民联系起来讲，点了爱国主义教育的主题，那几位老大夫终于把手中的医书放下去，认真听讲三小时没有走神。由此可见控场是演讲成功的重要因素。

为了很好地控场，要注意以下几个方面。

①得体的亮相。演讲者走上演讲台时的亮相很重要，这是台下听众对演讲者的第一次评判，也是后面能否得到听众认可的基础。演讲者的服饰要得体，可以略施粉黛，但不可浓妆艳抹，不可着奇装异服，要能体现演讲者的整体美。上场时要大方自然，举止应自信，上场后可以先环视全场，站定后再开始演讲。如果演讲者上台亮相后缩手缩脚、忸怩作态，台下的听众一定会嘘声一片，不认可演讲者。

②富有吸引力的语言。演讲者上台演讲前一定要能背记讲稿，走上台后脱稿演讲，这样会

增强听众对演讲者的信服感，演讲者也有更多的精力与听众交流，关注台下听众的反应。演讲时要用比较标准的普通话，力争发音准确，重音、停顿得当，节奏适合，语调抑扬顿挫。听众注意力分散时可骤然提高音量或放慢语速，使听众感到惊奇而集中注意力。演讲中还要注意不出现错字错句，如果出现会引发听众哄笑，台下秩序混乱，控场难度加大。

③相得益彰的体态语。演讲中的体态语艺术是在讲的基础上产生的，与有声语言一起形成完美的演讲语言艺术，主要有站姿、手势、眼神、表情等。

站姿能显示演讲者的风度，演讲者的站姿应挺胸立腰，端正庄重；在台上，演讲者要有一个基本的立足点，根据内容的需要可进行一些小范围的移动。

演讲的手势不仅能强调或解释演讲的信息或内容，而且能生动地表达演讲语言所无法表达的内容，使演讲更生动形象；但手势的运用要简洁易懂、协调合拍、富于变化，不宜频繁乱用。

眼神在整个演讲中对表情达意起着举足轻重的作用。"眼睛是心灵的窗户"，眼神能表达出一些用语言难以表达的极其微妙的思想感情。一个站在台上演讲的人，在整个演讲过程中他的眼神会向听众传达自己的情绪、心理等，而听众也总能通过演讲者的眼神窥探他的内心世界，接受思想，受到启迪和教育。一般要求演讲者眼神明澈、坦荡、执着、坚毅。眼神的变化要有目的，不能故弄玄虚、神秘莫测；也不要有过多过于集中的凝视，这样会对听众造成压力。

表情是受到所有演讲者重视的一种体态语。演讲者应善于通过自己的面部表情把自己的内心情感表现出来。演讲时表情贵在自然，既不能呆板僵硬、面若冰霜，又不能神情慌张、手足无措，甚至故作姿态、矫揉造作。演讲者的表情应该丰富生动，随着演讲内容的变化而变化，把听众的情绪引向高潮。

（2）关于应变。

应变是指演讲者在演讲过程中面对由主观或客观出现的突发事件和意外情况所造成的干扰和阻碍时，敏锐、及时、准确地做出反应，并采取有效措施，迅速、果断、巧妙地平息和排除干扰和阻碍，使演讲顺利进行的一种技巧、方法和能力。

①克服怯场的方法。演讲者怯场的原因很多，或是由于求胜心切，或是由于准备不充分，抑或是由于自卑胆怯、环境生疏等。碰到怯场时，轻者张口结舌、语无伦次，重者目瞪口呆、说不出话。

克服怯场的方法很多，主要是要增强自信心，了解到场的听众，熟悉现场的环境；还要学会暗示自己、鼓励自己，想方设法释放紧张情绪。在演讲前把准备工作做扎实，胸有成竹才能镇定自若，心里没谱定会紧张怯场。

②应对忘词的方法。演讲者如果在演讲中突然忘词，可采用以下方法应对：一是可以插话

衔接，趁此机会尽快回忆演讲内容；二是可以使用重复衔接法，把最后两句加重语气重复一次，把断了的思绪链条接起来；三是可以用跳跃衔接法，若实在忘了，先不管这一段，而是跳跃着进入另外一段，想起来了，再巧妙地加进去，实在想不起来就算了。

例：一位年轻的女老师代表学校参加演讲比赛，她登上讲台刚讲了两句就忘词了，带队的领导和其他参赛者都为她捏一把汗，台下也立即骚动起来，甚至有人鼓掌喝倒彩。这位女老师并没有像其他忘词者那样惊慌失措，或头上冒汗、长时间冷场，或面红耳赤、跑下台去。只见她定了定神，从容自若地说："我刚讲了两句，就赢得了大家的掌声。既然大家这么欣赏我的开头语，我就接着往下说吧。"于是她接着演讲，终于成功了，并最终赢得了听众真正友好的掌声。

这位演讲者在忘词后并没有惊慌失措，而是机智地插了一段话，既集中了听众的注意力，又趁此机会回忆起了演讲内容，最终取得了演讲的成功。

③应对讲错的方法。如果在演讲中讲错了，没有必要申明"对不起，这里我讲错了"。如果是一句无关紧要的话，便可以不管它。但如果讲错的这句话有原则错误，或者会引发歧义，则可以自圆其说地在错话后面问"刚才这句话对不对"，或者说"刚才这种说法明显是错误的思想，却偏偏有人信为真理"等。

④应对冷场的方法。演讲过程中，由于各种原因，可能台下的听众会不感兴趣，反应冷漠，有时还会遇到一些不合作者的干扰，如喝倒彩、拍桌子、吹口哨等，这时演讲者切不可发火或大怒，要沉着冷静，果断处理。演讲者应依靠自身的魅力去吸引听众，或者穿插讲些与听众密切相关的故事、笑话等，以吸引听众的注意力，抑制消极情绪的产生和蔓延。只要处理好了，演讲就能顺利进行。

一场命题演讲也许就是那么十几或几十分钟的时间，却是演讲者长期坚持创作的结晶，它能很好地展示演讲者的才华和智慧，也能很好地显示演讲者的胆识、气质和风采。

（四）即兴演讲技巧

1. 即兴演讲的特点

即兴演讲分为主动式即兴演讲和被动式即兴演讲。前者指演讲者被临场的情景所激动而主动发表的演讲；后者指演讲者原本不准备演讲，但被会议主持人或其他人临时邀请所发表的演讲。

即兴演讲与命题演讲相比具有不同的特点，具体表现在以下几个方面。

一是瞬间构思、迅速成篇。即兴演讲往往都是在无准备或来不及准备的情况下发生的，只能瞬间构思，迅速成篇，不但要紧扣主题，还要短小精悍，讲出新意。

二是情境复杂、针对性强。因为演讲任务是突发的，演讲者在开始演讲前的极短时间内才决定要讲什么，所以演讲者往往很少或根本没有留心听众的预期心理和周遭的情境，演讲者往往只能就地取材，在现场机敏地捕捉话题。所以，即兴演讲的现场感和针对性更为强烈。

三是内容不可修改。讲不同于写，写东西可以字斟句酌，反复修改，但即兴演讲不同，没有时间容演讲者慢慢推敲，只能边构思边演讲，即便是意思观点未表达清楚，也很少能回过来再说一次。

所以，即兴演讲对演讲者的要求较高，需要有清晰的思维、良好的表达能力和优秀的心理素质。

2. 即兴演讲的结构模式

对于即兴演讲者来说，比较难的是在极短的时间内把思想理清楚，把想表达的内容有条理地说出来。为了做好这一点，我们可以借用即兴演讲的一些常用的构思模式，提高思维的条理性和层次性。

即兴演讲常用的结构模式主要有以下几种。

（1）理查德的"结构精选模式"。

美国公共演讲专家理查德所总结的"结构精选模式"是从听众的认知心理出发的，着重考虑了怎样才能引起听众的兴趣，套用这个模式可以让我们在即兴演讲时言之有序、言之成理。

理查德认为即兴演讲应该记住 4 个层次的提示信号：

——喂，请注意！（激发听众兴趣）

——为什么要费口舌？（听这次演讲的重要性）

——举例子。（用具体事例加深听众的印象，论证自己的观点）

——怎么办？（告诉听众应该怎么做）

表 9-1 中，我们以《关爱生命，严禁酒驾》主题演讲为例，对常规模式和结构精选模式进行比较，以掌握它的特点。

表 9-1　常规模式和结构精选模式的比较

提示语	喂，请注意	为什么要费口舌	举例子	怎么办
常规模式	今天我要演讲的内容是关爱生命，严禁酒驾。	酒驾已成为当今社会一个比较严重的现象，我们不得不引起重视！	酒驾是一个值得我们高度关注的社会问题：每一次事故的出现，都关系到多个家庭的幸福与未来……	如何加强酒驾的管理，我想提这样几条建议供有关部门参考：一是要……，二是要……，三是要……

续表

提示语	喂，请注意	为什么要费口舌	举例子	怎么办
结构精选模式	不久前，一个孕妇下班回家，一辆汽车朝她撞来，她和肚里的孩子当即死去，她的丈夫目睹这一惨状当场疯了。据事后调查，这次事故是因为司机酗酒开车而引发的惨剧。	当私家车越来越多的时候，不顾行人的安危而醉酒驾车的人也越来越多。一个个马路杀手的出现，一个个无辜生命的消失，给无数家庭带来了无尽的悲哀，如果不重视这一问题，这样的悲剧将会越来越多。	讲述几个酒驾引发的事故，这种现象如果还不引起重视，将会严重危害每一个人的生命安全……	作为社会的一员，谁都不希望这样的事故发生，所以，每一个社会成员都有责任去关注这件事情。当朋友聚餐时，我们要奉劝开车的人不要喝酒，哪怕是一点点；我们要对身边的人宣传酒驾的危害……

（2）"三部曲"式。

这是即兴演讲的常见形式，即开头、主体和结尾。一般要求开头部分开门见山地提出自己的意见和观点；中间主体部分有理有据地进行论证；结尾部分简短有力，再次表明立场。

（3）散点连缀式。

演讲之前，演讲者头脑中可能会出现很多凌乱且散碎的思维点，如果能很好地把这些看似孤立的人、事、物等思维点连缀起来，合理布局，就会形成很好的演讲稿。

例：上海市新闻工作者协会原主席王维同志的一段即兴演讲就是采用的散点连缀式结构。他走进会场，发现了主席台上漂亮的杜鹃花、到会的众多新闻工作者和漂亮的会议厅，看到这些场景，王维同志是这样把它们连缀起来的。

"我来参加会议，没有想到有这么好的会场，这个会场不要说企业界记者协会成立大会，就是记协成立大会也可以在这里召开；没有想到有这么多的企业报记者、编辑参加这个大会，这说明企业报的同仁是热爱、支持这个组织的；没有想到，今天摆放在台上的杜鹃花这么美丽，鲜花盛开标志着企业报记者协会也会像这杜鹃花一样兴旺、发达……"

王维通过三个"没有想到"，把会场、人员、鲜花有序地连缀在一起，从而揭示了企业报记者协会的实力，赞扬了企业报记者协会的凝聚力，表达了对企业报记者协会的美好祝愿。

除此之外，即兴演讲还有"意核"拓展式、"借题发挥"式等结构方式，演讲者要根据演讲的内容、环境、听众等选择适合的结构模式。即兴演讲只要主题明确，构思敏捷，内容新颖，语言简练，表达准确，就一定会是成功的演讲。

二　课堂实训

（一）任务一：演讲稿撰写训练

1. 任务目标

（1）会分析、鉴赏演讲稿。

（2）知道演讲稿写作的方法，尝试撰写演讲稿。

2. 建议学时

1学时。

3. 任务实施过程

（1）演讲稿赏析。

命题演讲的重要准备工作就是撰写演讲稿，首先要学会赏析，通过赏析优秀的演讲稿来巩固课堂理论学习的效果，然后尝试着自己去撰写一篇演讲稿。

请扫码阅读白岩松在耶鲁大学的演讲《我的故事以及背后的中国梦》的演讲稿，试着分析演讲稿的特点（可从开头、结尾、架构、材料的选择等方面分析）。

演讲稿:《我的故事以及背后的中国梦》

（2）实战演练。

习近平总书记在党的二十大报告中指出："广大青年要坚定不移听党话、跟党走，怀抱梦想又脚踏实地，敢想敢为又善作善成，立志做有理想、敢担当、能吃苦、肯奋斗的新时代好青年，让青春在全面建设社会主义现代化国家的火热实践中绽放绚丽之花。"

请以这段话为中心主题，分组自拟演讲题目，设计演讲稿的开头和结尾。

（3）分组展示撰写的演讲稿，教师小结。

（二）任务二：命题演讲训练

1. 任务目标

（1）熟练掌握演讲技巧，将所学技巧运用于演讲中。

（2）通过小组互评，掌握一定的指导演讲的能力。

2. 建议学时

1学时。

3. 任务实施过程

（1）按照给定的演讲稿《勤能补拙》（扫码阅读），分组进行演讲训练，着重进行演讲语言表达技巧、态势语、心理素质等方面的训练；分组训练时要对演讲者进行演讲技巧的指导。

（2）演讲结束后，先由演讲者自评，再由组内其他人员互评。

（3）各组推选的优秀选手上台展示。

（4）教师小结，根据各组推荐选手的展示情况，评选"最佳演讲者"。

演讲稿:《勤能补拙》

（三）任务三：即兴演讲训练

1. 任务目标

（1）掌握即兴演讲临场反应、选择材料、散点连缀、扩句成篇等表达技巧。

（2）进行完整的即兴演讲训练，提升即兴演讲水平。

2. 建议学时

1 学时。

3. 任务实施过程

（1）即兴演讲临场快速反应能力训练。

下面列举了几个场景片段，请在 30 秒内将场景补充完整，改善或消除场景中的不利局面。

场景一：你正在兴致勃勃地议论某人时，他突然走了进来。这时你会：＿＿＿＿＿＿＿＿＿

＿＿＿＿＿＿＿＿＿＿＿＿＿＿＿＿＿＿＿＿＿。

场景二：你准备了一次生日聚会，来了很多的朋友，一个与你因观点不合而发生过激烈争吵且不再是朋友、让你很讨厌的人不请自来了。这时你会：＿＿＿＿＿＿＿＿＿＿＿＿＿＿

＿＿＿＿＿＿＿＿＿＿＿＿。

（2）即兴演讲表达技巧训练。

训练一：把下面几组词语围绕一个中心，快速组合成一段话。

①下雨　咖啡　黄河　衣服

②绿叶　瀑布　学习　雨伞

③茶几　太阳　电脑　蛋糕

训练二：请以"绿水青山就是金山银山"和"教育改变未来"为题进行扩句演讲，时间 2 分钟。

（3）各小组自定题目，进行 3 分钟即兴演讲训练，推选优秀选手上台展示。

（四）任务四：演讲技巧综合演练——班级演讲比赛

1. 任务目标

（1）通过演讲比赛，使学生将演讲技巧熟练运用于演讲之中。

（2）纠正学生演讲中的不良体态、不良语言等，提升他们的演讲能力和水平。

2. 建议学时

1 学时。

3. 任务实施过程

（1）确定演讲主题及要求。当前，国家对学生开展劳动教育、德智体美劳全面发展提出了明确的要求，请以"热爱劳动"为主题，组织开展班级演讲比赛，要求写好演讲稿，演讲时间 5—7 分钟。

（2）分组进行预赛，每组选出 1 名优秀选手和 1 篇优秀演讲稿参加班级决赛。

（3）举行班级决赛，评出一等奖 2 名、二等奖 3 名、三等奖 4 名，评出"优秀演讲稿"8 篇。

◈ 自我修养

（一）理论自修

阅读右边二维码链接的相关文章，做好读书笔记，思考以下问题：

拓展阅读

（1）大学生需要具备演讲能力吗？你准备怎样提升自己的演讲水平？

（2）教师的演讲能力在工作中有什么作用？教师应该怎样提升自己的演讲水平？

（二）自主训练

1. 撰写演讲稿训练

（1）练习目标：掌握撰写演讲稿的方法，能围绕给定的主题或题目撰写一篇完整的演讲稿。

（2）主要训练方法：

①确定主题。以"争做四有好老师"为主题，演讲时间 5—7 分钟。

②收集素材。根据给定的主题，自行搜集素材并进行整理。

③撰写演讲稿。构思演讲稿的提纲，确定开头和结尾的方式，将素材运用到讲稿中，形成演讲稿，字数建议控制在 1000—1400 字。

④自己试讲。注意讲稿需符合主题，语句通顺，层次清晰，能引起共鸣。

2. 即兴演讲综合训练

（1）练习目标：通过训练与竞赛，掌握即兴演讲的结构模式及演讲技巧，提升演讲水平。

（2）主要训练方法：

①发布班级即兴演讲竞赛的通知。主题为"青春永向党 奋进新征程"，演讲时间 3—5 分钟。

②准备 5 分钟。迅速确定演讲结构模式，快速选取符合主题的材料并组合材料，初步在心中形成演讲稿。

③演讲比赛。要求充满自信，主题鲜明，逻辑清晰，语言标准，流畅动人。

第十章

辩论训练

◇ **学练导航**

（一）学习目标

（1）了解辩论的含义、作用及特点。

（2）掌握一定的辩论技巧和方法，进行日常辩论，做到思维敏捷，论辩有理有据。

（3）掌握辩论赛相关知识，会撰写辩论提纲，组织辩论赛。

（4）培养创新精神和团队合作精神，提高自信心和思辨能力。

（5）加强对社会主义核心价值观的理解，学习贯彻党的二十大精神，弘扬爱国主义精神，做到关心国家大事、关心社会时事、关心身边小事。

（二）实训任务分解

任务一：常用的辩论技巧和方法训练。

任务二：组织一场辩论赛。

任务三：开展关于社会主义核心价值观和当下热门时事的自由辩论。

任务四：学习中国共产党第二十次全国代表大会报告，积累时事辩论素材。

◇ **经典引路**

请同学们仔细欣赏右边的视频，然后分组思考并讨论下列问题：

（1）你认为生活中的互怼是不是辩论？

（2）假如你是贾冰，你还可以列举类似的例子吗？

（3）假如你是张若昀，你会如何反驳贾冰？

小品：《风雪饺子情》

一　理论奠基

辩论其实广泛存在于我们的生活、工作当中，生活中的争论、工作中的探讨、法庭上的争辩、科学中的研讨、国际上的争端等都有辩论的身影。辩论是一种交谈，又是一种特殊的演说，它是双方或多方就某个有争议的问题进行争论，既竭力阐明自己的观点，又要反驳对方观点，使其接受己方观点。

（一）辩论的作用

墨子云："夫辩者，将以明是非之分，审治乱之纪，明同异之处，察名实之理。处利害，决嫌疑。"意思是，辩论的作用在于分清是非的边界，探察治乱的规律，明确同异的地方，考察实际事物的道理，判断利害关系，解决疑虑问题。辩论可以明辨是非，求同存异，阐扬真理，锻炼思维，增进沟通。

（二）辩论的特点

1. 辩论观点的对抗性

辩论的对象可以是两方，也可以是多方，但它一定是以相对立的形式出现的。辩论各方鲜明地提出自己的观点，证明自己观点的正确性或可行性，同时还要反驳对方观点，具有很强的对抗性。

例：正方：对方辩友只将以成败论英雄看作是一种衡量英雄的标准，可是没有看到它背后代表的是一种价值观。

反方：我方已经说得很清楚了，我们鼓励成功，但是也要看人们怎样去追求成功，恰恰是以成败论英雄，往往会导致人们不择手段地追求成功。

这是在辩论赛中常见的场景，尤其在自由辩论阶段，你方唱罢我登场，具有很强的对抗性。

2. 辩论思维的逻辑性

辩论的主体是持不同观点的各方，辩论的客体是各方共同争论的辩题，而辩题往往是一些生活常识、科学道理、道德准则、法律法规等，辩题本身就存在思维的对立与统一，具有思维的逻辑性。

辩论的各方要想讲清道理，批驳对方的观点，就必须深思熟虑，找出对方阐述时的漏洞，抓住辩机，及时反击。这一切都离不开缜密的逻辑。

例：萧伯纳有一次在一条林荫小道上散步，迎面碰上了一位大腹便便的富商。富商傲慢地对萧伯纳说："我从来不给驴子让路。"萧伯纳听了，却微笑着说："我则恰恰相反。"说完，他彬彬有礼地让到路旁。

萧伯纳，是世界著名擅长幽默与讽刺的语言大师，他非常善于用同一主题推理、演绎反击对方。逻辑是辩论的主要工具，如果能够巧妙借助概念、原理、法规，善于运用推理、归纳、演绎等逻辑方法，那么你将很容易取得辩论的主动权。

3. 辩论表达的现场性

辩论是对话式的，它有论有辩。"论"是立，从正面论述己方的观点正确；"辩"是破，是辩驳对方错误或疏漏之处。辩题、立论者和驳论者是构成辩论的三大要素，立论者和驳论者双方都想通过阐述自己的观点、驳斥对方的观点，取得辩论的胜利。因此，辩论比其他口语表达形式具有更强的现场性。

例：一位长官到连队巡察，正赶上士兵们吃中午饭。"伙食怎么样？"长官问士兵们。"报告长官，汤里泥土太多。"一个多嘴的士兵回答。

"你们入伍是为了保卫国土，而不是挑别伙食！"长官非常生气地大声斥责道，"难道这个道理都不懂？"

"懂。"士兵毕恭毕敬地立正，又斩钉截铁地说，"但绝不是让我们吃掉国土。"一句话，说得长官顿时对这位士兵刮目相看了。

士兵们的伙食很快得到了改善。

示例中士兵及时抓住"土"这一信息，巧妙地将"泥土"和"国土"相联系，既表明了一个军人对自己国家的忠诚，又传递了希望改善伙食的愿望，取得了良好的效果。

（三）辩论的类型

1. 按辩论手法分类

按辩论手法来分，辩论可以分为辩白、辩难、辩护、辩驳等。

辩白，即申辩，通过说明事实真相，来消除误会或受到的不实指责。

辩难，是通过辩驳或运用难以解答的问题质问对方，以便确立自身在辩论中的优势，论述己方的观点。

辩护，提出理由或事实，以法律法规、政策原则等为依据为自己或他人辩解，维护自己或他人的合法权益。

辩驳，提出理由或根据来反驳对方的意见，否定对方的观点或行为。

2. 按辩论的媒介分类

按辩论的媒介来分，辩论可以分为书面辩论和口头辩论。

3. 按辩论的内容和形式分类

按内容和形式来分，辩论可以分为生活型辩论、实用型辩论和赛场辩论。

生活型辩论，是人们在日常生活中就某些问题展开的辩论。如师生间的探讨、家庭中的争执、邻里间的争吵、公共场合的争论等，不受时间、人数等限制，即时发生。

实用型辩论，是指在某一领域由某一部门组织的具有特定主题的辩论。它包括学术辩论、法庭辩论、决策辩论、会议辩论、竞选辩论等，它有指定的主题，在专门的场合进行，不具有随意性。

赛场辩论，就是辩论比赛，是一种特殊形式的辩论。它有规则，有流程，有既定的辩论题目。辩题的正方和反方在主持人的主持下，有理有据地展开激烈的争辩活动。

（四）辩论的技巧

1. 逻辑技巧

辩论离不开逻辑，只有鲜明的观点、缜密的语言、令人信服的真理和典型的事实才能一语中的，以理服人，常用的逻辑方法有以下几种。

（1）例证法。

"事实胜于雄辩"。例证法是用列举典型案例来论证己方的观点或者驳斥对方的观点的方法。这些典型案例不仅可以是事情、典故，也可以是名言警句、数据、图片等。展示的时候，可以借助多媒体手段，如音频、视频等，但一定要真实、典型。

（2）归纳法。

归纳法是列举多个事实并归纳出一般道理的方法。在辩论中，归纳法可以使自己的论题更有说服力，也可以反驳对方的观点，证明其错误。

（3）类比法。

类比法是将一类事物的某些方面进行比较，以另一事物的正确或谬误证明这一事物的正确或谬误，从而来论证自己观点的正确性或反驳对方观点。

例：于是入朝见威王，曰："臣诚知不如徐公美。臣之妻私臣，臣之妾畏臣，臣之客欲有求于臣，皆以美于徐公。今齐地方千里，百二十城，宫妇左右莫不私王，朝廷之臣莫不畏王，四境之内莫不有求于王。由此观之，王之蔽甚矣。"（《邹忌讽齐王纳谏》）

这是我们学过的《战国策》中很有代表性的一篇短文，这段话的大意是：在这样的情况下，邹忌上朝拜见齐威王，说："我知道自己确实比不上徐公美。可是我的妻子偏爱我，我的妾害怕我，我的客人有事求助于我，所以他们都认为我比徐公美。现在齐国有方圆千里的疆土，有一百二十座城池。宫中的姬妾及身边的近臣，没有一个不偏爱大王的，朝中的大臣没有一个不惧怕大王的，全国范围内的百姓没有不想求助于大王的。这样可以看出，大王您受到的蒙蔽太严重了！"

这里邹忌用妻爱他、妾怕他、客人有求于他因而说他比徐公美的事情，与齐威王的姬妾爱他、大臣怕他、百姓有求于他因此对齐王只会讲好话的事情进行同类比较，提醒规劝齐威王纳言除蔽。

（4）归谬法。

归谬法是一种先假设对方论题是正确的，然后由它推理出谬误结论，从而证明对方论题错误的方法。这是一种有力的反驳方法。

例：一位神学家鼓吹"上帝是万能的"。一位无神论者说："我可以问您几个问题吗？"神学家回答可以。

无神论者问："请问，上帝是万能的吗？"

神学家说："是的。"

无神论者问："上帝能够创造一切吗？"

神学家说："是的。"

无神论者问："那上帝能创造出一块连他自己也搬不动的石头吗？"

神学家说："当然可以。"

无神论者问："那他岂不是举不动那块石头？那你怎么能说上帝是万能的呢？"

神学家到这时已经哑口无言，恼羞成怒了。

无神论者先假设神学家的说法是正确的，再引导他说出上帝不可能完成的事情，从而论证"上帝并不是万能的"。

（5）二难法。

二难法即论辩的一方从对方的观点出发，提出两种可能，再由这两种可能引申出两种结论，使对方不论选择其中哪一种，都会陷入进退维谷、左右为难的境地。这种方法表面上给对方留下选择的余地，实际上却掌握了必要的主动权，前后夹击对方，使之无路可逃。

例：有一天，阿凡提被召进王宫，国王给他出了个难题，让他列出宫廷里的傻瓜名单。阿凡提稍微思索了一下，对国王说："好吧，我明天就给您。"

第二天，阿凡提果真把傻瓜名单交到国王手里。国王打开一看，上面只有一个名字，就是国王。国王十分恼火，发怒地叫道："为什么只有我一个人？"阿凡提不慌不忙地说："国王陛下，如果说宫廷里有傻瓜，而您身为国王却任用傻瓜当大臣，拿国家俸禄，那您岂不成了傻瓜？如果说宫廷里没有傻瓜，而您却让我从根本没有傻瓜的宫廷里找出傻瓜，那您岂不也是傻瓜？所以，无论宫廷里有没有傻瓜，从这件事上讲，您就是傻瓜。"

阿凡提提出的两种可能都说明国王是傻瓜，完美地反击了国王的刁难。

（6）选言法。

选言法是通过给定选项确定除论题所指的那种可能性外，选言判断所包含的其余可能都是虚假的，从而推出己方论题的真实性。

例：反方：我想请问对方同学，如果有人持刀抢劫你的钱包，你是对他念一段《论语》呢？还是让警察把他抓起来呢？我想大家都会选择后者。

这是一场辩论赛，台湾大学为正方，复旦大学为反方，围绕"儒家思想可以抵御西方歪风"进行自由辩论时，反方代表的发言。反方在辩论时给出两种不同选择，其中有不成立的选项或按常理大家不会选的选项，从而推出己方论题的真实性、正确性。

最后，要强调的是，辩论方法的使用要根据现场的情况灵活地选用，可以只用一种，也可以几种综合运用。

2. 语言技巧

辩论是对话与演讲相结合的特殊形式，它是思想的交锋，也是语言的较量。辩论者或妙语连珠，或风趣幽默，或慷慨激昂，无不显出辩论的语言魅力。

（1）辩论的语言要严谨准确。

辩论时，辩者要简明扼要地表达自己的观点，阐述自己的理由，防止留下逻辑漏洞，让对方找到反驳的把柄。

例：古时候，楚国有一家人在祭完祖之后，准备将祭祀用的一壶酒，赏给帮忙办事的人喝。帮忙办事的人很多，这壶酒如果大家都喝是不够的。这一壶酒到底怎么分呢？

大家都安静下来，这时有人建议：每个人在地上画一条蛇，谁画得快，这壶酒就归他喝。大家都认为这个方法好，也同意这样做。于是，在地上画起蛇来。

有个人画得很快，一转眼最先画好了。他端起酒壶正要喝酒，回头看看别人，还都没有画好呢，心里想：他们画得真慢。他扬扬得意地说："你们画得好慢啊！我再给蛇画几只脚也不算晚呢！"于是，他便左手提着酒壶，右手给蛇画起脚来。

正在他一边给蛇画脚，一边说话的时候，另外一个人已经画好了。那个人马上把酒壶从他手里夺过去，说："你见过蛇吗？蛇是没有脚的，你为什么要给它添上脚呢？所以第一个画好蛇的人不是你，而是我了！"

那个人说罢就仰起头来，咕咚咕咚把酒喝下去了。

《画蛇添足》是大家耳熟能详的寓言故事，最后喝酒的那个人说服众人的理由并不是谁画得快，而是对方画的不是蛇。因为蛇没有脚，而你添上了脚，所以你画的不是蛇，无论时间的快慢，你都输了。而我在最快的时间做了最正确的事情，所以酒是属于我的。最后喝酒的人有理有据，一针见血地指出了问题，阐述了道理，让对方无话可说。

（2）辩论的语言要生动幽默。

生动、幽默的语言在辩论中总能轻易打动听众，博得听众的掌声，赢得辩论的主动权。比喻、夸张、设问、反问等修辞手法的运用，能使立论、驳论更有说服力，更有感染力。

扫描二维码，查看综艺辩论节目《奇葩说》的片段文字稿，本次的辩题是"父母该不该告诉孩子童话是假的"，傅首尔为反方，观点是"父母不该告诉孩子童话是假的"。很多看了《奇葩说》的观众都被傅首尔征服了。她征服大众的不仅是敏捷的思维，还有犀利而幽默的语言。示例中，她将自己比喻成"一个瘦了的巫婆"，用幽默、自黑的方式提出"童话是一个虚构的真实世界"的观点，正如我们常说的"艺术来源于生活，又高于生活"，童话又怎么是假的呢？人们在笑声中不知不觉就认同了观点。

日常生活中，我们经常会遇到争论、质疑、尴尬的时候，如果我们能用幽默的方式巧妙地应对，我们会更快乐，生活也会更美好、和谐。

（3）辩论的语言要有理有据。

文字稿：《奇葩说》片段1

辩论双方的对垒抗衡、唇枪舌剑，不能是指责、谩骂，而是要依靠大量的事实依据、法规真理来论证观点的正误。

傅首尔站在辩题"父母该不该告诉孩子童话是假的"的反方立场，快结束陈词时，她用自己的亲身经历作为真实而典型的案例，用事实和温情打动人，这是她辩论取得良好效果的不二法门。

文字稿：《奇葩说》片段2

（五）辩论赛

1. 辩论赛的目的

辩论赛的目的不但在于培养人的逻辑思维能力、语言表达能力、应变能力、组织能力，还在于让学生对社会的问题、现象有更深层次的思考，从而引导学生树立正确的人生观、价值观。

2. 辩论赛的流程

执行主席致开场辞，简要介绍赛况、赛程和比赛规则，即进入本场比赛。

执行主席介绍辩题、正反双方代表队和评判团成员情况，宣布开始比赛。

双方自我介绍，先由正方进行自我介绍，再由反方进行介绍，时间各1分钟，共2分钟。

（1）立论阶段。

正方一辩开篇立论，3分钟。

反方一辩开篇立论，3分钟。

（2）驳立论阶段。

反方二辩驳对方立论，2分钟。

正方二辩驳对方立论，2分钟。

（3）质辩环节。

正方三辩提问反方一、二、四辩各一个问题，反方辩手分别应答。每次提问时间不得超过15秒，三个问题累计回答时间为1分30秒。

反方三辩提问正方一、二、四辩各一个问题，正方辩手分别应答。每次提问时间不得超过15秒，三个问题累计回答时间为1分30秒。

正方三辩质辩小结，1分30秒。

反方三辩质辩小结，1分30秒。

（4）自由辩论。

正反方辩手都参加，总用时 4 分钟。

（5）总结陈词。

反方四辩总结陈词，3 分钟。

正方四辩总结陈词，3 分钟。

3. 赛制规则说明

（1）立论阶段。

由双方的一辩选手来完成，要求立论的框架明确，语言通畅，逻辑清晰，能够正确地阐述己方的立场。

（2）驳立论阶段。

这个阶段的发言由双方的二辩来进行，旨在针对对方的立论环节的发言进行回驳并补充己方立论的观点，也可以扩展本方的立论方向和巩固己方的立场。

（3）质辩环节。

这个阶段由双方的三辩来完成。双方的三辩针对对方的观点和本方的立场设计三个问题，由一方的三辩起来提问对方的一辩、二辩、四辩各一个问题。要求被问方必须回答，不能闪躲。提问方每次提问时间不可超过 15 秒，回答方三个问题的累计回答时间是 1 分 30 秒。双方的三辩交替提问，由正方开始。在质辩的环节中，双方要语言规范，仪态庄重，表述清晰。质辩结束后，由双方的三辩针对对方的回答进行质辩小结，时间 1 分 30 秒，由正方开始。

（4）自由辩论阶段。

正反双方的八位辩手都要参加，辩论双方交替发言。双方都拥有 4 分钟的累计发言时间，在一方时间用完后，另外一方可以继续发言，直至本方的时间用完。在这个环节中，要求辩论双方的队员团结合作和整体配合，自由辩论阶段由正方开始。

（5）结辩阶段。

针对对方的观点，从己方的立场出发，总结本方的观点，阐述最后的立场。

4. 辩论赛的准备

（1）知识的准备。

找有关自己辩题的论点论据，搜集对手可能要找的资料，找漏洞，寻找攻破的方法，让对方证据的证明力降到最低。

（2）思路的确立。

与自己的队友统一思路，最好做多种思路的准备，预防突发状况。同时，对辩题证词的基本框架进行梳理，对所获的知识进行归纳整理，还要查找自己证据的漏洞，然后想办法去弥补。

（3）队伍的配置。

辩论赛是团队赛，要合理配置比赛队伍，安排出场顺序。通常一辩主要是阐述本方观点，要具有开门见山的技巧和深入探究的能力，要能把观众带入一种论辩的氛围中，所以要求一辩具有演讲能力和感染能力；二、三辩主要是针对本方观点，与对方辩手展开激烈角逐，要求他们具有较强的逻辑思维能力和非凡的反应能力，要能抓住对方纰漏，加以揭露并反为己用，要灵活善辩，幽默诙谐，带动场上气氛；四辩要能很好地总结本方观点，并能加以发挥和升华，要求有激情，铿锵有力，把气氛引入高潮，同时要有非常强的应变能力和总结概括能力。

5. 撰写辩论稿

（1）辩论稿的格式。

辩论稿的格式一般分标题、正文、署名、日期等几部分。标题可点明辩论稿的中心，或标明中心事件，或标明中心的论题，最好让人看到标题就能了解辩论的内容。署名可以在标题下方，也可以在文章最后，最好标明自己的出场位置，让队友清楚你是第几辩手或这份内容是第几辩手使用，可以用在哪些辩论环节。

（2）辩论稿的正文。

正文一般分开头、主体、结尾三部分，最好用总—分—总结构。开头部分要表明观点或提出反驳意见；主体部分要有论据支持，要有己方的也要准备对方的，以便随机应变，同时主体部分的语言要有逻辑性和条理性；结尾要善于概括己方的重点，或反驳、质疑对方的弱点、漏洞，尤其是四辩总结陈词时，更是要随时补充内容，机智应对。

例：标题：手机的弊大于利（反方）

开头：主席好！大家好！很高兴今天能就手机的利与弊这个辩题来辩论。我方观点是：手机的弊大于利。

正文：

一是影响休息，耽误学业。我们都听过这么一句话：要想毁掉一个孩子，给他一部手机就可以了。可见手机的危害多么大。孩子们用手机谈论学习的少，用于相约外出游玩、打游戏的多……

二是手机里存在不良信息。手机里的信息有很多广告甚至不健康的内容等，孩子小没有分辨能力，易受影响……

三是攀比之风。手机是贵重物品，尤其高档手机，会给家庭造成负担。手机更新快，有人为炫耀身份、地位、家境等，甚至贷款买手机……

四是事故频发。近几年因为手机造成的事故越来越多，14岁的少年因为母亲没收手机，将母亲杀死；德国火车司机因玩手机，造成火车撞车事故，12人失去生命……

结尾：不否认手机的利，但总体而言，手机带给我们的影响，始终是弊大于利的。

撰写辩论稿时，可以用小卡片的方式撰写、整理；论据的收集可以是方方面面的，但一定要真实、典型，能经受对方的反驳；"知己知彼，百战不殆"，既要准备己方的资料，还要思考对方可能会提出什么观点、有什么论据、将如何反驳。

（3）辩论稿的礼貌用语。

辩论赛场还要注意风度、礼节，不能用"你说""他说"，而应该用"对方辩友说""对方一辩说"。为了避免因为紧张而忘记使用打招呼、表感谢等礼貌用语，撰写辩论稿时可以适当写上一些礼貌用语。如一辩开场时，常会说"主席好！大家好！"；自由辩论时，可以说"谢谢主席，各位好！""感谢对方辩友为我方送上论据"。

 课堂实训

（一）任务一：常用的辩论技巧和方法训练

1. 任务目标

（1）学习运用辩论技巧和方法阐述自己的观点。

（2）学习运用辩论技巧和方法反驳对方的观点。

2. 建议学时

1学时。

3. 任务实施过程

（1）自由发言。

观看傅首尔辩论视频，并回答下列问题。

①傅首尔使用了哪些逻辑方法？举例说明。

②请从辩论语言技巧角度分析这段视频。

（2）小组讨论。

视频：《奇葩说》傅首尔辩论片断

下面的案例运用了哪些辩论技巧和方法，为什么？你会如何反驳？

例：

一天，学生采摘了校园里的花，老师见了，说道："你为什么摘花？"学生说："因为我爱花。"老师说："爱花的人不会摘花，可见你不是真正的爱花。"

学生说："老师，周敦颐在《爱莲说》中说'晋陶渊明独爱菊'，看来陶渊明是爱菊的吧？"

"当然。"

"可是，陶渊明有'采菊东篱下，悠然见南山'的诗句。他摘了菊花，能说他不爱菊吗？"

老师：……

（二）任务二：组织一场辩论赛

1. 任务目标

（1）了解辩论赛相关知识。

（2）掌握组织辩论赛的过程。

（3）掌握撰写辩论稿的方法。

2. 建议学时

1学时。

3. 任务实施过程

（1）扫码观看右边的1993年国际大专辩论赛决赛视频并展开小组讨论。

视频：国际大专辩论赛

①你们小组推选谁为最佳辩手？为什么？

②双方的成功之处和不足之处有哪些？

③辩论双方运用的哪些辩论方法让你印象深刻？

（2）下面是部编版小学语文六年级下册第五单元口语交际中的辩题，请各小组选取其中一组辩题撰写辩论稿。

①电脑时代需要/不需要练字。

②不可以说谎/可以讲善意的谎言。

③人们通过竞争/合作取得更大的成功。

④现代信息交流方式会/不会增进人与人之间的理解。

（三）任务三：开展关于社会主义核心价值观和当下热门时事的自由辩论

1. 任务目标

（1）培养创新精神和团队合作精神，提高自信心和思辨能力。

（2）加强对社会主义核心价值观的理解，做到关心时事、关心身边事。

2. 建议学时

1学时。

3. 任务实施过程

（1）自拟辩题。

（2）参考以下辩题：

①弘扬社会主义核心价值观更重要/践行社会主义核心价值观更重要。

②大数据让我们的生活更便捷/大数据让我们的生活更受约束。

③教师专业技能比师德规范更重要/教师师德规范比专业技能更重要。

（四）任务四：学习中国共产党第二十次全国代表大会报告，积累时事辩论素材

1. 任务目标

（1）培养爱国主义精神。

（2）加强时事热点知识学习，积累时事辩论素材。

2. 建议学时

1学时。

3. 任务实施过程

（1）通过知识问答方式学习党的第二十次全国代表大会报告。

（2）班级辩论赛的方式学习党的第二十次全国代表大会报告。

◇ 自我修养

（一）理论自修

扫描右边的二维码阅读辩论论文内容，结合辩论理论知识，思考以下问题：

拓展阅读

（1）什么是辩论？日常生活中是否有辩论？

（2）作为未来的教师，你将如何提高自己的辩论水平？

（3）生活、工作中与他人辩论时，你要注意些什么？

（4）你可以运用哪些辩论技巧或表达方式帮助你解决争论？请举例说明。

（二）自主训练

班级举办一场辩论赛，辩题为"人们通过竞争/合作取得更大的成功"。

（1）训练准备：选出双方辩手、主持人。

（2）训练过程：

①班级成员分为八个小组，小组间通过抽签两两对抗完成初赛。

②进入复赛的四个小组通过抽签两两对抗完成决赛。

③获胜的两个小组进行决赛，由教师评委和学生评委评出辩论结果，并选出最佳辩手。

第十一章 教学口语训练

◇ **学练导航**

（一）学习目标

（1）理解教学口语的含义、功能及要求。

（2）通过训练，掌握导入语、阐述语、提问语、启发语、总结语的运用技巧，培养较强的教学口语技能，滋养爱国、民主、诚信、友善等社会主义核心价值观。

（3）理解并体会规范、科学的教学口语对课堂教学的重要意义。

（二）实训任务分解

任务一：导入语、总结语训练。

任务二：阐述语、启发语训练。

任务三：提问语训练。

任务四：班级微型课竞赛训练。

◇ **经典引路**

请同学们仔细欣赏右边的视频，然后分组思考并讨论下列问题：

（1）你觉得这个教学视频的亮点在哪？老师的导入语对你有何启发？

（2）关于语文教学的导入，你还有更好的方法和手段吗？

视频：《棉花姑娘》导入语

一 理论奠基

（一）教学口语概述

1. 教学口语的含义

教学口语是教师在教学过程中，根据学生的特点和教学内容的需要，以传授知识、培养能力、进行思想教育等为目的而使用的一种口语表达形式。教学口语是教师职业口语极为重要的部分。

微课视频 1

2. 教学口语的特点

教学口语是经过转化的书面语和经过优化的口头语的有机结合。作为一种有声语言，教学口语可以用表情、手势、体态等进行辅助，在领悟、揣摩的基础上把教材中潜藏着的信息，根据对象的特点进行生动的表达。具体来说，小学教师教学口语具有以下几个特点。

微课视频 2

（1）规范性。

规范性指的是教师要用以北京语言为标准音的普通话进行教学，包括语音的规范、词汇的规范、语法的规范。

（2）形象性。

俄国教育家乌申斯基认为："儿童一般是依靠形状、颜色、声音、感觉来进行思维的；因此必须对儿童进行直观性的教学。这种教学不应建立在抽象的概念和语言的基础上，而应该建立在儿童所直接感知的具体形象的基础上。"小学教师要根据儿童的思维特点，恰当运用比喻、比拟、夸张等修辞方法，巧妙运用拟声词、叠音词等词语，以此打动学生的心灵，激发学生的学习兴趣，把他们引入无比瑰丽的知识世界。

例：在教学退位减法时，像"1000−463＝？"这样的题目，对学生来说是个难点，为了突破这一难点，教师是这样叙述的。

今天，数学王国来了一家人，这家人十分有趣。"0 小个"是个穷光蛋，减 3 不够，向"十叔叔"借钱；"十叔叔"也是个穷光蛋，可是他乐于助人，于是向"百伯伯"借；"百伯伯"还是个穷光蛋，他也很热情，悄悄地向"千爷爷"借；"千爷爷"把仅有的 1 千元钱借给了"百伯伯"。"百伯伯"马上把它换成了 10 个百，自己留了 9 个，拿出一个借给"十叔叔"；"十叔叔"又把它换成 10 个十，自己留了 9 个，拿出一个借给"0 小个"；"0 小个"欢天喜地，马上用借来的 10 减 3……

（3）启发性。

在新课程理念下，学生是学习的主体。为了有效促进学生学习方式的转变，教师要使用灵活的、富有启发性的教学语言启迪学生深入地思考，调动学生的学习兴趣，积极参与到学习中来。

（4）趣味性。

小学教师教学口语趣味性的前提条件是教师要怀着一颗不泯的童心，以儿童的耳朵去聆听世界，以儿童的心情去感受生活，汲取儿童生命节奏中的活力和光彩，分享儿童成长过程中的纯真与好奇。首先，要在语言内容上体现出趣味性。在教学中，教师要根据儿童的这一特点，积极创设适于儿童认知的情境进行教学，让趣味性语言成为教师口语的"常用语"。其次，要在表现形式上体现趣味性，教师要做到情绪投入和神态逼真，用惟妙惟肖的语言带领儿童沉浸在快乐中。

（5）儿童化。

教学口语必须考虑小学生的领悟与接受的情况，努力做到儿童化。所谓的儿童化，是指课堂教学语言要适合小学生的口味，使小学生易于接受、乐于接受。小学教师的教学口语要通俗易懂、明白流畅。因为小学生年龄小，所接触的知识比较有限，儿童语汇不丰富，他们常常是通过形状、色彩、声音等进行思考，所以教师择词要遵循"以浅代深"的原则，说话时多用表示具体概念、色彩、形态、动作的词；句式上尽量选用结构简单的句子，可在句子中嵌进适当的语气词、象声词，使句子富于变化；也可多用些比喻、夸张、拟人、反复等修辞手法，使句子形象生动。说话时多注入一些感情因素，节奏慢一点，语气"柔"一点，语调"甜"一点。同时在说话时调动面部表情、手势动作等，以加深小学生对讲话内容的理解。

例：我有一个好朋友叫 l，长得又瘦又高，像根棍儿似的。一天，我到他家去玩，碰见他的大肚子爷爷 b 和大屁股奶奶 d 在院子里晒太阳，大脑门的爸爸 p 和大脑勺的妈妈 q 在浇花。我奇怪地问 l："你为什么跟他们长得一点都不像？" l 说："我这高个子是他们遗传下来的，而这苗条的身材是我练健美练出来的。" l 家的怪事还真不少，墙上挂着一把闭合的伞，他们不叫伞，偏要叫 t；大肚子爷爷 b 挂的拐棍不叫拐棍，叫作 f，你说奇怪不奇怪？

3. 教学口语的运用要求

（1）语音要求。

①音量大小要适中。

教师应根据教室大小、听课人数及周围环境等情况设定自己上课的音量。

②语速快慢要适度。

教师的语速决定了学生的理解速度，因此，在实际教学中，教师应科学地把握口语的速度。首先，必须考虑学生的年龄；其次，要考虑教学内容的难易度和感情色彩等。

③语流要抑扬顿挫。

教师授课时，除了要控制音量和语速，还应根据教学的实际情况恰当把握语音的轻重、快慢、高低、停连等，使语流有一种抑扬顿挫的节奏。对于课堂的重点难点，应放慢节奏，加重语气，以加深学生的印象；对于其他问题，讲解时则语速可放快，点到为止。

④语调要亲切自然。

为达成教学目标，教师必须善于营造一种良好的课堂氛围，这就要求教师教学时勇于破除"师道尊严"的思想，语调应尽量亲切自然。

（2）语言表达内容的要求。

①用词准确。

在教学过程中，教师的口语表达应用词准确，能明确表达教学信息。

②通俗易懂。

满口的专业术语及新名词、新概念是教学口语的大忌，教学口语应当通俗易懂。

③生动形象。

教师要善于通过风趣、幽默的教学语言和形象描述、贴切比喻等技巧，营造一种寓教于乐、妙趣横生的教学氛围，从而调动学生学习的积极性。

④逻辑严密。

教学口语是为教学目的服务的，要做到有条理、有逻辑。

（3）态势语的配合使用。

态势语是教师教学口语的重要辅助手段，在教学中发挥着重要的作用。要有好的教态，必须在教学过程中配合使用态势语，并且做到以下几点。

①身姿语端庄、得体。

教师在讲课时，应保持一种自然、稳健的站姿，上身略向前倾。这样，不仅给学生以亲切的感觉，还能迅速吸引学生的目光，提高学生的学习效率。

②手势语自然、适度。

手势表达的含义相当丰富。手势可以表示具体的数，表示事物的大小、高低、长短、形状等。在课堂上，适度的手势语可以给教师提供很大的帮助。但具体使用时要注意不出现以下现象：课堂提问时，用手指或教鞭对着学生指指点点；教学时，教师抠鼻子、抓耳挠腮、摸胡子或沾唾液翻书等。

③表情语生动、丰富。

课堂上，教师给认真听课的学生一个默许的微笑；提问时，教师给学生一个疑问的表情：这些都能激起学生的探究欲望。

④目光语变化、明快。

教师在讲课时要扩大目光语的视区，始终把学生置于自己的视野中，采用大角度的环视表达对学生的关注，用眼神的交流组织课堂教学。

（二）主要教学环节用语

根据课堂教学环节，小学教学口语主要分为导入语、阐述语、提问语、启发语和总结语等几种。下面我们主要对其功能、要求和分类进行阐述，以帮助同学们培养并形成较强的教学口语技能。

1. 导入语

导入语又叫开讲语，是教师讲授新内容的导言，是引入课程新内容的第一个重要的课堂教学语言。著名特级教师、"人民教育家"于漪说："课的开始，其导入就好比提琴家上弦、歌唱家定音，第一个音定准了，就为演奏或歌唱奠定了良好的基础。""在课堂教学中要培养、激发学生的兴趣，首先应抓住导入新课的环节，一开始就把学生牢牢地吸引住。"设计好一节课的导入语，能迅速组织课堂教学，为整节课的顺利进行打下良好的基础。

（1）导入语的功能。

①激发兴趣。

美国心理学家布鲁诺曾说过："学习最好的动机是对所学学科的兴趣。"兴趣是最好的老师，是推动学生学习的直接动力。在每一节课开始，教师如能设计一个引人入胜的导入语，定能激发学生浓厚的求知欲望。

例：下面是某教师执教《朱鹮飞回来了》这篇课文时的导入语。

教师先在黑板上出示了一组等式"1=1，1=8760，1=?"。学生看着这组等式感到困惑不解。教师随即说："我来告诉大家上面这组算式的意思。'1=1'表示每一小时就有一种生物灭绝。'1=8760'告诉我们一年里有8760种物种在我们这个美丽的星球上消失。下面重点讲解一下'1=?'。大家都知道，熊猫是我们的国宝，极其珍贵。然而，在我国陕西秦岭一带有一种鸟，它的数量比熊猫还要少，比熊猫还要珍贵，你们知道它叫什么吗？"

教师在开头出示一组有趣的数学等式，然后逐步解惑，把学生带入课文所反映的情景当中，迅速把学生对课文的兴趣调动了起来。

②沟通情感。

情感沟通在小学的课堂导入中至关重要。它不仅能让学生在短时间内集中注意力，而且能搭建师生沟通的桥梁，建立良好师生关系，从而使课堂教学达到事半功倍的效果。

例：下面是全国特级教师王崧舟老师执教《长相思》这篇课文时的导入语。

同学们，在王安石的眼中啊，乡愁是那一片吹绿了家乡的徐徐春风；而到了张籍的笔下，乡愁又成了那一封写了又拆、拆了又写的家书。那么在纳兰性德的眼中，乡愁又是什么呢？请大家打开课本，自由朗读《长相思》这首词。

王老师对比式、抒情式的导入语设计，在师生之间架起了一座心理沟通的桥梁，能很好地把学生引入一种古人和今人都难以挥去的思乡情景中，充分体现了导入语的情感沟通功能。

③活跃气氛。

有经验的教师善于在导入语中用亲切的目光、温暖的语言创造和谐、愉快的课堂氛围，使学生在轻松和快乐的环境中学习。

例：下面是王崧舟老师执教《只有一个地球》这篇课文时的导入语。

师：王老师想考考咱们同学对社会的关注程度，有信心吗？

生：（大声地）有！

师：美国有家世界著名的杂志社，《时代周刊》听说过吗？

生：听说过。

师：哦？它是在美国发行的，是用英文写的。（众笑）它每年都会评出一位"年度风云人物"。2001年的年度风云人物鲁道夫·朱利安尼，你们知道吗？

生：不知道。

师：不知道是正常的，知道是不正常的。（众笑）震惊世界的"9·11"事件，你们知道吗？

生：知道。

师：知道这是正常的。（众笑）他带领纽约人民迅速恢复了正常的社会秩序。1978年的"年度风云人物"是邓小平，因为他把中国的思想解放推向高潮。1988年，评选了一位特殊的"年度风云人物"，所有的人都目瞪口呆，知道是谁吗？想知道吗？

生：想。

师：（点击课件，出示旋转的地球）是什么？

生：地球。

师：吃惊吗？为什么？

生：以前都是评选人，为什么选择地球？以前为什么不选它？

生：不是人，为什么选？如果地球是人，也就是全球60亿人，而不是一个人。

师：《时代周刊》是不是搞错了，想知道吗？真的？答案就在这篇文章里。

王老师抓住学生喜欢受肯定的心理，以"王老师想考考咱们同学对社会的关注程度，有信心吗？"的问题导入，然后引出大家熟悉的《时代周刊》及其备受关注的"年度风云人物"，最后引出课文的"主角"——地球。整个过程中，一个个提问式的导入，迅速勾起了学生探究的欲望，从而达到了导入语活跃课堂气氛的作用。

④温故知新。

学生的认知过程具有连续性和继承性，每一个新的知识点都以旧知识为基础，而导入语就是架设在新旧知识之间的桥梁，是衔接新旧知识的纽带。这样的导入为教师引导学生学习新的知识做好认知方面的准备，从而促进新旧认知的衔接，有助于学生快速完成新认知的构建。

例：在教学数学知识"认识几分之几"时，一位老师设计了这样的导入语。

唐僧师徒四人去西天取经，路上遇到一位卖月饼的老爷爷。望着那香喷喷的月饼，孙悟空和猪八戒馋得直流口水。老爷爷说："你们要吃月饼可以，我先得考考你们。"他拿出四个月饼，说："四个月饼平均分给你们俩，每人得几个？"两人很快答出来了。然后，老爷爷又拿出两个月饼平均分给两人，每人得一个。最后，老爷爷拿出一个月饼问："一个月饼平均分给你们俩，每人得几个？"悟空和八戒回答说："半个。""那么半个用一个数表示怎么写呢？"这下便难住了悟空和八戒。同学们，你们能替悟空和八戒解答这个难题吗？

数学是逻辑性、系统性很强的一门学科，新知识的教学建立在旧知识的基础上。老师借助学生们喜爱的《西游记》人物，利用旧知识做铺垫，做到了"启"而能"发"，很自然地实现了整数除法向分数教学的过渡。

⑤启发思考。

亚里士多德说过，"思维自疑问和惊奇开始"。在新授课前，教师可以紧扣教材，设置悬念，提出疑问，激发学生的思维火花，引发学生的求知欲望，启发学生的探究兴趣。

例：下面是某教师进行乘法教学时的导入语。

有个学生叫李明，同你们一样，上三年级。他过生日那天，爸爸带他去吃拉面。大师傅一次拉一碗面条。师傅把一根又粗又长的面对折了一下拉长，又对折了一下拉长，这样反复拉了10次，李明和爸爸看得津津有味。后来一碗面条端上来，爸爸问李明："你知道这一碗面条有多少根吗？"同学们，你们知道吗？李明在桌子上写写画画，张口就答："这碗面条有1024根。"爸爸笑着点点头。李明真神了，他怎么知道有1024根？

这位教师用一个生活中的小故事开头，很好地激发了三年级小学生的思考力，然后自然地导入乘法的学习。

（2）导入语的要求。

导入语是课堂上架设在师生之间的第一座桥梁。一个好的导入语能激发学生学习的强大动力，因此，设计导入语时应做到以下几点。

①新颖巧妙。

导入语要新颖巧妙，才能对学生有吸引力、感染力。新，就是角度新；巧，就是方法巧。新颖巧妙往往能出奇制胜，取得较好的教学效果。

②短小精练。

因为导入语并不是课程本身，而是新课程的引入，所以，导入语既要着眼于课堂教学的整体功能，同时还要兼顾课堂时间。教师的导入语时间不宜过长，一般1—3分钟，最长不要超过5分钟。

③有针对性。

教师应以教学内容为基础，针对课型和教学内容的实际需要去设计引导形式和导入语，如新授课要注意温故知新、架桥铺路，复习课要注意分析比较、归纳总结。同时，还要考虑学生的学情特点，有的放矢。

④形式多样。

课堂导入方式的多样化，决定了导入语的多元化特点。因此，设计导入语时要注意不同方式的交叉运用。只有做到了一课一模式，才能达到激发学生兴趣、引人入胜的目的。

（3）导入语的类型。

导入语的方式、方法多种多样，根据其功能、特点，我们可以做基本的、概括性的分类，一般常用的类型包括以下几种。

①实例导入型。

实例导入型是指教师通过列举与新课知识相关的现实生活中的实例，引导学生进入新知识的学习。这种导入方式用"活生生"的事例，更容易使学生产生真实感、亲切感，引起学生思维的兴奋点，活跃课堂气氛。

例：下面是某教师执教《要下雨了》这篇课文时的导入语。

同学们，下雨之前小燕子总是飞得很低，大群大群的蚂蚁往高处搬家，你们知道这是为什么吗？学了这篇课文我们就知道了。

教师用自然界中的现象导入课文，能达到激发学生求知欲的目的。

②开门见山型。

开门见山型，是指教师一上课就直接点出课题，点明主要学习内容及学习目的的教学方法。它具有简洁明快的特点，能引起学生的注意，帮助学生把握学习方向。

例：下面是一位教师执教《狼牙山五壮士》这篇课文时的导入语。

今天我们一起学习《狼牙山五壮士》，文章记叙了1941年秋，面对日寇大举进攻，五壮士为了掩护群众和部队转移，同敌人血战到底的英雄事迹。同学们是否想知道这五位壮士是谁？他们又是怎样以其壮心、壮言和壮行创造出惊天地、泣鬼神的壮举的呢？现在，就让我们怀着崇敬的心情来学习课文《狼牙山五壮士》。

教师开门见山就简要概述了《狼牙山五壮士》的主要内容，这样一下子就使学生了解了本课的学习目的，从而有针对性地进行接下去的学习，良好地完成教学任务。这种导入方式是教师最常用的一种，简洁明了，能使教学很快进入正题；但比较平淡，缺少激发因素，不利于调动学生的积极性。

③释题导入型。

释题导入型，是指教师从分析课题入手导入新课。有时候，课题往往是"文眼""窗口"，释题导入能帮助学生把握学习方向，明确学习重点。

例：下面是某教师执教《蛇与庄稼》这篇课文时的导入语。

教师先板书"蛇"，转身问学生："你们见过它吗？谁了解它？"学生回答后，教师接着板书"庄稼"，问："谁能举例说说什么是庄稼？"学生回答后，教师总结，最后板书"与"字，并说："读到这个题目时你会想到什么呢？现在，让我们一起来学习这一篇课文。"

教师通过对题目引导式的解释，使学生既了解了题目的意思，同时对课文内容也有了一个大致的认识。

④温故知新型。

孔子云："温故而知新。"温故知新是导入新课的常用方法。它主要是根据知识之间的逻辑关系，找到新旧知识的联结点，以旧引新或温故知新。运用时要注意找准新旧知识的联结点，搭桥铺路，巧设契机，多用复习、练习、提问等手段，同时还要注意因"课"施教等。

例：以下是某教师执教《饮湖上初晴后雨》这篇课文时的导入语。

教师让学生先背《游园不值》，然后说："《游园不值》是描写春天的景色，今天我们来看看诗人苏轼眼中的夏天是什么样的，是酷暑难耐还是大雨滂沱？或者是另一番景象？"引导学生投入对诗歌的分析。

这种导入不仅能复习以前的旧知识，还能更好地引出将要学习的内容。复习导入的方法更多地运用于一篇文章中后部分课时上，如在第二课时开始时应先对第一课时的内容进行回顾，从而很好地过渡到新知识。温故知新导入类型的重点在于"故"和"新"之间的关系，教师要充分调动学生大脑中已有的与新知识相关的旧知识，使学生通过对旧知识的回忆而进入新知识的学习。

⑤情境创设型。

情境创设型，是指教师在引入新课时，从教学需要出发，创设与教学内容相适应的具体场景或氛围，从而引起学生的情感体验，激发学生主动学习的兴趣。

小学生形象思维占优势，情境创设式导入利用音频、视频等直观手段以渲染课堂气氛，为学生理解教材提供特定的情境，是比较符合学生心理特点并受其欢迎的。

例：下面是一位教师在执教《蜜蜂》这篇课文时的导入语。

"同学们，看看老师为你们带来了怎样的一群小客人？（打开课件，在音乐中，一群可爱的小蜜蜂来到花丛中采蜜）蜜蜂是我们日常生活中常见的一种小昆虫，你对它们了解多少呢？"然后学生自由发言，接着老师总结引出新课："有一个法国人叫亨利·法布尔，他听说蜜蜂有辨别方向的能力，之后，他是怎样想的？怎样做的？结论又是什么呢？今天，我们来学习他写的一篇文章《蜜蜂》。"

教师先用一个设问句，勾起学生的好奇心。接下来，用课件呈现一群蜜蜂在花丛中采蜜的情景，让学生迅速进入一个优美的意境中。最后，自然而然地将学生的注意力引导到小蜜蜂上，从而很好地进入课文的学习中去。

⑥游戏导入型。

游戏导入型，是指教师通过游戏活动调动同学们的学习积极性来导入新课。小学生活泼好动，喜欢做游戏，充分利用这一特点来导入新课，在教学中比较常用。这一导入类型在小学低年级教学中运用较多。运用时须注意，教学的目的要明确，组织要得当，教师的言语要准确、简洁、条理清晰，使学生有序地进行游戏，并在游戏中自然进入学习情境。

例：下面是一位音乐老师引导学生识记音乐符号的导入语。

教师采用同学们喜闻乐见的猜谜形式教学。教师问："弟兄两个一样长，一个瘦来一个胖，站在队伍最后面，曲终歌尾他站岗。"学生猜谜回答："它是终止线‖。"教师又问："弟兄两个一样长，两双小眼来对望，他们两个告诉你，回头再来唱一唱。"学生猜谜回答："它是反复记号‖"。

教师没有采用传统的直接展开知识讲解的教学模式，而是借助了一个猜谜语的游戏活动导入新知识的学习，这种游戏活动妙趣横生，能收到事半功倍之效。

⑦故事导入型。

故事导入型，是指教师通过一个故事来引起学生的兴趣，激发他们的求知欲，从而使学生主动地投入新知识的学习中去。这种方法一般用于低年级的教学。运用时需注意语言的生动性和形象性。

例：《花喜鹊和小乌鸦》是一首轻快而诙谐的儿童寓言歌曲。歌词是一个寓言，用拟人化的对比手段评价花喜鹊与小乌鸦的品格，前者不讲真话"报喜不报忧"却"还真有人夸"，后者说真话"不掺半点假可却有人讨厌他"。某教师在教学《花喜鹊和小乌鸦》这篇课文时，设计了这样一个导入语。

上课前先讲一个寓言故事《蜗牛的故事》。据说蜗牛原来是动物世界中的长短跑双料冠军。可是千篇一律、日复一日的刻苦训练使蜗牛同志深感不耐。于是他给自己放了个长假好好睡上几觉。过了几个月，一头豹子来和蜗牛比赛，结果豹子赢了。蜗牛说："没什么，狗还比我差得远呢！"说完就呼呼大睡了。又过了几个月，一条狗来和蜗牛比赛，结果狗赢了。蜗牛说："没什么，猪还比我差得远呢！"说完又呼呼大睡了。又过了几个月，一头猪来和蜗牛比赛，怎么敲门，蜗牛都没有应答，原来蜗牛犯了嗜睡病，已经很难叫得醒了。现在蜗牛爬得这么慢，那是因为它是在边走边睡呢！这个故事告诉我们，专找比你差的人做参照物，这就是自己越来越差的原因。

教师通过绘声绘色地讲述《蜗牛的故事》，使学生轻松愉快地进入角色，为新课的导入做了很好的铺垫。

⑧新媒体导入型。

新媒体导入型，是指利用数字技术，通过计算机网络、无线通信网、卫星等渠道，以及电脑、手机、数字电视机等终端导入新课堂的形式。比如学生初次接触分数时，教师可以通过多媒体动画的形式向学生展示分月饼的过程，进而导入新课，使学生探究新知。

2. 阐述语

阐述语是教师系统、连贯、全面地向学生传授知识和技能，同时培养学生情感和价值观的教学用语，又称"讲授语"。阐述语是课堂教学中最基本的、使用频率最高的语言表达形式，是教学口语的主体。教师阐述语运用如何，将直接影响教学目标的实现，影响教学质量的提升。

（1）阐述语的功能。

①传授知识。

教师以阐述语为工具引导学生了解现象，感知事实，理解概念、定律和公式等，从而使学生认识问题、分析问题、解决问题，并促进学生智力与人格的全面发展。阐述语是课堂教学最基本的表达形式，它把知识准确清晰地呈现在学生面前，使之学会、记牢、善用。

例：下面是某教师执教对联知识时的阐述语。

师：还记得吗？我曾讲过对联有一个特殊的要求，上联结尾的字最好是仄声字，下联结尾的字最好是平声字。自己读一读，想想"念今思古琴棋书画伴和风"和"倚禅傍道钟鼎木石养真性"哪一句是上联？

生：我知道了。上联应该是"倚禅傍道钟鼎木石养真性"，因为"性"是第四声，属于仄声字。

师：真聪明！请记住，楹联要从右往左看，挂在右边的是上联，挂在左边的是下联。

②启发思考。

在新课程理念下，小学教师不只是知识的传授者和学生成长的管理者，更是学生发展的促进者和引导者。在讲授知识的过程中，教师首先要和学生建立平等的关系，体现教师对学生的尊重；其次，努力使语言生动传神，适当控制讲授的篇幅，避免填鸭式的讲授；再次，关注学生学习的过程，关注学生获取知识过程中思考、探究、发现等能力的发展；最后，有效利用多媒体教学手段，恰当运用直观教具辅助教学，使学生积极主动地参与到学习过程中来，成为学习的主人。

例：下面是一位教师在讲授"圆"这一数学知识时的阐述语。

师：其实，早在两千多年前，我国古代就有了关于圆的精确记载。墨子在他的著作中这样描述道："圆，一中同长也。"所谓"一中"就是指一个——

生：圆心。

师：那"同长"又指什么呢？大胆猜猜看。

生：半径一样长。

生：直径一样长。

师：这一发现，和刚才大家的发现怎么样？

生：完全一致。

师：更何况，我国古代这一发现要比西方整整早一千多年。听到这里，同学们感觉如何？

老师用这种循循善诱的讲解方法能很好地启发学生思考，从而达到预期的目标。

③传道育人。

成功的阐述应该以积极向上的思想感情影响学生，使他们受到良好的道德品质和行为规范的教育；以健康的审美情感熏陶学生，促进他们形成正确的审美观；以正确的思维方法训练学生，培养他们良好的思维个性和勤学多思的学习习惯，以实现教学中情感、态度和价值观目标的实现。

示例

（2）阐述语的要求。

实际教学中，一些小学教师的阐述语或多或少存在这样的问题：重点不明、层次不清、表达不当、晦涩难懂。要规范使用好这一教学语言形式，就必须做到以下几方面。

①准确清晰。

阐述语所涉及的内容一般都是一些知识的传授，所以必须准确清晰、科学规范。准确是指要向学生传授科学的知识，必须观点明确、语意明晰、遣词造句得当；清晰是指教师的语言表达应字正腔圆、层次清楚、连贯畅达，能给学生以美的享受。

②通俗易懂。

教师在使用阐述语时，必须紧扣小学生的思维特点，做到口语化、形象化。口语化是指教师要尽量使用生活化语言，少用书面语、专业术语和生僻词语等。形象化是指教师尽量使用形象化的描述，借助一些诸如课件、音频、视频等形式的辅助手段或编顺口溜、列图表、介入生活情景等方法，力求讲授语生动形象、通俗易懂，充满童趣。这样，对教师所传授的知识小学生才会乐于接受。

③重点突出。

对课堂知识的讲授、阐述，是教学的主要环节，也是决定教学效果好坏的关键。教师的讲授必须紧紧围绕教学的目标，突出重点，突破难点。

④深浅适度。

对于教材中难懂的词句，深奥的道理和陌生的概念、定理、规则，学生初次接触往往不易把握。教师的讲授必须善于化难为易、化深为浅、化抽象为具体，做到通俗易懂、深入浅出，才能帮助学生有效地接受新知识。

（3）阐述语的类型。

①画龙点睛式。

画龙点睛式，指的是教师在阐述、讲授教材内容时，善于通过教材中的重要概念、关键语段来设疑激趣，精准提示，总结升华，从而使学生因教师寥寥数语的点拨而茅塞顿开，获得新的思路。

例：师：你们还喜欢里面的哪个人呀？

生：老师，我喜欢沙和尚。因为他很老实，不像孙悟空和猪八戒那样调皮。

师：看来老实也是人的一种品质，我们这个社会就需要一批勤勤恳恳工作的人。

生：老师，我喜欢他是因为他是个人，不是猴子，也不是猪。

师：好，你真有眼光，你还能分出猪和人！

以上是一个老师在讲授小学语文课文《三打白骨精》时用到的阐述语。该老师在引导学生理解文中的人物形象时适时地点出"老实也是人的一种品质，我们这个社会就需要一批勤勤恳恳工作的人"，可谓画龙点睛。

②讲析式。

讲析的方法是多种多样的，可以采取总分式、因果式、类比式、比喻式、比较式、图表式等方法进行。教学中的讲析，必须要注意：第一，切合教学对象的理解水平，少用专业术语，力求通俗易懂、深入浅出；第二，边说边交流，根据学生理解程度，及时调整讲析的用语和方式；第三，语速不宜过快，吐字要清楚，尤其要突出关键词的重音。

例：师：在阅读理解一篇文章时，你们想一想，文章的哪些地方可能有问题？

生：课题。

生：内容。

师：说得具体一些，内容这个概念太大了。

生：句子。

生：段落。

生：词语。

生：标点也可能有问题。

师（提示）：有的文章会配有那么一幅小小的插图。

生：插图也可能有问题。

师（补充）：有的文章还会有看似前后矛盾的地方，此处也可能有问题，这是老师和同学们一起构建起来的"问题在哪儿"的图式。（师出示"问题在哪儿"的图式）

上例中，教师通过具体的"内容"教给学生学习的策略。教师帮助学生一起构建了"问题在哪儿"的图式，分析阅读理解中可能存在问题的因素，包括课题、句子、段落、词语、标点和插图等。在讲析过程中，教师起到了学习组织者、指导者、参与者的作用。

③归纳式。

归纳式主要适用于教学内容较多、线索比较复杂的情况。教师可在每一教学内容完成后进行归纳（使学生对所讲内容形成整体、全面的认识），也可以先归纳后讲析，还可边讲析边归纳。这种阐述语能让课堂的教学重点更加突出、目的更加明确，有利于培养学生的思维。

例：某位语文教师在讲授《黄河是怎样变化的》这篇课文时，就采用了先讲析后归纳的阐述方式。

师：课文学到这里，我想问一下同学们，对于水土流失造成的恶性循环，你们有什么感想？

生：破坏大自然，就要受到大自然的惩罚。

生：要爱护大自然，爱护大自然就等于爱护自己。

……

师：对！正如这篇课文要告诉我们的道理一样，人类与大自然是相互依存的关系，人类只有保护好自己赖以生存和繁衍的大自然，保护好生态环境，才能有幸福美好的家园。如果我们对自己赖以生存的环境肆意破坏，比如乱扔垃圾、随意毁坏树苗、胡乱垦荒放牧等，就一定会受到大自然的惩罚。所以我们每个人都应该为保护、改善和美化人类的生存环境而努力。

④谈话式。

谈话式阐述语，是指教师在学生已有知识的范围内提出问题，引导学生思考，通过对话方式，使学生获得知识的一种教学语言形式。谈话式是一种广泛应用于教学的语言形式。

示例中是小学"道德与法治"课程的一个阐述语的例子。老师通过谈话的方式把友爱的种子播到了孩子们的心里。

示例

3. 提问语

提问语是指在课堂教学过程中，教师根据一定的教学目的和要求，针对有关教学内容和学生实际，设置一系列问题情境，提出问题引发学生思考，以促进学生积极思考的教学语言形式，是课堂教学中使用广泛、普遍的教学口语。

教育家陶行知先生曾说过，"发明千千万，起点是一问"。在教学过程中，教师精心设计提问，创设问题情境，以问题为中心组织教学，能培养学生思考、探究的意识和能力，同时有助于教师获得来自学生的反馈信息，便于教师有效调整、调控课堂教学。

（1）提问语的功能。

①启发思维。

如果把学生的大脑比作一泓平静的池水，教师好的提问就像投入池水中的一块石子，可以激起学生思维的涟漪、探索的浪花。

例：教《将相和》"渑池会"片段时，某老师设计了这样的提问语。

"渑池会上的斗争是打成了平局还是决定了胜负？为什么？"

开始学生觉得这个问题很简单，没有很好地思考就脱口而出："是打成了平局，赵王为秦王鼓瑟了，秦王也为赵王击缶了，一比一。"

老师让学生再读书，再思考，学生的看法就有了转变。

同学甲说："我现在认为是秦国输了，赵国胜了。因为赵王鼓瑟是秦王叫鼓的，秦王击缶是蔺相如叫击的，秦国显得更难堪。"

同学乙说："我也认为是赵国胜了，因为秦国大，赵国小，小国的王为大国的王演奏乐器，大国的王也为小国的王演奏乐器，比较起来，也使秦王更难堪。"

最后，大家都认为渑池会上的斗争决出了胜负，赵国胜了，是蔺相如的勇敢机智使赵国取得了胜利。

就这样，老师精心设计的问题激起了孩子们探究的兴趣，达到了启发思考、活跃思维的目的。

②激发兴趣。

教学中，教师如能在新课导入、重难点突破、教学过渡、知识拓展等环节进行有效的提问，可以激发学生的兴趣和探究问题的动力。

例：一位老师在教学《赤壁之战》这篇课文的开头部分时设计了如下问题。

"打仗前，主帅总要对部下将士分析一下形势。如果你是曹操或是周瑜，会怎么样对你的将士讲？"

这个问题一下子引起了学生的阅读兴趣。读完一、二节后，他们争先恐后地举手，有的要当曹操，有的要当周瑜，课堂气氛非常热烈。

充当曹操的同学昂起头，把手一挥说："将士们，我们兵多将广，有八十万大军。周瑜的兵少，哪能抵挡得住我们！坐不惯船不要紧，我已叫人用铁索把船连起来，铺上木板，就像平地一样。等你们练习好水上打仗的本领，我们就渡江。"

充当周瑜的同学也神气十足地说："将士们，你们不要怕，虽然我们人马不多，但都是南方人，水战本领强；曹操兵将虽多，但都是旱鸭子，不会打水仗。我们用巧妙的方法打，一定能取胜！"

③反馈调控。

讲课中提出的问题，都必须给予明确的解答，有时教师自己解答，有时让学生回答。学生的回答实际上就是信息反馈，它可以当堂检验学生理解和掌握的程度；还可以校验教师提问的效果，促使教师调整、补充原先的课堂设计，甚至生成新的教学设计。这样在提问和解答中进行信息交流，使教学相长，取得更好的教学效果。

（2）提问语的要求。

①提问要有启发性。

启发学生思考、训练学生思维是小学课堂提问的基本目的，因此，教师提问的语言既要做到条理清晰、简明扼要，又要能启发学生尽可能从多种角度思考和回答问题。

②提问要适时。

什么时候提问题、提什么问题，是小学课堂提问的基本要求。一般是根据课堂教学的重难点、进程、节奏和学生学习状态的变化来确定。

③提问要适度。

教师的课堂提问应根据教学对象的实际情况，把握好量和难易度，如面对优秀的学生可以提高难度，面对基础比较差的学生可以适当降低难度，以此来兼顾不同层次学生的需求。

④要及时评价和总结。

课堂提问的目的在于检查学习效果，巩固教育成果。因此，在学生回答完问题后，教师要及时做出客观的评价，肯定正确部分，纠正错误部分；并及时归纳和总结学生回答问题的情况，以便使问题有明确的结论，并让学生及时了解自己学习上的不足之处。

（3）提问语的类型。

①引发激趣式。

这是一种引发学生思考、激起学生兴趣的提问语。

例：下面是于永正老师执教言语交际表达训练课"一块面包"时的提问语。

今天早上，我发现你们四年级的小朋友把一块吃剩的面包扔进了垃圾箱（出示一块只咬了两口的面包）。你们说，这事应该如何处理？如果被你碰到了，你打算怎么办？同学们说说自己的心里话。

于老师由生活中学生浪费粮食的现象导入，提出一个与课堂话题相关的问题，容易激起学生的共鸣，引发学生的思考。

②疏导释疑式。

教师设计一连串的问题引导学生思考，从而达到解学生困惑的目的。

例：一位教师在教"圆"这个概念时运用如下提问语。

师：车轮是什么形状？

生：圆形。

师：为什么车轮要做成圆形呢？难道不能做成别的形状吗？比方说，做成三角形、四边形？

生：不能！

师：那就做成椭圆形，怎么样？

生：这样一来，车子前进时就会一会儿高、一会儿低。

师：为什么做成圆形就不会忽高忽低呢？

（学生议论后找到答案：因为圆形车轮上的任何点到轴心的距离都是相等的。）

③比较强调式。

例：下面是某教师在教学"面积和面积单位"一课时设计的提问语。

在引出面积单位时，教师先做好铺垫：8个同样大小的小方格组成了一个长方形，16个同样大小的小方格组成一个正方形，10个同样大小的小方格组成了一个三角形。学生判断大小得出：正方形面积>三角形面积>长方形面积。接着教师又出示了一组数据，三角形面积为10，长方形面积为6，正方形面积为4。学生再次判断：三角形面积>长方形面积>正方形面积。学生进行讨论分析后，教师问：在组成长方形、三角形、正方形的小方格大小不同的情况下，面积大小能不能判别呢？这一分析、比较，一下子引到了面积的单位，使课堂教学能够顺利地继续下去。

4. 启发语

孔子说："不愤不启，不悱不发，举一隅不以三隅反，则不复也。"可见，启发式的教学思想在我国早已有之。孔子之后，《礼记·学记》也提出"道而弗牵，强而弗抑，开而弗达"，发展了启发式的教学思想。它主张要引导学生学习，不要牵着他们的鼻子走；要勉励学生发奋学习，不要强迫他们学习；要开拓他们的思想，不要替代他们作出结论。这是古人对启发式教学法的精辟见解。今天我们强调教师的主导作用与学生主动性的统一，正是启发式教学的体现。启发式教学是当代素质教育和新课程改革的重要教学原则。

教师根据教学的实际情况，适当地使用一些启发语，对抽象的问题进行直观启发，对同类问题进行类推启发，对容易混淆的问题进行比较启发，能提高教学的实效性。

（1）启发语的功能。

①激发学生的学习兴趣。

小学生在这一年龄段具有强烈的好奇心，启发语的巧妙设计可以勾起他们的求知欲望。

例：一位教师在组织部编版六年级上册"圆的认识"教学时，把学生带到操场上，画了一个大长方形，中间放一个脸盆，让学生站在长方形的长与宽的边上投沙包，看谁投得准。投着投着，有的学生提出了意见："老师，这样不公平，离盆近的同学就容易把沙包投进去，离盆远的就不容易投进去。"这时，教师因势利导，启发学生大胆思考："那你们觉得什么方式更公平呢？"有的学生马上说："我们玩过丢手绢的游戏，大家围成一个圆，每个人离盆的距离一样，就公平了。"由此可见，在课堂教学中适当运用启发语，能吸引学生的注意力，激发学生的学习兴趣，化被动学习为主动学习，取得良好的课堂效果。

②培养学生的思维能力。

小学是思维发展的起步阶段，小学生自主思考的能力和逻辑思维能力都比较低。恰当运用启发语，采用提问的方式，可以有效地培养学生的独立思考能力，并促进学生自主学习。

例：在学习苏教版小学语文二年级上册《狐狸和乌鸦》时，教师提示："在一年级时，同学们学了《乌鸦喝水》一课，知道乌鸦是十分聪明的动物，然而这么聪明的乌鸦为什么上了狐狸的当呢？"教师通过引导，激发了学生的求知欲望，使学生主动在课文中搜索知识信息，最后总结出：乌鸦因狐狸不切实际的赞赏而骄傲自满，毫不思考是否属实，轻易上了当。

这样的教学方式使学生更好地掌握了课文的中心思想和所要表达的深层含义。

③提高学生实践运用能力。

培养和提高学生的实践运用能力是课堂教学的根本所在。教师在具体分析、思考和解决某一问题时，恰当地运用启发式方法，巧妙地运用启发语，肯定能给学生以强烈的示范性作用，从而达到学以致用、举一反三的效果。

（2）启发语的原则。

①关键性原则。

教师的启发分析，要用在关键上、要害上。课堂启发的偏重点主要表现在以下两个方面：一是针对教材的重点、难点进行启发；二是针对知识的发展方向进行启发。

②针对性原则。

在教学中，教师的启发必须要根据教学对象的年龄特征、身心发展规律、已有知识水平、接受能力以及性格爱好来设计。

③双向性原则。

教师要发扬民主精神，创造良好的信息交流的课堂氛围，做到在愉快、和谐的情境中进行多种形式的启发。

④引导性原则。

因小学生年龄及思维的限制，教师的教学必须循循善诱，对学生进行适时、适度的引导。

（3）启发语的类型。

①提问式启发。

提问式启发是课堂教学中经常运用的一种方式。采用提问启发式教学方法，可以增加教师与学生的互动频率，找出学生的思维漏洞、现存困惑，引导学生的思考方向。教师根据具体教学内容与教学难度，设计具体的情境和一些启发性的问题，引导学生按图索骥，摸索前进，逐渐发现问题并解决问题，从而激发学生思维，达到教学目的。

例：在学习《真情无价》一课时，某教师设置问题："小姑娘是在什么样的情况下买项链的？她为什么想买项链？"先引导学生思考，再层层递进分析，最后总结出小姑娘对姐姐纯洁的爱。这是提问式启发的典型例子。

②提示式启发。

提示也可说是教师的介入，提示式启发需要遵循有效介入原则，一般是在学生产生思维矛盾、认知冲突的时候，教师给予适当提示和点拨。提示式启发包括奠基型、示例型、比较型与实验型等不同的形式，不管何种形式，都需要以学生为主体，遵循学生的认知基础、思维方式、能力发展方向，因材施教。

例：在教学《小英雄雨来》时，针对学生在预习时不明白为什么课文会用那么大的篇幅叙述雨来的妈妈追赶调皮的雨来，某教师进行提示式启发："雨来面对小鬼子的威胁、屈打是如何逃脱的？"学生回答："凭借机智，跳到水里跑的。"接下来，教师再提示："为了表明小英雄雨来的游泳本领和机智，在前文进行了提前叙述，这起到了什么作用？"学生交头接耳，仔细分析，得出起到铺垫的作用。由此，学生深入了解到语文作文的相关方法。

③示范式启发。

示范式启发是小学课堂中较为常用的一种方式，它是以教师的规范化示范来启发学生，包括操作型、口语型、解题型、潜在型等示范形式。示范式启发的本质是向学生展示规范化的过程。

例：在教学"20以内的退位减法"时，教师先让同桌二人分别扮演售货员和顾客，然后问班上学生："商店里有15支铅笔，卖出9支，还剩几支？"教师启发学生通过各种途径去寻找计算方法。于是学生积极主动地探求计算方法，有的用小棒一根一根地数，得出15-9=6；有的把15分成10和5，先算10-9=1，再算1+5=6；有的把9分成5和4，先算15-5=10，再算10-4=6；有的先算15-10=5，再算5+1=6；有的想9+（ ）=15，因为9+6=15，所以15-9=6。这样，大家都开动脑筋，找到了很多的方法。接着教师出示同类的问题，启发学生把这种算法应用到同类问题中。

这样的教学，让学生成为学习的主人，真正达到了学思结合的目标。

④假设式启发。

假设式启发通常以某个虚构的事例来阐述某个观点，然后逐步推导、分析，发现这个观点的错误性，由此启发学生认同和接受正确的观点。在教学过程中，如果学生对某个错误观点深信不疑或者犹豫不决，教师不能采取硬性遏制的方式，应该结合假设式启发策略，也就是归谬法来引导学生发现这个观点的错误之处，并总结与归纳出正确的观点。

例：学习《钓鱼的启示》这篇文章时，为了引导学生深入了解这篇文章的中心思想，某教师采用了假设式启发方法。

在学生阅读并初步学习了文章内容以后，教师假设："如果三十四年前那个月光如水的晚上，作者按他的想法，将鲈鱼捕捉上来，并带回家，占为己有，那么今后的三十四年的旅途中，作者的人生观、价值观又该如何？作者会踏上一条怎样的旅途？"之后，学生相互讨论，最后分析得出结论：在面对诱惑的时候，很多人不能把持自己，走上了违法犯罪的道路，而父亲的教导让他明确自己心中的规则，一直恪尽职守，以道德为人生准则，人生旅途走得稳健。这样，教师通过假设式启发，引导学生猜想、分析，深入了解文章思想。

5. 总结语

总结语是一堂课的结束语，又叫断课语、结尾语，它是课堂教学将要结束时，教师对这堂课的内容提纲挈领地加以归纳、总结，或引导学生对所学的知识技能进行拓展、迁移。

从课堂教学的过程来讲，总结语是教学环节中不可缺少的组成部分；从学生认知角度讲，临近下课，学生的注意力进入分散期，精心设计的总结语，可以激活学生新的兴奋点，使教学获得更好的实际效果。一个好的总结语，不只对一节课起到收束作用，而且还能把课堂教学再次推向高潮，并延伸至课后，直至课外。

（1）总结语的功能。

①综合、概括、巩固和强化新授内容。

例：某教师执教"分数的基本性质"这一内容时，设计了如下的总结语。

这节课，我们学习了分数的基本性质，即分数的分子和分母都乘以或除以相同的数（0除外），分数的大小不变。这是学习分数和其他相关知识的重要基础。我们在学习数学知识的同时，还学会了一种观察事物、分析问题的方法，这就使我们在变化的数学现象中看到了不变的实质。

这种总结语的设计，既综合、概括了课堂所学知识，又在方法论上予以了强调，对小学生知识的掌握有很大的帮助。

②启迪思维，开阔视野，提升情感。

例：某教师在执教《少年闰土》这篇课文时，设计了如下的总结语。

师：我们学习了《少年闰土》，相信这个见多识广而又活泼可爱、聪明能干的农村少年已经成了大家的好朋友。同学们，你们想了解三十年后的闰土吗？

生：想。

师：鲁迅先生的《故乡》向我们描述了三十年的社会生活给闰土带来的变化。如果大家感兴趣的话，可以把这篇小说找来看一看。

以上总结语很好地激发了学生的兴趣，引导学生展开课外阅读，从而起到开阔学生视野、提升学生情感的作用。

（2）总结语的要求。

教师在设计和使用总结语时，必须要注意三点要求：①简明扼要；②概括到位；③趣味盎然。

（3）总结语的类型。

①归纳总结式。

归纳总结语指的是课堂结束时授课者对所授内容做简单的归纳和概括的一种口语形式，是小学教师常用的一种总结语。归纳总结语的恰当运用，能很好地概括文章的主旨，培养小学生爱国、友善、奉献、奋斗等品质。

例：某教师执教《彩色的非洲》这篇课文时，做了如下的归纳总结：非洲是一方热土，古朴自然，迷人美丽，它吸引了世界上众多关注的目光。非洲是彩色的、色彩斑斓，多姿多彩。同学们，这是一片如此美丽的土地。但是，疾病、战乱、缺乏饮用水……仍然是这片土地上的人们面临的严峻问题。非洲的儿童则是这些问题最严重的受害者，他们渴望健康、和平、喝上纯净的饮用水；他们渴望你伸出友爱、援助之手，共同保护和建设这片奇异而又淳朴的土地。爱心将让非洲变得更美丽。

②拓展延伸式。

拓展延伸总结语是对课堂进行课内到课外的空间延伸和教材内到教材外的内容延伸，能激起学生的好奇心和求知欲。

例：某教师执教《地球爷爷的手》这篇课文时，采用了这样的总结语。

"小朋友们，地球爷爷还有很多的奥秘呢，你们还想了解更多吗？那就去看看《地球探秘》吧。"

"你们知道地心引力是谁发现的吗？"老师出示课件介绍牛顿发现地心引力的过程。"小朋友们，你们看，牛顿发现地心引力，就是因为苹果落地引起了他的思考和研究。孩子们，科学就在你们的面前，如果你们也能像牛顿一样能够发现身边的问题，并且善于去观察思考，也许未来的科学家就是你呢！"

二 课堂实训

（一）任务一：导入语、总结语训练

1. 任务目标

（1）掌握导入语和总结语的基本方法和技巧。

（2）学会运用所学知识设计恰当的导入语、总结语。

（3）能认识到导入语和总结语的设计对课堂效果的作用。

2. 建议学时

2 学时。

3. 任务实施过程

（1）任务导入。

①请两名同学（分属不同学习小组）上台展示小学语文课文《女娲补天》的导入语和总结语，台下学生仔细聆听。

②请同学们将上面同学的展示与二维码内福州 2011 年小学语文优质课《女娲补天》的导入语、总结语视频进行比较，并交流讨论，发表自己的看法。

③教师小结，鼓励学生，引入训练主题。

（2）讲解知识点。

设计导入语和总结语的方法和技巧（教师做适当示范）。

（3）导入语和总结语训练。

1）训练要求：

①同学们根据提供的训练材料，设计一个导入语和总结语。

②同学们分组进行组内展示，互相点评。

③每一学习小组各派一名代表到台上展示。

2）训练材料：

①部编版小学语文课文《黄山奇石》。

视频：《女娲补天》导入语

视频：《女娲补天》总结语

黄山奇石

中外闻名的黄山风景区在我国安徽省南部。那里景色秀丽神奇，尤其是那些怪石，有趣极了。

就说"仙桃石"吧，它好像从天上飞下来的一个大桃子，落在山顶的石盘上。

在一座陡峭的山峰上，有一只"猴子"。它两只胳膊抱着腿，一动不动地蹲在山头，望着翻滚的云海。这就是有趣的"猴子观海"。

"仙人指路"就更有趣了！远远望去，那巨石真像一位仙人站在高高的山峰上，伸着手臂指向前方。

每当太阳升起，有座山峰上的几块巨石，就变成了一只金光闪闪的雄鸡。它伸着脖子，对着天都峰不住地啼叫。不用说，这就是著名的"金鸡叫天都"了。

黄山的奇石还有很多，如"天狗望月""狮子抢球""仙女弹琴"。那些叫不出名字的奇形怪状的岩石，正等你去给它们起名字呢！

②人教版小学数学"三位数乘两位数"相关内容。

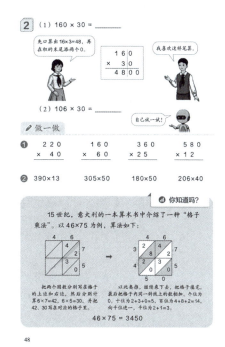

4. 总结评价

学生点评，教师总结。

（二）任务二：阐述语、启发语训练

1. 任务目标

（1）掌握阐述语、启发语的基本方法技巧。

（2）学会用所学知识设计规范的阐述语、启发语。

（3）能认识到阐述语、启发语对课堂效果的作用。

2. 建议学时

2 学时。

3. 任务实施过程

（1）任务导入。

①抽签确定两位同学，两人分别上台展示自己设计的语文课文《女娲补天》的阐述语、启发语。

②大家将两位同学的展示与二维码内视频内容进行对比，谈谈自己的看法。

③教师做出小结，引入训练主题。

（2）讲解知识点。

视频：《女娲补天》阐述语和启发语

阐述语和启发语的设计技巧和方法（教师做适当示范）。

（3）阐述语或启发语训练。

1）训练要求：

①同学们根据提供的训练材料，设计一段阐述语和启发语。

②同学们分组进行阐述语和启发语的训练展示，互相点评。

③每一组各派一名代表到台上展示训练成果，其他同学当评委，注意做好笔记，写下自己的评语。

2）训练材料：

①人教版小学语文课文《惊弓之鸟》。

惊弓之鸟

更羸是古时候魏国有名的射箭能手。

有一天，更羸跟魏王到郊外去打猎。一只大雁从远处慢慢地飞来，边飞边鸣。更羸仔细看了看，指着大雁对魏王说："大王，我不用箭，只要拉一下弓，这只大雁就能掉下来。"

"是吗?"魏王信不过自己的耳朵，问道，"你有这样的本事?"

更羸说："请让我试一下。"

更羸并不取箭，他左手拿弓，右手拉弦，只听得嘣的一声响，那只大雁直往上飞，拍了两下翅膀，忽然从半空里直掉下来。

"啊!"魏王看了，大吃一惊，"真有这样的本事!"

更羸笑笑说："不是我的本事大，是因为我知道，这是一只受过箭伤的鸟。"

魏王更加奇怪了，问："你怎么知道的?"

更羸说："它飞得慢，叫的声音很悲惨。飞得慢，因为它受过箭伤，伤口没有愈合，还在作痛；叫得悲惨，因为它离开同伴，孤单失群，得不到帮助。它一听到弦响，心里很害怕，就拼命往高处飞。它一使劲，伤口又裂开了，就掉了下来。"

②人教版小学数学"长方形和正方形"相关内容。

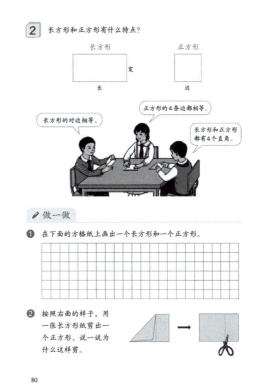

4）总结评价

（1）展示结束，由一位同学主持讨论。"评委"们举手发表看法，投票选出两名"最佳设计奖"。

（2）教师总结。

（三）任务三：提问语训练

1. 任务目标

（1）掌握提问语使用的基本技巧。

（2）学会使用所学知识设计基本的提问语。

（3）了解提问语对课堂效果的作用。

2. 建议学时

1学时。

3. 任务实施过程

（1）任务导入。

①展示班上两个同学分别设计的提问语（事先准备好）。

②同学们将两则提问语进行比较、讨论，得出结论。

③教师小结，引入提问语的训练。

（2）讲解知识点。

设计提问语的方法和技巧（教师做适当示范）。

（3）提问语训练。

1）训练要求：

①全班同学分成四组，前两组设计部编版小学数学"乘法的初步认识"相关内容的提问语；后两组设计部编版小学语文课文《找春天》的提问语，时间为5—10分钟。

②各组先进行内部展示。

③每组同学分别选好代表上台展示。四组组长抽签，按顺序表演。其他同学仔细聆听，做好笔记，为接下来的讨论做准备。

2）训练材料：

①人教版小学数学"乘法的初步认识"相关内容。

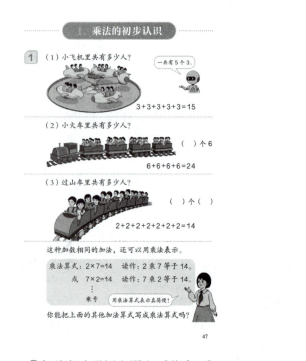
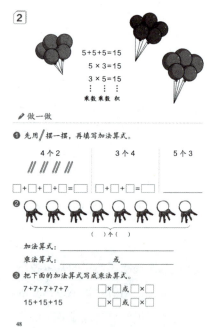

②部编版小学语文课文《找春天》。

找春天

春天来了！春天来了！

我们几个孩子脱掉棉袄，冲出家门，奔向田野，去寻找春天。

春天像个害羞的小姑娘，遮遮掩掩，躲躲藏藏。我们仔细地找哇，找哇。

小草从地下探出头来，那是春天的眉毛吧？

早开的野花一朵两朵，那是春天的眼睛吧？

树木吐出点点嫩芽，那是春天的音符吧？

解冻的小溪叮叮咚咚，那是春天的琴声吧？

春天来了！我们看到了她，我们听到了她，我们闻到了她，我们触到了她。她在柳枝上荡秋千，在风筝尾巴上摇哇摇；她在喜鹊、杜鹃嘴里叫，在桃花、杏花枝头笑……

（4）总结评价。

①展示结束，由一名同学主持讨论。同学们举手发表看法，投票选出两名"最佳设计奖"。

②教师总结。

（四）任务四：班级微型课竞赛训练

1. 任务目标

（1）熟悉微型课导入、讲解、小结、板书、练习、作业等主要环节，掌握微型课设计的一些基本技巧。

（2）掌握主要教学环节语的设计与使用。

2. 建议学时

1学时。

3. 微型课知识点讲解

（1）微型课的概念。

顾名思义，微型课就是比正常上课时间短、教学容量小的课，为"无生上课"，它是教师严格按照上课程序，面向评委进行的约20分钟的模拟讲课。它与微课和说课截然不同。

（2）微型课的特点。

①时间短。

微型课上课时间一般只有20分钟，其中15分钟用于上课，5分钟用于答辩评委的现场提问。

②教学内容集中。

一般为某一个知识点或一节课内容的某一个方面。

③教学形式简单。

一般没有学生，只是面对评委授课。

④具有甄别、评估功能。

评委能够在有限时间内对授课者的教学能力做出甄别与评估。

（3）微型课的环节。

主要包括导入、讲解、小结、板书、练习、作业等环节。

（4）微型课的授课技巧。

①精心取舍课题内容，突出教学重点。

②选用恰当、合理的教学方式。

③构建完整的课堂结构，教学过程要精练。

教学过程中要做到：切入课题迅速，讲授线索清晰，课后小结快捷，课堂板书简约，亮点创新耀眼。

④答辩语言准确、简明、流畅。

4. 活动准备

（1）查阅资料，进一步了解微型课的相关知识。

（2）提前一个小时抽取选手（4名左右）和课题，选手现场备课。

（3）选手自备教学辅助用具、资料（如课件、音频、视频等）。

（4）选出1—2名活动主持人，要求普通话比较标准，口才较好，具有一定的活动组织能力。

5. 任务实施过程

（1）抽签决定今天上场选手的展示顺序，现场指定几名同学当评委。

（2）主持人宣布竞赛要求。

①每名选手课堂展示时间为10—15分钟。

②课堂展示按照微型课的主要环节进行。

③选手授课要能体现微型课的基本技巧。

（3）各位选手依序上场展示。计时员计时，评委（包括任课老师）打分。

（4）评委点评，统分员统分。

（5）主持人宣布比赛结果。

（6）教师点评，鼓励。

附训练材料：

①部编版小学语文课文《祖父的园子》。

②部编版小学语文课文《自相矛盾》。

《祖父的园子》

自相矛盾

楚人有鬻盾与矛者，誉之曰："吾盾之坚，物莫能陷也。"又誉其矛曰："吾矛之利，于物无不陷也。"或曰："以子之矛，陷子之盾，何如？"其人弗能应也。夫不可陷之盾与无不陷之矛，不可同世而立。

③人教版小学数学"位置"相关内容。

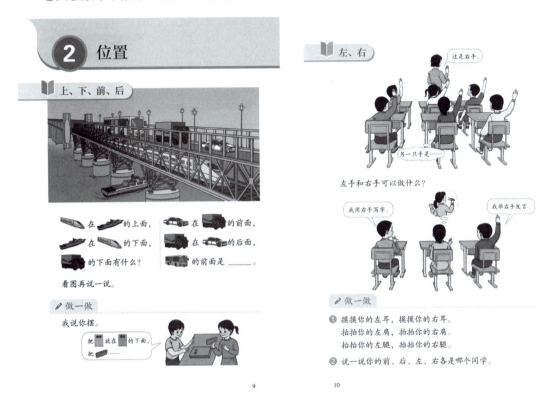

9　　　　10

◇ 自我修养

（一）理论自修

（1）阅读《小学英语教学环节过渡语的有效性研究》，思考：过渡语有哪些类型？在教学中有何作用？

（2）自学《小学语文教学环节中的"课堂留白"的研究》，思考：什么是"课堂留白"？"课堂留白"这种教学技巧可用于哪些教学环节？"课堂留白"对课堂效果能起到什么样的作用？

拓展阅读

（二）自主训练

1. 过渡语训练

训练目标：能掌握过渡语的设计要领和方法，会设计简单的过渡语。

训练要求：给小学数学"三角形的面积"相关内容设计至少两个过渡语。

训练材料：人教版小学数学"三角形的面积"相关内容。

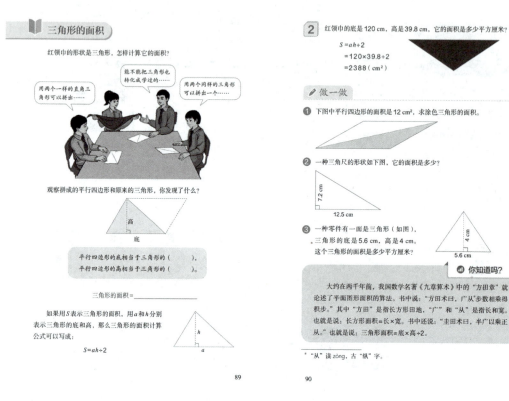

2. 提问语训练

训练目标：能设计使用两个以上的提问语。

训练要求：就《富饶的西沙群岛》文中西沙群岛的特点设计两个不同的提问语。

训练材料：部编版小学语文课文《富饶的西沙群岛》。

富饶的西沙群岛

西沙群岛位于南海的西北部，是我国海南省三沙市的一部分。那里风景优美，物产丰富，是个可爱的地方。

西沙群岛一带海水五光十色，瑰丽无比：有深蓝的，淡青的，浅绿的，杏黄的。一块块，一条条，相互交错着。因为海底高低不平，有山崖，有峡谷，海水有深有浅，从海面看，色彩就不同了。

海底的岩石上长着各种各样的珊瑚，有的像绽开的花朵，有的像分枝的鹿角。海参到处都是，在海底懒洋洋地蠕动。大龙虾全身披甲，划过来，划过去，样子挺威武。

鱼成群结队地在珊瑚丛中穿来穿去，好看极了。有的全身布满彩色的条纹；有的头上长着一簇红缨；有的周身像插着好些扇子，游动的时候飘飘摇摇；有的眼睛圆溜溜的，身上长满了刺，鼓起气来像皮球一样圆。各种各样的鱼多得数不清。正像人们说的那样，西沙群岛的海里一半是水，一半是鱼。

西沙群岛也是鸟的天下。岛上有一片片茂密的树林，树林里栖息着各种海鸟。遍地都是鸟蛋。树下堆积着一层厚厚的鸟粪，这是非常宝贵的肥料。

富饶的西沙群岛，是我们祖祖辈辈生活的地方。随着祖国建设事业的发展，可爱的西沙群岛，必将变得更加美丽，更加富饶。

3. 阐述语训练

训练目标：能设计使用两个以上的阐述语。

训练要求：就《泊船瓜洲》设计两个不同的阐述语。

训练材料：部编版小学语文课文《泊船瓜洲》。

泊船瓜洲
王安石

京口瓜洲一水间，钟山只隔数重山。春风又绿江南岸，明月何时照我还？

4. 综合训练

训练目标：能综合使用课堂导入语、阐述语、启发语、总结语。

训练要求：为《一幅名扬中外的画》的三、四段和《圆柱与圆锥》设计一个包含导入语、阐述语、启发语、过渡语、总结语的教案。

训练材料：

①部编版小学语文课文《一幅名扬中外的画》。

一幅名扬中外的画（节选）

画上的街市可热闹了。街上有挂着各种招牌的店铺、作坊、酒楼、菜馆……走在街上的，是来来往往、形态各异的人：有的骑着马，有的挑着担，有的赶着毛驴，有的推着独轮车，有的悠闲地在街上溜达。画面上的这些人，有的不到一寸，有的甚至只有黄豆那么大。别看画上的人小，每个人在干什么，都能看得清清楚楚。

最有意思的是桥北头的情景：一个人骑着马，正往桥下走。因为人太多，眼看就要撞上对面来的一乘轿子。就在这个紧急时刻，那个骑马人一下子拽住了马笼头，这才没撞上那乘轿子。不过，这么一来，倒把马右边的两头小毛驴吓得又踢又跳。站在桥栏杆边欣赏风景的人，被小毛驴惊扰了，连忙回过头来赶小毛驴……你看，张择端画的画，是多么传神啊！

②人教版小学数学"分数除法"相关内容。

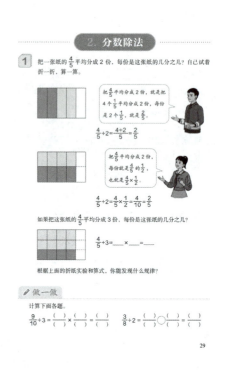

27

29

30

31

第十二章

教育口语训练

◇ **学练导航**

（一）学习目标

（1）理解教育口语的基本原则。

（2）掌握几种常见的教育口语的训练要领，能恰当地使用教育口语。

（3）养成正确使用教育口语的好习惯。

（二）实训任务分解

任务一：交流语与说服语训练。

任务二：激励语与表扬语训练。

任务三：批评语与拒绝语训练。

◇ **经典引路**

请同学们仔细观看右侧二维码内的视频，然后分组思考并讨论下列问题：

（1）你喜欢视频中的哪个老师？你认为他的语言有何特点？

（2）你认为在教育学生时老师的语言要注意些什么？

视频：《放牛班的春天》片段

一　理论奠基

（一）教育口语概述

教育口语是教师在对学生进行思想品德和行为规范教育过程中使用的语言。

微课

多萝茜·洛·诺特尔在《孩子们从生活中学习》中说：

如果一个孩子生活在批评之中，他就学会了谴责。

如果一个孩子生活在敌意之中，他就学会了争斗。

如果一个孩子生活在恐惧之中，他就学会了忧虑。

如果一个孩子生活在怜悯之中，他就学会了自责。

如果一个孩子生活在讽刺之中，他就学会了害羞。

如果一个孩子生活在妒忌之中，他就学会了嫉妒。

如果一个孩子生活在耻辱之中，他就学会了罪恶感。

如果一个孩子生活在鼓励之中，他就学会了自信。

如果一个孩子生活在忍耐之中，他就学会了耐心。

如果一个孩子生活在表扬之中，他就学会了感激。

如果一个孩子生活在接受之中，他就学会了爱。

如果一个孩子生活在认可之中，他就学会了自爱。

如果一个孩子生活在承认之中，他就学会了要有一个目标。

如果一个孩子生活在分享之中，他就学会了慷慨。

如果一个孩子生活在诚实和正直之中，他就学会了什么是真理和公正。

如果一个孩子生活在安全之中，他就学会了相信自己和周围的人。

如果一个孩子生活在友爱之中，他就学会了这世界是生活的好地方。

如果一个孩子生活在真诚之中，他就学会了平静地生活。

可见，教师恰当地使用教育口语不仅对教学有很大的辅助作用，对孩子的身心健康也有重大意义。使用教育口语要坚持哪些原则呢？

（1）民主性原则。

在教育活动中，教师和学生是平等的，教师要尊重学生的人格、思想和个性，要允许并鼓励学生畅所欲言，不能实行"一言堂"。正如苏联著名教育家马卡连柯所说："要尽量多地要求一个人，也要尽可能地尊重一个人。"如课堂上老师让大家说说对《狐假虎威》故事中狐狸的看法，大家都觉得狐狸狡猾，靠老虎的威严耀武扬威，但其中一位同学却认为狐狸很聪明，能抓住老虎的愚蠢本性，并利用动物们害怕老虎这一点骗过老虎，从而使自己不被吃掉。面对这个答案，老师该怎么回答？他可以温和地说："你这个想法很不错，能说说你为什么这么思考吗？"也可以不屑地说："不对，坐下！"很显然，前一种更容易被学生接受，也能更好地开启学生的智慧，培养学生思考和质疑的习惯。

（2）针对性原则。

"世界上没有两片完全相同的树叶。"教师要对不同的学生采取不同的教育方式，要把握学生个性，因材施教。《论语·先进》"闻斯行诸"记载了孔子因材施教的一个例子。子路和冉有同样问"闻斯行诸"，孔子却做了不同的回答。因为子路为人草率，孔子便"退之"；冉有遇事退缩，故"进之"。孔子的做法告诉我们，老师针对不同性格、不同学段、来自不同家庭的学生都要有不同的教育方式，要因人而异。

（3）情感性原则。

在教育活动中，教师要通过富有感情的语言进入学生的内心，引起学生情感的共鸣。白居易说："感人心者，莫先乎情。"现在的学生大都缺乏情感沟通，尤其是农村的留守儿童。教师在进行思想教育时动之以情、晓之以理，方能事半功倍。比如学生上课睡觉，一位老师说："你是不是哪里不舒服？"一位老师说："快起来，上课还睡觉！"同样都是提醒学生，前者提醒中有关怀，让学生心里暖暖的；后者则可能激起学生的逆反心理。

（4）艺术性原则。

德国著名哲学家雅斯贝尔斯在《什么是教育》中说："教育的本质意味着，一棵树摇动另一棵树，一朵云触碰另一朵云，一个灵魂唤醒另一个灵魂。"教育工作是一门艺术，教师要抓住教育的契机，灵活运用多种语言风格，"嬉笑怒骂，皆成文章"，春风化雨，潜移默化。比如一位学生在黑板上写字歪歪斜斜，老师说："一行白鹭上青天。"瞬间就化尴尬为欢笑了，也让学生牢牢记住了这件事，从而改掉这个坏习惯。

苏霍姆林斯基说："老师无意间的一句话，可能造就一个天才，也可能毁灭一个天才。"所以，在教育学生的时候，语言的运用非常关键，恰当的教育语言能帮助学生健康成长，促进学生良好道德、理想、情操的形成。根据教育形式和目的的不同，教育口语可以分成交流语、说服语、激励语、表扬语、批评语、拒绝语等。

（二）主要教育口语类型

1. 交流语

交流与沟通是进行教育的前提和基础。在教育活动中，教师要善于跟学生进行交流，避免产生错误或误会。交流过程在教育中是一种师生双向的、互动性的活动。师生之间有效的交流，能够促进交流双方的共同成长。

（1）交流语的含义和作用。

教师口语中的交流语是指教师在教育教学活动中，为了实现某一教学目标，了解学生的情感、需要、兴趣，或是向学生介绍情况、表达想法、解释原因时所使用的语言。

教师在教育活动中恰当地使用交流语，有助于消除学生心理隔阂，取得心理认同，让学生在教师面前"敢说话"，有利于建立平等的师生对话关系，创设和谐的教育情境。教师恰当运用交流语，能够让学生理解老师的教育意图，从而在师生间建立起信任、平等、和谐的关系；同时，也能让老师更好地了解学生的真实想法，从而能够有针对性地、有效地开展教育活动。

（2）交流语使用的基本要求。

①创设交流环境。

创设一个有利于交流沟通的环境对于师生间的有效交流是至关重要的。教师要尊重学生，要意识到学生在精神上、人格上都是完全独立的个体，要重视谈话氛围对师生交流所产生的心理方面的影响。比如，对学生进行批评教育时应选择人少的地方，这样能让学生心情放松；而表扬、激励那些内向的学生，不妨选择在教室里或者办公室里，这样会使学生大受鼓舞。宽松、平等、和谐的沟通氛围，还需要教师以礼相待，不挖苦，不嘲笑，不居高临下，真诚相待。

②了解交流对象。

在跟学生进行交流之前，教师要事先了解该对象的要求、愿望、情绪、个性等，做好交流前的各项准备工作，以使正式交流畅通无碍。另外，对需要进行交流的事件的来龙去脉，也要在调查研究的基础上提前掌握。教师还要学会换位思考，站在学生的立场上去思考，从学生的处境来体察他们的思想行为，了解学生的内心世界。这样可以令学生消除戒备心理，使交流能在一种平等、放松的氛围中进行，从而使交流双方实现心理认同。

③真诚进行交流。

真诚在人与人的相处中是一项十分可贵的品质。教师只有真诚相对，向学生流露自己的真实情感，表达对学生的尊重、关爱、理解和信任，才能建立起师生之间平等、信任的关系。用真诚来打动学生，让学生感受到温暖，从而使他们对教师产生信赖与信任，主动与教师进行交流沟通，这样才能真正使教育落到实处。真诚会产生教育力量。在真诚的前提下，教师对学生施加的教育影响也会大大提高。

（3）交流语的运用技巧。

①积极倾听。

在与学生进行交流沟通的过程中，教师要学会使用积极倾听这一技巧，因为倾听是进行有效沟通的前提。跟中学生相比较，小学生更渴望获得与教师沟通的机会，他们总期望能引起教师的注意，获得教师的好感。倾听能使学生获得被尊重的感觉，使他们觉得老师和蔼可亲，从而愿意向老师敞开心扉。而老师也能在倾听的过程中，捕捉学生的思想动态，了解学生的真实感受。这样我们的教育才有针对性，才能成为有效的教育。

教师在与学生进行交流时，不能一边交谈，一边埋头批改作业；不能因为学生表达断断续续、语无伦次或不着边际，就随便打断学生的说话，不顾及学生的心理；也不能只顾自己一味滔滔不绝地发表言论，或代替学生进行表达，这样会大大影响学生的情绪，损伤学生的沟通热情。积极倾听要求老师在学生表达时表现出专注的态度，要让学生感受到，老师是很愿意听取他们的意见的。只有这样，教师才能充分地去了解学生，走进他们的心灵深处，获得交流的成功。

②恰当表达。

教师在跟学生进行沟通交流时，要让他们清楚地明白老师的意图和目的。教师的表达要清楚、明确，特别是对于低学龄段的学生来说，要用他们易于理解和接受的语言来进行交流。

另外，在与学生的交流过程中，教师要善于用恰当的语气语调表达自己真挚的感情。比如在感情较冲动的情况下，疑问句就不如陈述句平和、委婉，反问句就显得更加生硬。问句的语气，往往给人一种咄咄逼人的感觉，会给对方带来很大的思想和心理压力。在给学生提建议时，可以用"我觉得""我以为"等等，而不用"你应该怎样"。

例：一节英语课上，有个女孩整节课都沉浸在小说动人的情节中，当老师提问时，她手握厚厚的爱情小说，神色惶恐地站着，答非所问，引得同学们一阵哄笑。女孩满脸通红，局促不安。此时，老师拍拍女孩的肩膀，示意她坐下。

老师向同学们讲起自己当年的秘密："在我像你们这么大的时候，也曾在课堂上偷看小说，当时是用牛皮纸包上书面，书皮上写上'语文'，也是小心翼翼地翻动书页，为主人公的坎坷命运暗自流泪……"讲着讲着，全班同学都会心地笑了。这时，那个偷看小说的女同学感激地看了看老师。老师也朝她温柔一笑，问道："你还看过哪些小说？哪本给你的印象最为深刻？"老师亲切的态度使女孩放松了下来，她向老师讲述了课外阅读的一些情况，课堂的气氛一下活跃了起来，同学们也争先恐后地加入了讨论。

最后老师说道："虽然我和在座的很多同学一样都有过这样的经历，但我想大家应该也都能意识到这样做并不明智，不仅不能获取学科知识，同时由于害怕老师发现或提问，看书时也提心吊胆，不能细细品味书中的意境。因此，我建议同学们在正确的时间做正确的事，这样收获更大哦！"

在教育过程中，教师不仅要做到了解学生的内心世界、打开学生的心灵之窗，也要将自己的内心世界向学生敞开，这样才能形成平等的沟通。示例中的这位教师在课堂上碰到沉迷于课外书的学生，没有一味地批评学生，而是放下架子，将自己的亲身经历、观点态度自然真实地与学生交流，让学生感受到一个真实的老师，感受到老师对她是信任的，和她是平等的，这样才能使学生更好地接受教师传递的教育信息。

③及时反馈。

　　交流需要倾听者在倾听的过程中运用反馈技巧帮助对方清楚地表达自己的意思。反馈可以用一些简单的语句帮助对方将内容引向深处，比如"嗯""是的""对""我知道""是吗？"等；可以重复对方刚才说过的话，表示对所说内容的重视或不理解等；也可以用体态语对对方的话语做出反应，如身体前倾、目光注视、面带微笑等表示对说话内容很有兴趣，鼓励对方把话说下去。

　　在交流中进行反馈时，我们还要注意以下几点。第一，要避免在对方情绪激动时反馈自己的意见，避免全盘否定性的评价。即使要批评学生，也可以先赞扬学生学习、生活中积极的一面，再针对需要改进的地方提出建设性的意见，以便让学生心悦诚服地接受。第二，使用描述性而不是评价性的语言进行反馈，尤其强调要对事不对人，避免把对事的分析处理变成对人的褒贬。既要使学生明白自己的意见和态度，又要有助于对方行为的改变。第三，要把反馈的重点放在最重要的问题上，以确保学生能够接受和理解。反馈要表达明确、具体，若有不同意见，要提供实例说明，避免发生正面冲突。

　　总之，尊重是使用交流语的必要前提，倾听是与学生进行交流时的基本态度。只有进行有效的交流与沟通，师生之间才能建立起平等、信任、和谐、合作的良好关系。

2. 说服语

　　（1）说服语的含义和作用。

　　说服语是指教师通过摆事实、讲道理，把外在的社会角色规范内化为学生的道德认知，从而改变学生的态度或使学生行为趋于预期目标行为的语言形式。

　　（2）说服语的运用要求。

　　①要了解说服的对象。

　　运用说服语对学生进行教育时必须了解和掌握对方的情况。对于不同的教育对象进行说服教育，要根据他们的年龄、个性、心理和思想状况上的差异提出不同的要求，采用不同的说服方式，使用不同的说服语言。在说服教育的过程中，教师应注重把握学生的个性特点，针对不同的对象，措辞、语气都应有所区别。对于沉默寡言、性格内向的学生，语气要平缓，说话婉转；对放纵不羁、性格外向的学生，说服教育要单刀直入，认真严肃地把话说透，或说话软中带硬，让学生能从中品味出老师话语的力量。

　　②说服的目的要明确。

　　教师在使用说服语进行教育时，必须使学生明白教师的要求，即应该做什么、不应该做什么，这样才能使学生根据教师的要求采取正确的行动。因此，说服语要求表现出教师比较鲜明的个人意志，通过合理的表达使学生信服并接受。

　　③说服的态度要耐心诚恳。

　　说服不是征服，而是要让学生心悦诚服。因此，在说服中就要平等相待、以诚相见。说服过程中，不能只是灌输空洞乏味的说教和成套的理论，而应当根据学生的理解水平、承受能力，推心置腹，动之以情，晓之以理。

（3）说服的方式。

①直接说理。

直接说理就是用正确的理论对受教育者进行直接的陈述，即摆事实讲道理，指出危害，提出要求。在陈述过程中，应当态度明确，观点鲜明。

例：一个班的学生，缺少集体观念，全班散沙一盘。班主任为培养学生的集体观念费了不少心思。一次拔河比赛，拔河队员是临时凑的，也没有啦啦队，比赛结果自然是输。赛后，学生们很沮丧。班主任抓住学生普遍存在的好胜心理做了说服工作，并以此为契机，将班集体重新凝聚起来。

师：同学们，拔河比赛，我们是输了还是赢了？

生：（齐答）输了。

师：不！我们赢了！

学生不解，疑惑地互望。

师：谁说说我们为什么输了？

生甲：论个头和力气，我们班完全可以得第一。不信，一个一个来吧！但是……

师：甲说得对，一个一个地比，我们完全可以得第一，可是我们却输了，输得很惨。很简单，我们上场的十六个队员的力量没有汇聚在一根绳子上，阵脚太乱，合力太小。

生乙：因为我们没有啦啦队，不能同时发力。

师：是啊，为什么别的班有啦啦队，而我们班却没有呢？

持事不关己态度的学生低下头。

师：论个人实力，我们肯定会赢；但是论团结，论集体观念，我们就输惨了。就说这次拔河吧，有几位同学是自愿参加的？

接着教师以先进人物为榜样，阐述了个人和集体的依存关系。在这种情境下，学生听得很专注，不断点头称是。

师：拔河比赛是赛力气，更是赛团结，赛集体观念。事实上，在学习生活中，每做一件事都是在拔河，个人是离不开集体的，同学们想过这个道理吗？这次拔河比赛我们是输了，但从失败中，我们找到了自己的弱点，看到了赢的希望。在这一点上，大家说说，我们是赢了还是输了？

生：赢了！

这个例子中，教师抓住学生普遍存在的好胜心理，直接阐述了个人和集体的依存关系，并以此作为突破口，将班集体重新凝聚起来。同时，能够从"拔河比赛"这一件事扩展到学习生活中"每做一件事都是在拔河",进一步升华了教育主题,达到了说服目的。

②间接说理。

教师在说服学生时,不是正面摆事实讲道理,而是采用类比、比喻、比拟等方式将道理蕴含在故事和事例中,让学生自己去感悟与思考,并从中受到教育。这种方式适用于自尊心强、理解能力较强的学生。

例:某老师所教的班级中,有特长班。特长班有的学生除了钟情于自己的爱好以外,对其他各门学科学习的积极性不高,上课经常打瞌睡。怎样唤起他们对学习的兴趣呢?在一次课堂上,老师讲了一则这样的寓言故事。

一天,一个人在海边散步,忽然听到一个声音:捡一些贝壳和石头放在你的口袋里吧。他下意识地捡了些。回到家里一看,那些石头和贝壳全都变成了光闪闪的金子。于是,他感到又高兴又后悔:高兴的是他毕竟捡了些,后悔的是他没有捡更多。

学习何尝不是如此呢?如果我们能利用在校时的优越条件多学些东西,何愁将来不能立足于社会呢?"艺多不压身"哪!

从此以后,学生上课情况大有好转。

在上述示例中,对于学生学习积极性不高的问题,老师并没有直接批评学生,而是通过一个小故事来说明"艺多不压身"的道理。这就是间接说服。

3. 激励语

(1)激励语的含义和作用。

激励语是教师在学生有畏难情绪、信心不足时,帮助他们树立信心,推动他们前进的教育语言;也是学生在取得一定成绩时,激励他们朝着更高的目标迈进的教育语言。

(2)激励语的运用要求。

①富有激情。

激励的目的就是要激发学生的积极性,所以,教师对学生进行鼓励的时候,要注意自己语言的鼓动性。只有富有激情的语言,才能够帮助学生从消极中看到积极的因素。教师富有激情的语言,能够找准学生情感的引发点,肯定学生,鼓励他们勇往直前。

②要有期待。

对学生的激励,既要肯定学生的优点,也要指出学生存在的不足。有期望值的激励更具有教育效能。教师的殷切期望能给学生带来动力,为学生指明方向,能够让学生受到鼓励的同时也知道自己的不足,从而唤起学生的热情。

③针对性强。

激励语具有很强的针对性,不应该是模糊的、笼统的。由于激励的对象是明确的,因此对不同年龄学生的激励是不同的;即使是面对同一年龄层次的学生,也因为学生个体的性格不同而存在差异。同样，针对不同的事件，教师也要采用不同的激励方法。具有较强针对性的激励，往往更容易看见成效。

（3）激励的方式。

①肯定。

这是对学生的良好思想行为给予肯定或好评。恰当而准确的肯定能使学生明确自身的长处和优点，唤起他们的自信，激发进取心和增强荣誉感，从而激励他们向着某一目标迈进。

例：有一位班主任接任了一个班，她还没有踏进教室，便听到学生们在私下的交谈中说自己班是"烂班"、称自己是"烂学生"。自卑的阴影笼罩着全班。为使他们自尊、自爱、自强，这位班主任诚恳地对学生说："从今以后，我便是你们中的一分子，我跟你们荣辱与共。谁说我们班是'烂班'，谁说我们班的同学是'烂学生'？我们班人才济济，有会唱歌的'百灵鸟'，有长跑第一的'飞毛腿'……我们的同学潜力无限，我们的班级充满希望。我们的班级是藏龙卧虎的地方，我们应有自己的定位和价值……"老师真诚而充满感情的语言，在学生们的心中激起了极大的反响。向来备受冷遇的同学，第一次受到莫大的尊重和肯定，学生们的自尊心复苏了，开始对自己充满信心。于是，班级各项成绩上升很快，学生们都视班主任为知己。

示例中的这位班主任老师能够敏锐地发现同学们身上的"闪光点"，用赞扬并充满激情的语言帮助同学们重新树立了自尊心和自信心，激励他们发扬自身长处，找到自己的定位和价值。

②激发。

激发是用话语刺激学生，激起他们奋发争先的情绪和意志。激发性的语言一般用富有激情的词语、热烈的语态、慷慨激昂的语调来感染学生，调动他们的积极情绪，使学生增强信心。

例：仇老师班上有一位学生特别喜欢下象棋，但英语成绩却一直不如人意。他很喜欢和仇老师切磋棋艺，但从未赢过。有一次，仇老师故意输给了他，他的信心倍增，说他还能赢。仇老师说："你能下出这样的好棋，就一定能学好英语，等你的英语成绩上来了，我再和你下。"他表现出畏难情绪，仇老师又鼓励他说："一个能下好棋的人，一定是聪明人，而一个聪明人一定能学好英语。以前你是没有把学英语当成一回事，所以没有学好，如果现在你把学象棋的劲用到学英语上去，还有学不好的道理吗？"后来这位学生果真把对下象棋的自信心迁移到学习英语中去，英语成绩有了很大的提高。

示例中，仇老师表面上拒绝了跟学生下象棋的请求，实际上是鼓励这位爱下象棋的同学，激发他学习英语的信心，果真起到了很好的效果。

③号召。

号召就是用充满激情的语言，激发学生的热情，使学生行动起来。这类激励语多用在学生群体活动之前，比如运动会、各项竞赛，教师布置任务或总结工作时，用富有激情的语言，对学生提出希望和要求，激励大家不断进步。号召能够动员学生全身心地投入，有助于培养集体荣誉感。比如在运动会或者高考前夕，教师可以这样激励学生："我们要怀抱梦想又脚踏实地，敢想敢为又善作善成，立志做有理想、敢担当、能吃苦、肯奋斗的新时代好青年，以青春之我、青春之汗水铸就无悔人生！"运用富有激情的语言调动学生的内驱力，让学生意识到努力的意义，意识到青春的珍贵。

例：这是一位班主任在班干部竞选前的动员讲话。

班委的竞选是咱们班级本学期一项意义非常重大的事情，关系到每一位同学的切身利益。"火车跑快，还需车头带。"一只狼领导的一群羊能够打败一只羊领导的一群狼。但是无论是羊群还是狼群，如果没有一个组织者、领导者，都必将是一盘散沙。班委是联系普通同学与班主任的纽带，是班级真正的管理者。

拿破仑曾说："不想当将军的士兵不是好士兵。"如果你怕当班干部影响自己的学习，请相信无数事例证明，当好班干部和搞好学习两者是可以兼得的，如果没有人来当班干部，来为集体服务，那你也不可能有好的学习环境。当班干部实质上也是为自己创造良好的学习环境。如果你怕自己一旦落选，很丢面子。我说，只要你敢于大胆地走到讲台上来，就充分说明你是热爱这个集体的，你是希望这个集体变得更好的！

……

同学们，无论你成绩优劣，无论以前你是否当过班干部，只要你有足够的勇气，只要你想为班级做贡献，请大胆地走上讲台。我建议全班同学给每一个走向讲台的同学致予热烈的掌声！

示例中的这位老师就是用号召的方式来激励学生，他用了极富激情的语言，用了火车头、羊群等比喻，并引用了拿破仑名言，既有气势，又有说服力；既点燃了学生的激情，又能够很好地鼓励学生积极参加班委竞选，为班级做贡献。

④勉励。

勉励的特点是语气平和、恳切，具有哲理性。其目的并不是要激发学生的激情，而是在于阐明一个道理，提高学生的认识。这样的勉励能够给学生长期的鼓励，产生积极向上、不断奋斗的内驱力，使学生的目标更为高远。

例：我们班的学生小许是个性格内向的男孩，他平时少言寡语，不善言辞，更别说课堂上积极回答问题了。在一次作文讲评课上，当我问到范文的优缺点时，举手的还是平常积极的那几位同学。我失望地扫视了一下全班，用平静的语言对大家说："同学们，难道这次还把锻炼的机会让给这几位同学吗？难道其余的同学就不想发表一下自己的意见吗？"说完，我又扫视了全班同学。令我感到意外的是，平时从不发言的小许举起手来了。我心中不由得一阵窃喜。当我把目光投向他的时候，他却满脸通红，同时又慢慢地放下了手。凭着以往的经验，我感觉到此时此刻他心中有着强烈的表达欲望，只是缺乏表达的勇气。于是我走过去，用手抚摸着他的头，对全班同学说："同学们，看得出来，小许同学很想发表一下他的看法，我们给他一次机会好吗？"哗，哗……教室里响起热烈的掌声。经过我的一番引导和同学们的鼓励，他终于勇敢地站了起来。虽然说话有点小声，但还是准确地说出了这篇作文的优缺点。教室里又是一阵雷鸣般的掌声。此时此刻，我感动地说："真为你感到高兴，你竟然评论得这么到位，如果让你写，你一定会写得很精彩。依我看，小许同学如果在语文上狠下力气的话，将来我们班会出现一位非常有名的作家，有信心吗？"他若有所悟地点了点头。从那以后，他对课外书的阅读一发不可收拾。他爸爸妈妈打电话告诉我，孩子回到家就钻到书房里，说长大了要当作家。

教师面对那些暂时落后或心理自卑的学生时，需要做的就是多鼓励，给予学生信心和动力。示例中，小许性格内向，上课不是很积极，这位老师用平静的语气给予他鼓励和肯定，让他勇敢地站起来表达自己，并且立下了当作家的志向。因此，老师的勉励对学生而言有着积极重要的意义，甚至可能改变学生的命运。

4. 表扬语

（1）表扬语的含义和作用。

表扬语是教师对学生的良好言行给予肯定的评价性语言。

莎士比亚说："赞扬是照耀人们心灵的阳光。"美国著名心理学家威廉·詹姆斯也说："人类本质中最殷切的需求是渴望被肯定。"表扬有三个方面的作用：第一，恰当的表扬能使学生感到被尊重和被赏识，在精神上得到愉悦和满足，从而对其优秀行为进行巩固和强化，更好地发挥其特长，树立自信；第二，表扬可以使其他未受表扬的同学找到学习的榜样，并提高自我评价的能力；第三，表扬能培养学生赞赏他人的健康心态，为其以后形成完善健全的人格打下良好的基础。

（2）表扬的基本要求。

①表扬要客观、公正。

客观就是实事求是，不夸大和捏造。只有真实的、客观的、恰如其分的赞美，才能打动人心，令人信服，否则就变成了溜须拍马、阿谀奉承。公正则指要一视同仁，不因学生平时的表现而区别对待，无论成绩优秀与否，教师都要善于发现学生身上的闪光点，不能戴着有色眼镜看待成绩落后的学生，更不能以成绩论英雄。

客观、公正的前提是要有理有据，不能弄虚作假。教师在进行表扬之前一定要了解事情的始末，并能具体问题具体分析。教师要找到能对其他同学起到示范作用的点进行表扬，如此才能真正帮助学生正确地认识自己、评价他人。

例：阳阳平时总是捣乱，喜欢搞恶作剧，为此他没少受老师的批评。有一天，阳阳兴致勃勃地将一支铅笔交给老师，说这是他在教室捡到的。为了鼓励阳阳，老师在班上表扬了阳阳拾金不昧的优秀品质，这让阳阳高兴了好几天，学习也特别起劲。事后老师了解到，那支铅笔是阳阳自己的，阳阳是为了得到老师的表扬而谎称铅笔是捡到的。

示例中，老师没有因为阳阳平时表现差就忽视阳阳的"优秀表现"，及时地给予了表扬，做到了公平地对待每一位学生，这让阳阳"进步"了几天。但是这种未经过调查、不符合事实的表扬并不能起到"治本"的目的，它不仅不能让阳阳"进步"，反而会助长阳阳的虚荣心，也为其他同学做出了错误的示范，让同学们曲解了"拾金不昧"的含义。所以表扬前一定要进行调查，有调查才有发言权。

②表扬要真挚、具体。

表扬要准确恰当，不能过分拔高、刻意渲染，以免孩子出现自傲或迎合的心理。同时，表扬要具体到位，不能敷衍了事，否则学生只知其然，不知其所以然。

我们经常会听到"你真聪明""你太棒了"之类的表扬，被表扬者闻之皆喜，可是这种皆大欢喜的表扬却不能起到很好的效果。

例：雨桐平时总是最后一个交作业，今天雨桐终于没有等到最后了，老师表扬雨桐写字速度加快了，并指出如果能再工整点就更好了。

示例中，老师真诚具体的表扬让雨桐受到了鼓励，也让她看到了自己的不足。如果老师说"雨桐你太棒了，终于不是最后一个了"，那就有可能让雨桐为了避免成为"最后一个"而盲目地舍质量求速度。可见，发自内心的赞赏与肯定，通过严肃而不失亲切的口吻表达出来，才能让学生如沐春风，扬长避短。正如苏霍姆林斯基在《给教师的建议》中所言："在你拟定教育性谈话内容的时候，你时刻也不能忘记，你施加影响的主要手段是语言，你是通过语言去打动学生的理智与心灵的。""良言一句三冬暖"，表扬的目的是让学生受到鼓舞，在被肯定的同时也明白表扬来之不易，从而取长补短，争取更大的进步。

③表扬要及时、多样。

小学生有强烈的表现欲望，期待被肯定和认可。如果时过境迁教师再表扬，激励效果就会大打折扣。例如，一位平时上课总是开小差的同学突然认真听讲，老师及时鼓励，就会让他这种认真状态持续，从而提高他的自控能力。当然，在教育实践过程中，除了口头表扬，教师也可以通过一个点赞的手势、一个会心的微笑、一个真诚的拥抱或者一些小奖品来实施表扬，让学生对表扬有更多的期待。但我们要注意表扬不能千篇一律，最好能因人而异、因事而异，比如有针对性的表扬信、符合学生性格的小手工制作就深受学生的欢迎，既能体现其与众不同，也能反映教师对表扬者的重视。

（3）表扬的方式。

①直接称赞。

教师对学生的良好言行做出肯定评价是教师在教育过程中最常用的一种表扬方式。比如看到某位同学在某方面有进步，教师要及时进行表扬，以巩固强化这种良好行为。

②借题发挥。

借助其他事情作为话题，然后转入表扬的正题。运用这种方法要注意选"题"恰当，并且要不失时机。借题与发挥之间的衔接要自然恰当，不能生搬硬套，更不要绕一大圈使学生一头雾水。

例：牛牛平时总是爱玩游戏，甚至在课堂上玩游戏，这让不少任课老师头疼不已。一次牛牛和同桌聊游戏聊得不亦乐乎，班主任刘老师在旁边站了很久，静静地听着牛牛讲述。当牛牛说得眉飞色舞时，刘老师还附和了几句，并且问牛牛："牛牛，你在游戏方面了解得真多，你的表达也很生动，甚至还用上了我们刚学的比喻和拟人手法，你能告诉老师你有什么诀窍吗？"等牛牛回答完，刘老师面带微笑地拍拍牛牛的肩膀："你真是个非常聪明的孩子，能够学以致用。"从此以后，牛牛学习比以前努力了，成了个能"引经据典"的"游戏通"。

示例中，刘老师没有否定牛牛，而是借着牛牛喜欢玩游戏这件事表扬牛牛头脑灵活，不仅让牛牛有了自信，也让牛牛找到了学习的乐趣。因此，教师要善于发现学生的优点与兴趣，并以此展开话题，在表扬中寄予希望，这比"思想教育"更有效果。

③迂回夸奖。

教师不当面说出学生的优点和进步，而是借他人之口或他物表达出赞赏之意。

例：《中国教育报》上发表过一篇题为《"遗忘"在讲台上的班务日志》的文章，在文章后有一段学生的感言："这些话老师曾对我说过多次，那时我以为老师是当面奉承我，甚至敷衍我，是企图使我听话和就范的'招数'，自从看了班务日志后，我才知道，这些话是出自老师的真心……"

示例中的这位老师刻意"遗忘"的"班务日志"就是迂回的夸奖，比当面表扬更有效果。赫尔巴特说过，要"使教育过程成为一种艺术的事业"。迂回表扬就是一种艺术。

④讲述感受。

教师通过讲述自己的真实感受，可以引起学生的情感共鸣，激发学生的热情。教师的真诚，能让学生内心受到一定的触动，从而促进学生的进步。

5. 批评语

（1）批评语的含义与作用。

批评语是对学生的不良言行予以否定的评价性语言。

"虚伪的迎合是友谊的毒剂，诚恳的批评是友爱的厚礼。"批评的目的是引起学生的警觉，从错误中吸取经验教训，自觉纠正缺点或错误，吃一堑长一智，规范行为。现在很多小孩在家受到万千宠爱，不恰当的"赏识教育"容易使他们忽略自身的缺点，从而出现自负、自私、受挫力差的毛病。中肯的批评对学生是一种关爱，是为了让学生更好地发展。

（2）批评的基本要求。

"良言一句三冬暖，恶语伤人六月寒。"批评绝对不可成为"语言攻击"。批评不是教育者情绪的宣泄口，也不是为了惩罚或者报复学生。因此教育者在实施批评时要注意以下几点。

①批评要适度。

教师要敢于批评，更要善于批评。首先，教师在使用批评语时要注意分寸，控制好自己的情绪，要以尊重学生的人格、不伤害学生自尊心为前提；其次，教师的批评应以关爱学生、促进学生身心健康为目的，要以理服人、以情动人，让学生感受到教师的关爱，心悦诚服；再次，不可将批评扩大化，上纲上线。适可而止，方能起到批评该有的效果。

②批评要就事论事。

教师在批评之前要了解情况，实事求是，切忌偏听偏信，更不能用成见和偏见盲目批评学生。批评时要就事论事，不要进行人身攻击，不能用事件给人定性，也不要一件事牵扯出几件事，算陈年旧账。

③批评要因人而异。

批评要对症下药。人各有异，对待不同的学生，教师应采取不同的批评方式。孔子就是因材施教的开创者，对待不同的学生会采取不同的方式。教师在教育实践中，对不同学生采取不同的批评方法才能达到理想的效果。对性格开朗的学生，可以直言其过错；对性格内向的学生，则宜以鼓励、含蓄的方式点醒他。

（3）批评的方式。

①正面批评。

毫不含糊地指出学生的缺点、错误，并且说清楚事情的前因后果，这是教师工作中比较常用的一种批评方式——正面批评。这要求批评目的明确，批评事实具体。因为直接批评一般都会比较尖锐，让人难以接受，所以主要针对情节严重的事件和态度强硬、屡教不改的学生。教师在批评时语言要准确、态度要诚恳，就事论事，不要伤害学生的自尊心。

②以褒代贬。

教师在批评学生前，先挖掘学生的闪光点，表扬学生的长处，再顺带指出其不足，如此更易为学生所接受，尤其适合于力求上进、自尊心强、性格较内向的学生。

例：陶行知先生在做校长时，一天，在校园里看到一名男生正想用砖头砸另一个同学。陶行知及时制止，同时让这个学生去自己的办公室。在外了解情况后，陶行知回到办公室，发现那名男生正在等自己，便掏出第一颗糖递给他："这是奖励你的，因为你很准时，比我先到了。"接着又掏出第二颗糖："这也是奖励你的，我不让你打人，你立刻就住手，说明你很尊重我。"该男生将信将疑地接过糖。陶行知又掏出第三颗："据了解，你打同学是因为他欺负女生，说明你有正义感。"这时那名男生已经泣不成声了："校长，我错了。不管怎么说，我用砖头打人是不对的。"陶校长这时掏出第四颗糖："你已经认错，我们的谈话也结束了。"

示例中陶行知先生没有批评孩子，反而肯定他的守时、尊重人、有正义感和知错能改，让学生自己意识到错误，这就是以褒代贬。这种批评和表扬结合起来的方式能达到更好的教育效果。

③暗示类。

"教育技巧的核心是暗示。"暗示批评是指教师通过讲述一个故事或其他事件予以暗示，启发学生自己思考，从而达到教育的目的。

例：一天，孙敬修老爷爷在公园里散步，碰到几个小孩在攀折树枝。孙老静静地走到小树旁，把耳朵贴在小树上，孩子们立马停止了破坏行为，很好奇地走过来问他在干什么。孙老说他在听小树说话，小树说，它的胳膊疼得要命，希望大家可怜可怜它。小朋友们听了都不好意思地低下了头，并下决心再也不犯类似的错误了。

示例中，孙敬修老爷爷用"话中有话"的批评方式，暗示孩子们不要攀折树枝，具有"润物细无声"般的效果。

④宽容类。

宽容不是不予置评，也不是放纵和姑息，而是用宽容和理解的态度，给学生一个台阶下。尤其对胆子很小、平时很少犯错误的学生，可以采取宽大处理。但在事后一定要进行谈心，要让学生知道老师关心他，对他有期待。

例：某学生忘带作业，屡教不改。班主任把他轻轻地拉到身边说："你这么聪明，一定能够想到很多办法提醒自己带齐作业的。先想想，然后告诉我想到的办法有哪些。"第二天，这个学生一口气告诉了老师多种提醒自己的方法：自己按时记好作业、在学校让同桌提醒、在家让父母监督、让自己的好朋友打电话提醒自己、在书包上做一个提醒自己的醒目的标志……老师浅浅一笑："方法都很妙，我很想知道哪种方法最有效，一个星期后，你来告诉我，好吗？"后来，这个学生忘带作业的毛病终于被他自己开的"药方"治好了。

示例中，针对学生总是不带作业的毛病，班主任未做任何批评和惩罚，而是用宽容的态度让学生自己找到解决的办法，并加以鼓励和信任，最终让学生改掉忘带作业的毛病。看似不经意，实则精心设计和引导，这比单纯的批评更有效。

6. 拒绝语

（1）拒绝语的含义与作用。

拒绝语是教师对学生的某种要求予以合理拒绝的语言。

很多学生在家有求必应，对于教师的拒绝难以接受。合理的拒绝能让学生明白什么该做、什么不该做，对是非黑白会有更明确的认识。拒绝也能让学生知道，要有所得必须要有所付出，从而帮助学生形成正确的人生观和价值观。

（2）拒绝语的基本要求。

①拒绝要合理。

对于学生正当的要求，教师可以答应；对于学生的无理要求比如损害国家、社会、他人利益的不良行为，教师则要果断拒绝，并且要告诉学生拒绝他的原因，让学生知道其中利害。教师要以"立德树人"为根本任务，着力培养能担当民族复兴大任的时代新人，正如习近平总书记在二十大报告中指出的："要办好人民满意的教育，全面贯彻党的教育方针，落实立德树人根本任务，培养德智体美劳全面发展的社会主义建设者和接班人。"教育不仅仅是授业解惑，更要培养学生树立正确的世界观、人生观、价值观。

②拒绝要彻底。

拒绝一旦发生就要贯彻执行，不能前后不一，让学生钻空子，进而提出更不合理的要求。有时候学生撒撒娇，或者家长求求情，教师就容易心软，但这种心软反而会让学生觉得老师没有原则，这会大大降低教师的威信，容易让学生得寸进尺。

③拒绝要公平。

教师在拒绝的时候要一视同仁，不能因人而异，否则会让学生产生不公的感觉，觉得老师在偏袒或者排斥某些人。对于不合理的要求，教师要始终如一地拒绝，但对不同的学生要注意拒绝的方式方法。

（3）拒绝的方式。

①直接拒绝。

直接拒绝就是直截了当地拒绝。这主要是针对一些原则性问题和屡教不改的学生，比如小明经常拿弹弓打人，教师必须直接告诉他这样是很危险的，一旦发现他有这种行为就要直接制止，监督指导他逐渐改掉这个不良习惯。

②委婉拒绝。

有时候，直接拒绝会伤害学生的自尊心，这时可以用委婉的方式间接拒绝。同样的事情，教师在拒绝时是说"我认为这样不对"还是"那样是不是更好呢"？很显然，后一种表达更易被人接受，商量的口吻使学生感觉到被尊重，稍后教师再提出具体的指导意见和建议，学生也能欣然接受。

例：期中考试后，班级调换座位，一位同学因为语文没考好被部分同学嘲笑，有点自暴自弃，申请坐最后一排角落里。老师对他讲了我国科学家童第周的故事。

童第周17岁才进中学。他文化基础很差，学习很吃力。第一学期期末考试，他的平均成绩才45分，校长要他退学，经他再三请求，校长才同意让他跟班试读一个学期。第二学期，童第周发愤学习，每天天不亮就起床，在路灯下读外语。夜里同学们都睡了，他又到路灯下去看书，值班老师看见了，关上路灯叫他去睡觉，他趁老师不注意又溜到厕所外边的路灯下去学习。经过半年的努力，他终于赶上来了，各科成绩都不错，数学还考了100分。童第周看着成绩单，心想：一定要争气。我并不比别人差，别人能办到的事，我经过努力，一定也能办到。

故事讲完，老师语重心长地对这位学生说："相信你能向童第周学习，成为一个有志气的人。"这以后，学生再也没提换座位的事，学习更努力了，成绩提高得很快。

示例中的这位老师没有直接拒绝学生换座位的要求，而是用一个故事来激励学生，让学生意识到遭遇失败不可怕，关键是要有斗志，有想要成功的欲望和决心。这样既委婉拒绝了学生换座位的要求，又鼓励了学生。

③转移话题。

有时候，当面拒绝会伤害学生的自尊心，答应又违背原则，这时候可以采用转移话题、答非所问、寻找借口等方式来暂时将对方的话题焦点转移开，从而达到拒绝对方的目的。

例：语文课老师正在讲《花钟》一文。小明很喜欢提问，马上就下课了，小明问道："为什么把花叫作钟呢？"老师得赶着去处理一件紧急事务，来不及回答小明的问题，于是说："是呀，小明的问题很好，请大家下课后仔细阅读课文，认真观察我们身边的花，下节课我们一起来回答这个问题吧！"

示例中的这位老师没有直接回答小明的问题，但也没有直接拒绝，而是转移了话题，让大家一起思考观察，既保护了小明的自尊心，又能引导学生们积极思考。

④以退为进。

以退为进是先不对学生的请求做出明确的回应，而是引导学生自己发现不当之处，从而顺理成章地推翻学生之前的请求。比如学生提出一些班级管理的不成熟建议，教师不要急于否定，也不要做出肯定评价，而应循循善诱，在建议实施的过程中见缝插针，给予恰当的引导，这既保护了学生的积极性，又提高了学生分析问题的能力。

例：换座位时，秦芳想和刘丽坐同桌，但是她们俩都喜欢讲话，坐一块就是"两颗炸弹"。班主任的直接拒绝、委婉暗示都没有打消秦芳的念头，她一次又一次地来办公室求情，又是写"保证书"又是立"军令状"。老师深知她们坐一块儿弊大于利，为了安抚秦芳，暂时答应了秦芳的要求。果不其然，换了座位后，秦芳和刘丽相谈甚欢，惹得旁边的同学意见很大，好几个同学来打小报告。老师依然不动声色，没有要求她们换座位，也没有提"保证书"和"军令状"的事。过了一段时间，秦芳自己主动提出换座位，原来这段时间两人因为讲话引起了周围同学的不满，成绩也有所下滑，她们不好意思再坐一块儿了。老师将她们两人的座位重新进行了调整，并且找二人进行谈话："学习需要自律，也需要他律，主动用他律来约束自己，其实也是一种自律的表现。老师很高兴你们能主动更换座位，约束自己，老师相信你们都能成为更优秀的人。"从此以后，秦芳和刘丽学习更努力了，讲小话的频率也降低了。

示例中，面对学生的"苦苦哀求"，教师不便直接拒绝学生，但也不能违背原则，所以以退为进，表面上答应学生，实则是让她们自己发现问题，知错而退，这既保护了学生的自尊心，也让学生学会了自我成长。但是一定要注意，"以退为进"不能一味地"退"，而要以"进"为目标，适时而进。所以，事后一定要和学生进行深入交流，让学生知道自己错在哪，从而有所进步。

二 课堂实训

（一）任务一：交流语与说服语训练

1. 任务目标

在教育过程中能恰当使用交流语与说服语。

2. 建议学时

1学时。

3. 任务实施过程

（1）任务导入。

大鹏是一位六年级的男生，聪明能干，成绩中等偏上。他迷恋电子游戏，也常常因此忘记写作业。老师和父母经常找他谈话，但他总是保持沉默。期中考试结束，他的数学成绩没有及格。班主任指着他卷子上的错误，说道："不知道你回去怎么向父母交代，这么聪明的脑袋，到底在想些什么！你说，你准备怎么办？"大鹏不作声，老师又接着说："为什么不说话？你以为不说话就没事了？"大鹏还是一言不发。

思考：这位老师的教育为什么会失败？如果你是案例中的老师，你会如何跟大鹏进行交流？

（2）模拟训练。

①根据上述材料分组进行模拟训练。

②选择一组上台展示，然后师生点评。

③总结交流语和说服语的要点。

（3）拓展训练。

①一位同学连续三天都迟到了，班主任决定在放学前与他进行一次谈话。请你根据交流语的要求，设计班主任的教育语言。

②班上一位同学欺负了学校低年级的同学，如果你是班主任，你会怎样跟他进行教育谈话？设计一段合适的交流语和说服语。

③暑假过后，一位六年级的女同学穿着高跟鞋、涂着红红的手指甲和脚指甲来上课了。如果你是班主任，你会怎么说？

结合教育口语的知识，从上述三题中任选一题进行交流语与说服语的设计，准备时间 15 分钟。评出"最佳设计组"，并在课堂模拟场景，进行点评。

（二）任务二：激励语与表扬语训练

1. 任务目标

（1）掌握激励语和表扬语的区别。

（2）在教学过程中恰当使用激励语和表扬语。

2. 建议学时

1 学时。

3. 任务实施过程

（1）任务导入。

一位同学经常翻墙逃学，老师找他谈了很多次，收效甚微。这天，他又翻墙，并且被校长抓到了办公室。班主任了解到他是因为害怕上课迟到、影响班级荣誉才翻墙，于是老师对全班同学说："××同学经常翻墙，今天又翻墙了。这不是重复过去的错误。以前他是向外翻，是逃学去玩；今天他是向内翻，是为了学习。这中间有进步，试想有这样的转变，我们谁不相信他能成为一个好学生呢？"老师的话使这个学生大受感动，以后真的进步了。

思考：这位老师使用的是哪种表扬方式？在表扬时要注意些什么？如果是你，你会怎么做？

（2）模拟训练。

①根据上述材料分组进行模拟训练。

②选择一组上台展示，然后师生点评。

③总结激励语和表扬语的要点。

（3）拓展训练。

①丁丁爱武打，还学过跆拳道，可是做操不认真，听课没精神。请设计一段激励语帮助丁丁提高锻炼和学习的积极性。

②六（一）班是出了名的乱班，已经换了好几位班主任，新来的班主任李老师为了扭转班风，决定采取鼓励策略，各个击破。如果你是李老师，你会怎么鼓励这些学生？

③学生找人冒充家长打电话请假，你将如何处理？

从上述三题中任选一题进行激励语与表扬语的设计，准备时间 15 分钟。评出"最佳设计组"，并在课堂模拟场景，进行点评。

（三）任务三：批评语与拒绝语训练

1. 任务目标

（1）掌握批评语和拒绝语的区别。

（2）在教学过程中恰当使用批评语与拒绝语。

2. 建议学时

1学时。

3. 任务实施过程

（1）任务导入。

亮亮阅读任务没有完成，自己在书上签上了家长的名字，过后他忐忑不安，主动向家长承认了错误，却被家长狠狠地批评了一顿。事后他把这件事写在了日记里，并写道："我不知道老师会不会也批评我。"

思考：如果你是这位老师，你会如何处理这件事？在批评学生的时候要注意些什么？

（2）模拟训练。

①根据上述材料分组进行模拟训练。

②选择一组上台展示，然后师生点评。

③总结批评语的要点。

（3）拓展训练。

①语文考试时，教室里静极了。突然传来一阵笑声，原来是肖乐考试时睡着了，从凳子上摔了下去。老师走过去扶起他，他冲老师笑了笑，然后打了个大喷嚏，又引来一阵哄笑。老师拿过他的试卷一看，发现他根本就没做几道题，作文格里歪歪扭扭地写了一段话："沙沙沙，教室里只剩下写字的声音和大头鞋（老师当时穿着一双大头皮鞋）来回度（踱）步的声音，你看他，双手背在身后，昂首挺胸，一付（副）胜气零人（盛气凌人）的样子，就像个鬼子指挥官。"如果你是这位老师，你会如何处理？

②班上一位同学上课非常积极，但是总是答非所问，引起其他同学的不满。这节课是公开课，教室后面坐满了听课的老师，他又积极举手发言，你将如何拒绝他？

③教室里特别吵闹，几位老师分别采用不同的处理方法。A. 在门口大叫："××，××，××，给我出来！"B. 走进教室大声呵斥："谁再说话，给我滚出去！"C. 进去狠狠地拍黑板，怒气冲冲地看着大家不说话。你觉得这些处理方式对吗？你会如何处理？

从上述三题中任选一题进行批评语与拒绝语的设计，准备时间15分钟。评出最佳设计组，并在课堂模拟场景，进行点评。

◇ 自我修养

（一）理论自修

扫描右边的二维码，阅读教育口语相关的论文。如果你是一名小学教师，你将如何运用教育口语以达到育人的目的？以我们所学的一种教育口语为例来回答这个问题。

拓展阅读

（二）自主训练

（1）训练内容：请运用说服语、激励语、批评语的相关知识进行模拟训练。

（2）训练目标：掌握说服语、激励语、批评语的使用技巧，能运用说服语解决教育中的常见问题。

（3）训练方法：

①分组合作。三至四人为一组，一人负责拍摄，其余人分别扮演教师和学生。

②情景化模拟。根据情境设计解决方案并进行模拟训练，模拟时间不超过 5 分钟。

③反思提升。根据摄像表现，反复修改解决方案，并与一线小学教师进行交流学习，有条件的情况下进入小学课堂实战演练。

④交流碰撞。小组间相互点评，选出最佳模拟小组和个人。

（4）训练材料：

①上公开课的时候小敏站起来说："这节课已经上过很多遍了，我不想再上了！"作为任课教师，你将如何处理？

②你班上一位学生学习很努力，但成绩一直不理想。作为班主任，你将如何处理？

③一位男生和一位女生发生了矛盾，产生了冲突，女生朝男生扔书。作为班主任，你前去劝导，但女生说是男生先惹她的，让男生自己把书捡起来，你怎么办？

第 十 三 章
交际口语训练

◇ **学练导航**

（一）学习目标

（1）了解教师职业交际口语运用的基本要领及要求。

（2）掌握班队活动、教研活动、教学事故处理、家访活动等语言组织的方法和技巧。重点训练教师家访需要掌握的礼节与方法。

（3）养成乐于与人交流沟通及热情开朗的性格，感受教师交际口语的语言魅力，树立职业自信。

（二）实训任务分解

任务一：学校班队活动相关口语训练。

任务二：家访活动模拟综合演练。

◇ **经典引路**

扫一扫二维码，观看视频，思考下列问题。

（1）视频中的班队活动流程好还是不好？为什么？

（2）你认为教师在组织班队活动时有哪些语言表达技巧？

（3）视频中两位教师在班队活动中分别有何种作用？

视频：班队
活动

请选择下列一种家长身份及家长性格，谈谈自己的家访策略。

五年级学生张强由于父母离异，这学期开始变得独来独往，不愿意参加集体活动。你决定通过家访的方式与学生家庭取得联系，共同规范张强的行为。

假定学生家长的身份和职业是：①教师；②出租车司机；③工作很忙的公司高管；④溺爱孩子的奶奶；⑤脾气不好的爷爷。

假定学生家长的性格是：①温和；②暴躁；③孤僻；④热情；⑤冷漠；⑥开朗；⑦偏激。

你怎样与家长就张强目前的情况进行沟通？

一 理论奠基

视频：教师职
业交际口语及
其训练要领

视频：教师家
访技巧

视频：教学事
故认定

教师交际口语，又叫"职业沟通口语"，是教师除课堂教学以外使用的一种工作语言，也是教师口语的重要组成部分。为了工作需要，教师有时要走出课堂。随着交流语境的变化，教师交流的对象不再局限于单一的学生，而会面对不同的社会人群，使用的口语形式也变得丰富起来，这就形成了教师的交际口语。

教师职业的特殊性不要求教师对语言情境做出固有反应，而是要求教师在不同的交际场合下，能够使用正确得体、自然大方的语言与人从容交流。教师在日常工作中运用标准的普通话表达符合职业要求的想法和观点，不仅有利于顺利开展工作，也为职业生涯的发展创造了更多机会。

教师常常需面对不同类型的人员，组织或参与不同类型的活动，因此拥有良好的职业沟通能力至关重要。教师交际口语也是教师心理素质、文化修养的综合体现。本章内容主要包括教师在学校班队活动、教研活动、教学事故处理、家访活动等特定场合下的交际口语的具体要求和方法。

（一）学校班队活动相关口语

学校班队活动相关口语，是指教师依据社会实际或学校教育计划、围绕一定的主题开展集体活动，并对学生进行组织、引领、管理时运用的一系列口语。在班队活动中，教师需要关注的方面有很多，活动组织起来具有一定的不可控性，教师不仅要具备相应的组织能力、应变能力，更要具备优秀的口语表现力。只有拥有良好的语言调控能力，才能更好地营造活动的氛围、把控活动的节奏，给学生留下深刻的印象。

在这样的活动中，教师的口语具有很强的针对性和号召性。在小学中，班队活动是学生获取知识和技能的一种特殊形式，和课堂教学不一样，教师的语言有提高学生参与度、积极性的作用。同时，班队活动的组织形式繁多，活动目的、要求、内容、方法也多种多样，教师的语言信息导向也会相应不同。但不论是何种活动形式，教师口语都拥有共同要求：语言明确，具体生动，面向全体，效果显著。

1. 班队活动口语表达要领

教师虽然是班队活动的组织者和指挥者，对活动拥有一定的主导权，但是也与参加活动的学生一样，都是活动的参与者，是活动的成员之一，因此教师在运用口语进行讲解、分析、宣传、动员时，声音要轻松自然，语气应亲切自然，不能像教学语言一样中规中矩。另外需要注意的是，低年级的小学生对世界的认知度不够，所以在交流时，应多使用口头语、短句，例如："今年的'六一'儿童节快到啦，学校为同学们部署了一场有趣的联欢会。"在这句话中，如果把书面词"部署"换成口语词"安排"就好多了。

有时活动的主题会影响教师的语言风格，在类似班级晚会、节日联欢会等活动中，教师的语言风格也可以欢快热情、轻松愉快。例如在"六一，我们的节日"班级联欢会上，面对一年级的学生，教师语言就可以适当带有儿童化色彩，满足小朋友的心理需要，引起他们对活动的兴趣，充分体验活动的趣味性。在学雷锋做好事、参观烈士公园等主题教育活动中，教师的语言需要引导学生充分领会社会和学校教育的基本要求，口语表达要适当庄重、严肃。

无论是何种主题的班队活动，教师只有使用生动个性的语言去引导学生，才能凸显班队活动独具特色、主题鲜明的教育效果。

2. 班队活动口语的表达技巧

（1）开始阶段——激趣导入。

一般在活动开展之初，教师就要对活动的流程、内容做一个详尽的分析和解释。在班级文艺晚会的活动上，语言可以适当欢快热情："同学们，这是属于你们的节日，今天就让我们一起放声歌唱、尽情舞蹈吧！"在"走进端午"活动中，利用有趣的提问开场："同学们，大家喜欢吃粽子吗？喜欢什么味道的粽子？"在主题教育活动中，口语表达要求庄重、严肃。如"学习雷锋做好事"主题活动，在宣布活动开始时，通常使用的话语是："同学们好，我们的活动马上就要开始了，请大家保持安静，耐心观看。"虽然这样的开场简洁明了，但是不容易引起学生的兴趣，为调动学生对英雄的崇敬情绪，教师可以组织新的语言内容来引入活动，例如声情并茂地讲述一段与雷锋有关的发人深省的故事。

（2）进行阶段——委婉劝导。

活动开展过程往往是学生参与积极性高的时候，这时教师应以学生为主体，即使对现场纪律做出要求，也不宜直接出声批评，这样不仅会影响活动的进程，也会令现场气氛陷入尴尬。如发现一些参与度不高、在现场走来走去甚至扰乱活动进程的学生时，教师要注意引导和鼓励这部分学生，用委婉的语气提示，例如："同学们为我们带来了多么精彩的节目啊，让我们一起把掌声送给他们吧！"用语言引导、鼓励每一个学生积极投入，使每个学生都有所得，而不是成为活动的旁观者。

（3）总结阶段——巧妙升华。

在活动结束时，为了使活动主题产生很好的升华效果，给学生留下更多思考，也为了能使活动不那么突兀地结束，教师不仅可以对活动做一些简单的总结，还可以做一些后续安排："同学们，从今天开始，让我们人人都成为真正的环保小卫士，按时为小树浇水施肥，保护它们茁壮成长。"一次普通的植树活动，教师利用号召式、期许式的语言，不仅升华了活动主题，也培养了学生的社会责任感。

在传统的班级管理模式下，教师、班主任拥有更多的话语权，班队活动的开展形式以教师意志为指向。有些教师为图省事，使班级活动变成了枯燥的讲授式教学，学生被迫服从"权威"，主体地位无法保障。教师应放下"师道尊严"的架子，拥有一颗童心，平等地参与到活动中，接受活动规则的约束，遵循活动开展的要求，话语尽量避开指示、命令型的语气，如"帮我搬凳子！""保持安静，认真观看节目！"等。

（二）教研活动相关口语

教师为提高学术水平、更新教学观念、解决职业困惑，经常会参加一些讲座、会议等，最常见的会议形式是教研活动。教研组成员之间、同行之间就教学或其他工作领域，围绕某个专题开展教学研究活动，成员之间就专题阐述、讨论、发表意见，共同商量解决问题的途径、措施时使用的语言，叫作教师的教研口语。

一般来说，教研活动以小规模会议居多，人数较少，与会者多是本教研组成员或其他同事、同行。会议场所通常安排在安静的小型会议室中。教师发言，以与会者身份为主，也有充当活动主持人或是活动组织者来引导教研活动平稳进行的。参加或主持教研活动，对于开阔视野、解决教学上遇到的难题有很大帮助，教师必须正确认识教研活动的作用。

1. 参加教研活动的口语技巧

党的二十大报告中提出了"加强师德师风建设，培养高素质教师队伍，弘扬尊师重教社会风尚"的要求，教师想获得专业上的成长，参加教研是一个非常有效的途径。多数情况下，教师是以参与者的身份加入教研活动进行讨论的，在这种相对规范的场合下，教师首先应调整心态积极应对，不可因参与次数过多而产生厌烦懈怠的心理；也不可因参与次数过少，而萌生胆怯、自卑心理。教师如何在教研会议上合理发言，需要做到以下几点。

（1）材料充分。

细心收集整理自身工作中遇到的与教研相关的问题，形成提纲、发言稿，以备发言时，集众人之力，共同商讨解决。在明确接到与会通知后，提前 10 分钟进入会场比准时踩点更能体现教师对活动的重视，给人留下良好的印象。率先与参会人员围绕教研主题进行简单交谈，也可令教师提前熟悉会场，调整与会时的心态，缓解紧张情绪。入会时准备好相关资料，带好与会议有关的文件、书籍、纸笔，在其他人发言时认真做好会议记录，随手记下发言要点，以备自己发言时可以引用、复述或总结。

（2）耐心倾听。

在与会人员较多或每一个参加者都被要求发言时，教师要耐心倾听每一位发言者阐述的内容，不可在其他成员发言时与邻座低声讨论或评价发言者。中途离席、左顾右盼、打瞌睡或做其他与教研无关的事，都是一种对发言者不尊重的行为。

直接否定发言者的观点是种很不礼貌的行为。不可贸然出声反驳、打断发言者，应耐心听发言者说完，再表达自身的看法。若确实需要中断对方，正确的做法是：先告知发言者，表示歉意，然后对发言者提出肯定，最后再委婉地提出自己的诉求，例如："不好意思，打断您一下。您的发言非常精彩，让我受益匪浅，但是我有个问题想请教一下您。"

另外，参会教师可以通过点头回应发言教师，这一动作有鼓励对方继续说下去的作用。目光适当注视发言者面部，以示对发言者的尊重。

（3）合理表达。

"言不在多，达意则灵。"在轮到自己发言时，教师不要过多地阐述与主题无关的话，比如发言之前说一些介绍自己、感谢别人的客套话。利用简单的语言如"大家好""主持人好""各位好"等，即可进入正题。临近发言结束时，也不可过分谦虚，可以使用简短的礼貌用语，如"谢谢各位""谢谢主持人""非常感谢"等就可以结束发言。这样不仅节约了会议时间，也不失礼貌。

教师发言时最好紧扣主题，突出重点。漫无边际、滔滔不绝的发言会让倾听者抓不住重点。合理安排发言稿内容，将次要问题放开头，重要内容放最后，会起到由浅至深、逐步推进的效果。如果事先准备的发言内容不多，把自己的重点内容表述清楚即可，不必强行过分阐述，临时起意反而弄巧成拙；如果发言内容准备过多，应视会议进程适当缩减，也可在发言前向大家说明真实情况，表示歉意。

（4）条理清晰。

发言要条理分明，层次清晰。千万不要芝麻西瓜一起抓，漫无边际、喋喋不休的发言更会招致与会者的厌烦。自己事先准备好几个问题，直截了当地告诉大家"下面我想从以下几个方面来谈一下我对今天教研主题的看法，首先……其次……然后……接着……最后……"；也可以按照时间的推移来阐述事物的发展变化，将复杂的内容放在时间线上就会清晰很多，比如"过去……现在……将来……""9月……10月……11月……"等，这都能帮助教师完成条理清晰的发言。

教师发言时，语气要平稳，语气是一个人态度倾向和情绪变化的外在体现。解释问题时，教师应使用平稳的语气，即使出现反对、抨击、批判等强烈情绪倾向，语气也要平稳，音量比平时略高即可。避免使用反问和质疑的语气、含沙射影的词语。

发言接近尾声时，教师要做总结性发言，表达自己在这场活动中得到的认识、受到的启发，介绍自身对后续工作的设想，最后再真诚地感谢主持人以及所有参会人员。

2. 主持教研活动的口语技巧

在教师的职业生涯中，努力提高自身的口语能力参与教研，是教学工作必须要面对的一项挑战，同时，具备主持教研的能力也非常重要。下面从三个阶段来谈主持教研活动的口语技巧。

（1）教研开始阶段——简单问候。

主持教研是一项挑战教师文化底蕴和综合素养的活动，接到组织教研活动的通知时，教师务必要有充足的准备。在教研开始阶段，教师向参会成员宣布教研流程，介绍参会成员及教研的主题，也为后期成员之间互相了解、彼此交流做好铺垫。教研开场白示例："尊敬的各位领导、老师，大家好！首先感谢学校对我们的信任，将此次的主题教研交由我们教研室来办，让我们借此机会畅所欲言，共同研究，一起提高。相信有你们的参与，这次教研活动一定会圆满成功。本次教研，主要由以下几个环节组成。"

（2）教研进行阶段——化解尴尬。

①主持技巧。

活动进行阶段是教研活动的关键阶段，也是考验教师语言技巧的重要时期。在此过程中，充当活动主持人的教师要注意以下几个方面。

a. 音量要适中。

主持人的声音能吸引参会人员的注意力，当参会人员听不清主持人的话语，会大大削减教研活动的实质效果。所以教师要保证自己讲话时声音洪亮，尽可能让会议室的每一个人都能清清楚楚地听到。

b. 熟悉发言稿。

熟悉发言稿是为了让教师在发言时不用埋头讲稿，但也不是一字不落地背诵稿件。脱稿发言，优点很明显，会令教师更加自然地关注全场、把控全场动态。只有当教师的注意力不停留在讲稿上，教师才有更多机会与参会成员进行短暂的眼神交流，令教师更有信心主持。因此，教师在进行阶段最好准备一个简单明了的发言提纲。

c. 谨慎表态。

教师作为活动的组织者，其言论和表态会无形中对教研的主题观点形成导向。为使活动正常进行，达到理想效果，教师需及时引导、总结。在听到与自己一致或自己赞同的观点时，不可强烈附和与夸赞；在遇到与自己相左的观点时，也不可急于否定和抨击。主题会议上避免出现气氛紧张的"站派"阵势，整场教研活动应紧紧围绕主题展开。

②控场技巧。

教研活动是一个变化的动态过程，参会人员性格、三观、知识背景不同，即使对同一个事物表述见解，也会有不同的立场和看法，这是很正常的现象。但如果大家互相诘难抵制，会严重影响活动的正常进行。主持人如何灵活处理种种突发状况，就需要具备相应的控场技巧。

a. 应对冷场。

冷场是活动中经常会出现的情况，如参加者因为顾虑、紧张、害怕、羞怯等原因不愿在活动中发言，会造成几秒钟甚至数分钟的尴尬氛围。这时，教师作为主持人可从语言上设法鼓励参会人员发言，可以利用赞扬法，对个别或总体成员进行赞扬和肯定，帮助他们消除疑虑、克服恐惧。如："张老师一直致力于小学语文高效课堂的研究，也获得了不少成果，相信他在这方面一定有独到的见解。张老师，能请您给我们说说，您是怎么进行调研的吗？"注意这里的"赞扬"不是心口不一的阿谀奉承，而是发自教师内心的真诚、实事求是的赞扬。发言者得到主持人的鼓励，一般会欣然接受邀请。

b. 化解矛盾。

在集体活动中，主持人要鼓励发动参加成员踊跃发言，充分表达自己的观点，这样才能使现场气氛活跃起来，产生积极良好的教研效果。但有时候因为发言人员众多，各人所持观点不一，容易产生矛盾。这时教师作为主持者，身负维持会议秩序的责任。沟通是解决问题的第一步，主持人应积极引导成员平和交流并事先预测现场气氛动向，及早避免矛盾的深化，尽量引导众人在得出科学结论的基础上讨论问题。

c. 平息争论。

如果参会人员已经出现了争论，主持人可采取转移注意力的方法来化解。劝解时要以中立者的态度，不能带有偏袒，等双方都冷静下来了，再心平气和地交换意见，将双方注意力重新引到教研主题上来。平息争论时，如有明显偏袒一方的表现，会导致另一方的不满，不利于教研活动的推进；同时，主持人也会失去成员们的信任。

d. 强调纪律。

教学教研活动也有自身的秩序和纪律，不仅需要全体成员共同维护，也需要主持者出面调控。教研活动现场可能会出现无意识违规情况，主持人不要视而不见、置之不理，而要规范与会者的会议习惯。

对待打瞌睡的人，主持人可以采用幽默法，适时用轻松的口气提醒："我们大家小声点，可不要吓跑了李老师的瞌睡虫。"幽默不是夸张，也不是借机讽刺挖苦别人，当幽默取得效果时，主持人可继续进入正题。

对待窃窃私语的人，主持人可以突然暂停发言，目光注视私语者，使其产生警觉、自觉停止讲话。主持人也可以直接询问私下讲话的人，能不能把正在谈论的事情说出来，让大家一起商量解决。

对待滔滔不绝的人，主持人可适时打断他，目光坚定、语气干脆有力，然后将目光投向另一个参加者或者投向全场，说："对，是的，我认为张老师说得很有道理，提的建议也非常好，那么大家的意见是怎样的呢？王老师，让我们大家听听你的意见吧？"这样就可以将活动顺利推到下一个环节中了。

总之，根据参会者不同的特点，教师作为主持人应采取不同应对措施。

（3）活动结束阶段——简单总结。

教学调研活动结束时，教师作为主持者要做一段总结发言。发言时，用语简洁明了，不要太拖沓。总结发言并不是对每一个参会人讲话内容的简单重复，而是应简要归纳，并说明教研活动所达到的效果、取得的收获，同时还要感谢全体教师参加这次活动。最后，对会议纪要进行整理。

（三）教学事故处理相关口语

课堂教学是教师在学校教育教学工作中的重要内容，保障课堂教学顺利进行，是教师教书育人职能的要求。但教师教学的过程并不是一成不变的，也不是一帆风顺的，尤其因教师自身处理问题的方式不当或者学生发生重大、难以预料的变故时，就可能产生教学事故。这时教师需要培养自己严密的逻辑思维能力，提高观察分析问题的敏锐性，加强自我修养来应对教学事故。

能否果断处理各种突发事故，保障课堂教学安全，是教师品质和智慧的体现。

1. 教学事故的种类

在教学活动中，有因教师个人原因对正常教学秩序造成不良影响的教学运行类事故，也有威胁学生人身安全的安全类事故。意外事故的产生都具有一定的破坏性，所以在与学生的多边交往中，教师可以合理运用语言调节师生关系、处理紧急突发状况，从而保证教学质量，维护学生安全。

（1）教学运行类事故。

①因学生方面产生的教学事故。

因学生方面产生的意外事件，有时候不具有破坏性，它往往是学生突然提出一些预料不到的疑难问题，或是可笑、幼稚问题，甚至是无法解决的问题，令教师措手不及。教师只需对学生进行监管，负责课堂的秩序维护和纪律组织即可。但是这类事件如果处理不当，也能干扰课堂教学，对学生造成不良影响。

大部分课堂意外事件经过教师的机智处理，往往都能转化为课堂资源，成为课堂教学的有益补充。例如：一位老师走进教室，发现黑板上画了一张自己的漫画，明知是学生针对自己的恶作剧，他却第一时间从容走上讲台，向全体学生问好，再认真端详漫画，将计就计，幽默开口："画得真特别，看来画画的人一定有非凡的天赋！"待气氛缓解后，教师点名鼓励作画人，征得其同意，最后擦掉漫画，顺利导入课堂内容。

②因教师方面产生的教学事故。

在管理学生的过程中，教师经常会遇到一些"恨铁不成钢"的学生，教师对他们爱之深、责之切，为了使其意识到自己的缺点和问题，有时不自觉就对他们使用了一些过激言辞。恰当的批评教育有助于学生认识到自己的错误，但如果教师对学生使用了侮辱性词语，学生心理脆弱，自尊心强，可能会心理崩溃，甚至会出现严重的心理疾病，从而引发一些过激行为。此时教师将会承担严重后果。

面对这类课堂偶然事件，教师在处理时要用"真心爱才"的态度，对学生平等以待。

（2）安全类事故。

小学生属于未成年人，如果缺乏教师和学校的教育管理与保护，很容易发生一些安全事故。当在教学过程中，突然出现一些无法避免的危及学生安全的情况，例如地震、洪水、火灾时，教师要冷静指挥，积极组织学生进行疏散，对学生加以保护；当发现学生身体不适时，应当及时采取必要的急救措施；如果在活动课或者体育课中，学生出现轻微不适，可以让其暂停一些剧烈的活动，注意观察，对于严重的学生，应当及时将其送往医院进行检查治疗，并尽快通知家长。

无论发生何种事故，教师都应该表现出良好的适应性心理，处变不惊，冷静以对，一切以学生的安全为先。

2. 教学事故的处理技巧

（1）劝阻学生。

对学生的危险举动及时阻止。在课堂教学中，有时因为学生之间发生冲突，有时因为个别学生做一些危险动作，对班级中的其他同学会造成一定的危害。在这种情况下，教师一定要对这些学生进行劝阻，制止他们的行为。劝阻时不能使用过激性言辞，要循循善诱。

（2）批评学生。

对在课堂中严重扰乱秩序的学生做出否定性评价。例如：一个活泼好动的学生，平时喜欢打闹，即使在课堂上，也不守纪律，总是去干扰其他同学，有次竟然还偷偷往前座同学的头上挤胶水。这时，教师可以说："欺负自己的同学，是一种不文明的行为，是要承担责任的。"口头批评是一种教育方法，如果学生没有改观，需要配合一定的处罚。

（3）教导学生。

课堂教学情境瞬息万变，情况错综复杂。由于存在着许多不确定性因素，教师很容易置于窘迫尴尬的境地。这时就需要教师随机应变，及时准确地对意外状况做出判断，巧妙地将意外纳入预设的教学当中。例如在教学生认识"打"字时，学生说是"打人"的"打"，教师立刻纠正：是"打球"的"打"，少先队员怎么能打人呢？

（四）家访活动相关口语

1. 家访的定义

家访是教师为了某种特定目的到学生家中进行单独访问的一种方式，能加强学生、家长、学校三方面的沟通。教师要树立"家校协同"理念，为党育人、为国育才。习近平总书记在党的二十大报告中指出："深化教育领域综合改革，加强教材建设和管理，完善学校管理和教育评价体系，健全学校家庭社会育人机制。"报告把"家校社共育"放在了重要位置。家访，已成为一个向家长传达国家教育思想、指导家长共同育人的重要途径。

教师及时进行家访，主要有以下几方面的作用。一是教师可以把学生的情况告知家长，家长也可以当面咨询教师，做到沟通及时无障碍；对有问题的学生，教师与家长可以抱着一致的信念，共同商议解决办法。二是教师通过家访，可以获知学生的家庭情况，学生在家学习、生活的情况。父母是学生的第一位教师，在性格、行为、习惯、态度、价值观等方面都会对孩子产生影响，教师只有充分了解学生的家庭情况，才能对问题学生对症下药，及时有效地解决相关问题。三是家长可以当面向教师以及学校提出意见和建议，有利于促进教师教学工作以及学校工作的有序开展。

2. 家访的类型

（1）沟通型。

家庭教育不容忽视，家访的一个重要环节就是与家长进行有效沟通，以便让家校双方尽可能全面地了解学生的基本情况。教师应委婉地把学生在校基本情况、本次家访的目的告知其家长，同时也通过家访了解学生的基本情况、在家学习情况，以便对学生的问题采取针对性措施，成功地完成家访并顺利解决问题。另外，家长在了解相关情况的基础上，可能会询问其他问题，譬如学生在校与其他同学相处得怎么样？学生有没有积极参与各项活动？学校生活怎么样？教师也应积极回答。

（2）教育型。

家长与教师是教育学生的同行者，教育必须双向使劲，拧成一股绳，为学生的学习保驾护航。当学生犯了错误时，如若错误不大，教师可在学校对学生进行批评教育，若涉及原则性问题，需及时与家长进行交流。在家访时，应事先了解家长性格，委婉地向家长说明事情原委，如果家长性子急躁，教师需要讲清道理，动之以情，晓之以理，避免家长使用武力，也避免学生产生逆反心理。教师与家长共同努力，才能为学生创设一个良好的学习环境。

（3）访查型。

在新生入学之后，教师可对学生进行家访，了解家庭基本情况，询问学生在家的作业完成情况、身体状况等；可对家庭困难的学生进行探视，对学习成绩不好的学生进行课外无偿辅导，充分表达对学生的关爱。当然访查并不是普查，教师的精力与时间有限，所以需要挑选一些具有代表性的家庭进行家访，比如留守儿童家庭、单亲家庭、工人家庭、知识分子家庭等。

3. 家访的技巧

（1）应事先与家长取得联系，商定好家访的时间与地点，尽量避开饭点，不接受家长的宴请。同时谈话时长也要注意，不可过长，如果一个半小时内未谈完的，可以沟通后续在电话中商议。

（2）确定家访的主题。一般老师都会事先做些准备，确定家访的主题，准备好一些问题。家长在进行说明时，教师必须神情专注，不要中途抢话，并且记录好家长谈话要点，作为日后改进的依据，但对于家长月收入及对未来的规划等隐私问题不要涉及。

（3）仪容整洁，大方得体，树立良好的教师形象。如果教师以邋遢或者太时尚的形象进行家访，家长可能会质疑教师的能力。与家长交谈的过程中，要自信并且真诚，不卑不亢，尽量避免摸头、抖腿、说话磕巴等不良习惯，要凸显教师的气质。

（4）注意家访时的态度和表达方式。家访时，教师要大方、亲和，不要盛气凌人，要多倾听家长的意见和建议。不要轻易否定家长的观点，要多了解家长对教师及自己孩子的看法。教师陈述的内容应客观翔实，在称赞中提出自己的意见，使家长感到教师对孩子的关心。

（5）共同商议、解决问题。针对孩子的相关问题，教师和家长应商量好怎样做好家校互助，将学校教育与家庭教育相结合，共商解决措施，促进学生的发展。

二 课堂实训

（一）任务一：学校班队活动相关口语训练

1. 任务目标

（1）纠正学生在模拟主持班队活动时出现的不规范的站姿、手势、眼神、情绪、发声、语速等。

（2）在具体表达场景中塑造热情、沉稳、自信的主持人形象，展现教师主持的魅力风采。

小学各主题班队活动 PPT

2. 建议学时

1 学时。

3. 任务实施过程

（1）任务导入。

①请学生分组，2 人一组。

②学生展示自己创作的"学习二十大，争做好少年"活动开场白、活动流程介绍语。

③学生撰写活动串讲词。

④学生展示自己创作的"学习二十大，争做好少年"活动结束语。

⑤教师对小组进行点评，对规范站姿、发音等进行简单示范，鼓励学生进行主持人的口语训练。

（2）讲解知识点。

①自主书写主持词内容，包含：简短的开场欢迎语、活动主题介绍、活动规则及活动环节的介绍。

②活动内容：了解党的二十大选举及召开时间；明确党的二十大的重大意义；学习、宣传、贯彻党的二十大精神。

③低年级班级的活动内容：认识少先队队徽队旗、党徽党旗；学唱中国少年先锋队队歌。

（3）主持语训练。

①拟写活动开场欢迎语。

②介绍活动环节。

③宣布活动规则。

④简述活动目标，提出活动设想。

⑤为舞蹈、绕口令、歌曲、乐器演奏等节目形式拟写串讲词。

⑥学生上台模拟现场主持。

⑦评出男女共两名"最佳主持人"，使其以良好的气质和风度影响身边的每一个人。

（二）任务二：家访活动模拟综合演练

1. 任务目标

训练学生在家访时的仪态与口语表达。

2. 建议学时

1学时。

小学教师家访案例

3. 任务实施过程

（1）任务导入。

设定一个情景，3名同学到台上，分别扮演家长、教师、学生进行情景展示，从情景展示中发现问题、解决问题。

（2）讲解知识点。

家访礼仪与口语。在讲解中请学生到台上做示范。

（3）家访口语演练。

1）训练内容：

①请几位同学上台，进行家访口语设计展示，力争得体、准确。

②学生以组为单位，为下列材料设计合适的家访礼仪与口语。

2）训练要求：

①选择两则材料进行训练，其中第一则材料为必选。

②各组准备时间为5—10分钟。

③展示家访礼仪与口语，在表达过程中要注意手势语、家长的问题以及回答。

3）训练材料：

①学生成绩大幅度下降。

②学生每天上课睡觉，在教师进行教育后，并没有改进。

③学生由于家庭原因，打架斗殴。

（4）总结评价。

评出最佳表现组。鼓励更多同学参与课堂活动。

◇ **自我修养**

（一）理论自修

扫描右边的二维码，观看相关视频，做好笔记，写出心得体会。

拓展链接

（二）自主训练

在生活、工作中，教师常会与人见面交谈。如果是初次见面，因双方并不熟悉，交谈时容易产生紧张感。作为教师，无论是初次与学生见面，还是初次与学生家长见面，如果想给对方留下良好印象，最有效的办法就是记住对方的名字和特征。可以在见面之前，拟写好一篇自我介绍，列好交谈话题，按照步骤有意识地引导对话。最好对见面的场所、交谈的话题提前做好简要安排。

第一次见面避免迟到，守时是尊重对方的体现，若实在无法避免，不要重复解释自己迟到的原因，应该先诚恳地给对方道歉，然后考虑剩下的时间里该如何调整事先准备好的话题内容，最好与约定结束的时间相差不远，不要耽误对方时间。

谈话过程中如果对方的说法存在错误，可以等对方把话说完再提修正意见。推测一些对方倾向性的评价，适当给予肯定和赞美。如遇到自己某些爱好和对方一致时，不要高声抢着表达自己的情绪，尽量做一个好听众，客观评价，不要套近乎。

接过对方递来的饮料或茶水，及时说"谢谢"。若发现对方开始频频看手表和时间，或者视线和注意力被其他事物吸引，这时应准备结束当前的谈话了。

告别时，可以诚恳地说出自己对当天见面的良好感受，对长辈使用敬称，对学生可称呼姓名，说"再见"与对方结束谈话。

第十四章

求职语训练

◇ **学练导航**

（一）学习目标

（1）理解并掌握求职面试的内容与要求。

（2）理解并掌握求职面试中的语言表达技巧。

（3）理解并掌握小学教师资格面试流程与语言表达要求。

（二）实训任务分解

任务一：面试常规问题应对语言训练。

任务二：面试突发问题应对语言训练。

任务三：小学教师资格面试模拟综合演练。

◇ **经典引路**

扫一扫二维码，观看视频，思考下列问题：

（1）视频中的面试者回答得好还是不好？为什么？

（2）你认为求职面试时的语言表达技巧有哪些？

（3）就视频中表现而言，面试者是否注意到了面试相关礼仪？

面试视频

理论奠基

（一）求职面试的准备

我们去求职面试时，首先要全面了解面试的内容与要求，尤其对小学教育专业的教师资格面试要有全方位的了解。

1. 求职面试含义

求职面试是指在特定时间、地点所进行的，有着预先精心设计好的明确目的，并通过考官与应试者双方面对面的观察、交谈等双向沟通的方式，了解应试者的素质特征、能力状况以及求职动机等方面情况的一种人员甄选与技术测评手段。

据有关数据显示，超过99%的企业使用面试作为筛选工具，超过60%的调查者认为面试是人才选拔过程中最重要的测评环节。当下，不论是政府机关还是企事业单位，不论是在员工招聘中还是在单位内部的竞争上岗时，面试都是不可缺少的重要环节。在某些情况下，它甚至成为唯一使用的选拔录用手段。

2. 常见的求职面试形式

（1）情景模拟面试。

这是根据面试者的职业需求，编制一套与该职业实际情况相关的测试项目，呈现出模拟的、逼真的职业环境，测试面试者处理工作、解决问题的基本素养与操作能力。教师资格面试属于标准化的情景模拟面试。教师资格面试过程模拟教师工作需要的实际场景，按照一定的既定标准来对应试人的现场表现进行评判，面试结果分为"合格"与"不合格"两种。

情景模拟面试的特点表现在以下三个方面。

①针对性。

情景模拟面试主要是针对职业岗位的实际需求来进行的测试，虽然测试中的模拟情景并不完全与职业岗位相同，但对面试者的职业素养与技能的要求是一致的。

小学教师资格面试针对小学教师工作中遇到的教育和教学问题进行设计，测试面试者对小学教师工作的了解程度，以及作为一名小学教师的职业素养与实践能力。

②开放性。

情景模拟面试的开放性体现在问题设置上，它设置的不是一个封闭的、有标准答案的问题，而是一个需要即兴发挥的问题。面试者根据自己对于岗位要求的理解回答，自由度高，发挥余地大。

③综合性。

情景模拟面试对于面试者的测试不是局限于某个方面，而是针对岗位的需求进行综合性的测试。比如某公司招聘财会人员，会给予面试者一份相关财务资料，要求应试者据此进行财务分析报告展示。这其中就考察了面试者数据计算、财务分析、阐述个人观点等各方面的能力。

教师资格面试的模拟试讲也是考察面试者的职业认知、心理素质、仪表仪态、言语表达、教学设计、教学实施、教学评价等各方面的综合职业素质。

（2）结构化面试。

结构化面试是指对面试所涉及的内容、试题评分标准、评分方法等一系列问题进行系统的结构化设计的面试方式。结构化面试对报考相同岗位的面试者测试相同的面试题目。其主要特点表现在以下方面。

①考官组成结构化。

依据岗位的职业要求，考官在年龄、专业、职务上都有一定的科学配置，人数为单数，分为主考官和其他考官。

②面试内容结构化。

建立统一的题库，统一评分标准，统一评分权重系数，测评要素统一，面试过程中的测试要点也都会有相对统一的规定。

③面试流程结构化。

面试必须严格遵循一定的程序，面试流程统一安排，场地、时间、程序都会有统一要求。

结构化面试具有内容确定、程序严谨、评分统一等特点，已经广泛应用到各种面试过程中。

3. 小学教师资格面试

小学教师资格面试是小学教师资格考试的有机组成部分，面试形式采用结构化面试、情景模拟教学、答辩三种方式。

（1）小学教师资格面试的流程。

考生持面试准考证及个人身份证，按规定时间到达测试地点，进入候考室候考，按规定程序参加面试。共分六个步骤。

第一步：抽题。

按考点安排，登录面试测评系统，计算机从题库中随机抽取试题（幼儿园类别考生从抽取的2道试题中任选1道，其余类别只抽取1道试题），由工作人员操作抽题，待考生确认后，计算机打印试题清单。

第二步：备课。

考生持试题清单、备课纸，进入备课室，撰写教案（或活动演示方案）。准备时间20分钟。备课纸由考点统一准备。

第三步：回答规定问题。

考生由工作人员引导进入指定面试室。考官从试题库中随机抽取2道规定问题，要求考生回答。时间5分钟左右。考官在这一过程中不能做任何提示或暗示。

第四步：试讲/演示。

考生按照准备的教案（或活动演示方案）进行试讲（或演示）。时间10分钟。监考人员和考官均需在考生超时后加以提醒。

第五步：答辩。

教师资格面试考官围绕考生试讲（或演示）内容进行提问，考生答辩。时间5分钟左右。考官的提问应该专业而清晰，应该尽量避免出现非试讲内容或与专业无关的问题。

第六步：评分。

考官依据评分标准对考生面试表现进行综合评分，通过面试测评软件系统提交评分。

（2）小学教师资格面试的评分细则。

小学教师资格面试从八个维度全面考查考生面试的综合性表现。

①职业认知。评判考生对教师职业的认识与看法，了解考生的教师观。

②心理素质。考生面试过程中的情绪是否适宜。

③仪表仪态。考生服饰仪表是否符合教师职业要求，举止是否具备教师素养。

④言语表达。考生语言表达是否准确，有无知识性错误，是否简洁流畅，是否具有教学语言的特点。

⑤思维品质。考生对教育教学问题的思考是否周全、思路清晰，是否能将问题各个方面的逻辑关系表达清晰，回答是否具有一定的思想性。

⑥教学设计。试讲时，考生能否根据授课对象的心理特点和知识基础，进行假想课堂的教学过程设计，是否有完整的课堂片段教学的设计。

⑦教学实施。考生是否根据授课对象的心理特点及学科教学规律开展教学活动，对于教学过程中的环节是否能够全面关注。

⑧教学评价。考生与假想授课对象的交流是否恰当，并且在答辩环节对自己的教学过程是否有准确客观的评价。

（3）小学教师资格面试的言语表达要求。

教师语言素养的高低直接影响到教育教学的效果，在教师资格面试中，言语表达占了15分，可见其重要性。面试大纲中关于言语表达的要求包括两个方面：一是单向表达的要求，如语言清晰、语速适宜、表达准确等；二是与人交流时双向表达的要求，如善于倾听、交流、有亲和力等。前者是后者表达的基础，后者是前者表达的运用。在教师资格面试过程中，言语表达的要求有以下三点。

①语言规范。

教师资格面试过程中，应当使用标准的普通话，发音标准，口齿清楚。在表达时，不仅要规范发音，还要规范用语，尽量使用符合教师职业的语言。语速也要规范，一般来说，我们在模拟试讲环节时，是单向表达，语速以1分钟250个左右的音节为宜；在答辩环节中，语速可以稍慢，以1分钟200个左右的音节为宜。

②语言明确。

语言明确首先是中心明确。言语表达的中心是表达者的灵魂与核心。表达时中心最好是唯一的，防止说话时语意不明确，听的人一头雾水。其次是层次明确。教师的语言表达要注意条理性，为了突出表达的层次性，可以使用序数，比如"第一……第二……"，或者可以灵活使用关联词"一方面……另一方面……"。最后是内容明确。不仅要求在形式上明确，前后句具有关联性；在内容上也要高度一致，意思表达到位。尽量不要使用"大约、可能、差不多、也还行"这一类词语。

③交流感强。

教师资格面试是情景模拟的测评，考生要模拟真实的课堂情境，那么在语言表达上一定要有学生的设定，有师生互动的交流感。考生要做到在言语上有亲和力，在语气上委婉，在语速上舒缓，使用小学教师职业语言。

（二）求职面试的技巧

1. "听"清考官提问意图

在面试时听清主考官的题目信息，并且能够迅速确定问题的关键。面试者答非所问往往是因为在"听"上下的功夫不够。比如，请你做一个简短的自我介绍。

面对这个问题，面试者要弄清题目的信息主要包括两个部分：一部分是介绍自己的基本生活情况，比如毕业学校、所学专业、年龄、经历、兴趣爱好等；另一部分是介绍自己的学识、才能，而且第二部分是介绍的重点。

微课：求职面试语言表达技巧之避重就轻

又如，请谈一次失败的经历。

主考官的提问最为关键的词是"失败"，面试者首先不能偏离题目，先谈自己虽有失败，但很多的时候是成功的，然后开始介绍自己的成功经历；其次不能过多地谈自己失败的经历，像讲故事一样，去还原细节，这样并不能让主考官从你的表达中考察到你的优秀品质。优秀的面试者会简单介绍一次自己曾经的失败经历，但重点不在过程，而是自己从失败中获得的教训上，表达出这个失败的经历对将来的工作以及生活的有利帮助。

表14-1是求职面试中考官常问的问题及提问意图。

表 14-1　求职面试中考官常问的问题及提问意图

面试问题	提问意图
你为什么想做这份工作？	前来面试的真实缘由。
你对待遇有什么要求？	清楚公司的支付能力与面试者需求之间的距离。
你目前的资历能够胜任这份工作吗？	面试者的自我评价。
对于这份工作你有什么样的打算？	面试者的工作潜力，有没有开拓精神与创新理念。
在八小时工作以外，你通常会做什么？	面试者的业余生活有什么内容，会是怎样的一个人，有没有进取心。
你为什么辞去原来的工作？	面试者会不会以相同的理由离开新单位。
你与同事处理关系的方法和原则是什么？	面试者的人际交往情况，是不是有着正常的人际交往能力。
得不到晋升时你会怎么办？	面试者在工作中是不是踏实肯干，工作的目标是什么。
最近几年你的职业规划是怎么样的？	面试者是否有着良好的职业规划。
在什么样的条件下工作最有效率？	面试者对工作条件的要求，从中获取面试者的工作方式、影响工作效率的因素等信息。

2. "说"好要表达的内容

面试过程中，时间有限，回答问题要清楚、简练、有条理，不能答非所问、语言空洞、前言不搭后语，因此组织语言时要遵循一定的语言表达准则，这在面试过程中显得非常重要。

例：问题：从简历看，你大学时期学习成绩并不出色，这会不会影响你的工作能力？

回答：我一直认为学习成绩与工作能力不能简单地理解为正比的关系，成绩的好坏并不是决定工作能力的唯一要素。我在大学期间更注重培养自己的实践能力，这可能对学业上会有一些影响。我参加了大量的社团活动，做过三次社会调查，虽然这些活动对学习成绩的提高没有帮助，但是提高了我的社会实践能力，使我在人际交往、团队合作等方面有着比一般同学更强的能力。

优秀的面试者不会在考官面前为自己的学习成绩不优秀寻找各种原因，尤其是客观原因，比如考试时状态不好、其他同学考试舞弊等，这容易引起考官反感，也并没有回答问题的主旨。这个问题的核心是要抓住"成绩"与"能力"之间有没有必要的关联。优秀的面试者会领悟到考官这一真实意图，表达了自己对学习成绩的真实看法，恰当展示了自己的工作能力。

面试过程中的语言表达是即兴的过程，面对考官的提问，最常见的情况是脑子里会很快出现想要说的答案，但真的表达起来却并不顺畅。这是因为，我们的表达从"想"到"说"有一个转化的过程，"想"只为正确表达提供了必要条件，但口语是靠"语言链"表达意思的，这种前后连贯、相对完整的"语言链",我们也称之为语流。表达能力不强而又缺乏训练的人,在语言出来的短暂时刻,言语知觉迟缓,内部语言逻辑不顺,言语表达定式没有形成,动态语境适应力薄弱,说话时就会吞吞吐吐、前后脱节,语流不通畅。因此在日常生活中,我们就要注意即兴表达能力的培养与提升。

3. "巧"用表达技巧

（1）避重就轻。

俗话说"四两拨千斤",运用到面试的语言表达技巧中,就是一种巧妙的避重就轻的方式,"化"掉提问中难以回答的一部分,"避"掉难以回答问题的关键部分,从其他角度切入,用语言来化解面试过程中的难点。

例：问题：你的简历与我们招聘要求有差距,我们需要有三年以上工作经验的员工,你的工作经历只有两年,你来之前有没有了解我们相关的政策?

回答：在来之前,我认真了解过相关要求,对于公司这种录用人的条件,我是很理解的。毕竟富有经验的人,工作上手更快。虽然作为一个职场新人,我的工作经历不够,这是事实,但我这两年工作经历证明我在职场上可塑性强,适应能力强。我来贵公司应聘,主要是想寻找更大的平台,可以展现我的学习能力,更好地塑造自己。工作经验我并不是一穷二白,之前的工作积累只是一个起点,虽然我的起点不高,但我的良好的学习能力将会让我很快适应新的岗位并且超越过去的自己。

面试者巧妙地将没有"工作经验"化解为"较强的适应和学习能力",暗含着自己能够很快适应新的岗位,工作经验的问题反而显得没有那么重要。

（2）设定条件。

面试过程中,所问的问题都没有标准答案,面试者回答问题时,如果能够准确地把握问题的意图,并且在回答之前,加上一个设定的条件,回答问题的导向会更清晰。

例：问题：你会在课堂上对学生进行惩戒吗?

回答：作为一名教师,在学生的教育中有时会需要惩戒,但具体还要看当时的情况。课堂上是学习知识的时间,我一般不会当场停下来对学生进行惩戒,这样会浪费其他学生的时间。如果这个学生的行为不足以影响课堂秩序,我会幽默化解,课后再对他进行批评教育；如果学生的行为影响到课堂教学,我会冷静处理,平复学生情绪,在事后再进行批评教育。总之,课堂上对学生的惩戒要做到有利于学生的身心发展,有利于课堂教学,把负面影响降到最低,要遵循有方法、有时效、有限度的原则。

面试者给自己的问题设定了一个条件,将情景进行设定,这样回答问题时更显得有条理,有章法。

（3）反守为攻。

面试过程中，应试者如果能够将考官的提问变成自我发挥的主场，那么在回答的过程中将会更有吸引力。

例：问题：你以前的工作中有没有犯过错？

回答：有过。我刚参加工作时甚至还出现过比较严重的错误，但已经是三年前的事情了。从这之后，我进行了反思，请教了有经验的同事，从中吸取了教训。相比较而言，现在的我在处理同类问题时是肯定能够规避错误的。我认为，一个在职场从来没有出现过错误的人，其实是害怕承担风险的人，他的行为会比较保守，工作的创新性不够，也难以有更高的突破。所以犯错不可怕，关键是一个人出了错是否有勇气承担，并从过往的错误中吸取教训，得到成长。

面试者并没有有意去回避考官的正面提问，而是将自己被动的状态调整到主动谈面对错误时的正确态度，既表明了自己有着良好的心态，有着坚强的个性，又描述了面对失败时的正确态度。只要态度正确，坏事有时候也可以变成好事。

（三）求职面试的礼仪

中国是历史悠久的礼仪之邦，崇尚礼仪的传统由来已久，"礼者，人道之极也"，"不学礼，无以立"。在我们当代社会中，礼仪由"礼"和"仪"组成，即礼节、礼貌、仪态、仪容。面试中讲究礼仪，既是对面试的重视，也是对考官的尊重，还能体现面试者内在的职业精神特质。求职者的礼仪往往在面试中起到画龙点睛的作用。

面试的礼仪

1. 仪容仪表

仪容仪表是个人形象的直接体现。清爽、整洁的仪容仪表，能够在面试中给予考官良好的第一印象。具体说来，面试前应整理仪容，保持头发清爽干净，发型整洁；保持干净清新的妆容，不要用味道过于浓烈的香水；着装应整洁、大方，符合职业要求。

比如教师资格面试中，着装切忌过于花哨暴露。男性要注意领口、袖口的清洁，女性不要穿鞋跟过高的鞋子，走路不要有太响的声音。不要戴过多的首饰，尤其是手腕上的装饰太多，导致板书时碰撞黑板发出响声，会引起考官极大的不适。

2. 言谈举止

面试过程中的一言一行，都体现出面试者的素养与教养。语言上注意用标准的普通话、恰当的语速，考官才能听得清晰、舒适；举手投足之间要体现自信与优雅，通过恰当的表情、站姿、体态来表现自己的风度。在日常生活中要多练习和模拟，及时改正不良的生活习惯。

比如面试时，应先敲门，在得到允许之后再进入面试室；主动与考官打招呼，全程保持微笑，语调舒缓；回答问题时，不管是站姿还是坐姿，都应该挺直腰背，眼神与考官有交流，力求在考官面前留下真诚自信、沉稳大方的印象。

二 课堂实训

（一）任务一：面试常规问题应对语言训练

1. 任务目标

熟悉面试求职过程中最常见问题的回答与应对。

2. 任务实施过程

（1）任务导入。

抽取学生，随机训练。

（2）讲解知识点。

在具体的面试求职过程中，虽然可以用上一定的技巧和方法，但是面试的特殊性决定了它并没有标准的答案。有经验的面试官其实不只在意答案本身，还要看面试者能不能把自己的思考内容非常清晰地表达出来，并且是否契合面试的内容。

教师资格证结构化面试真人示范1

教师资格证结构化面试真人示范2

（3）训练材料。

①材料一：习近平总书记指出，"深化人才培养模式、教学内容及方式方法等方面的改革，使各级各类教育更加符合教育规律、更加符合人才成长规律"。"双减"政策的落地，对学校、教师、家长都提出了新的更高要求。

如果你是小学班主任，在"双减"背景下，你将对学生的业余生活做出怎样的指导？

②材料二：习近平总书记在党的二十大报告中指出，到2035年我国发展的总体目标之一是："建成教育强国、科技强国、人才强国、文化强国、体育强国、健康中国，国家文化软实力显著增强。"

请结合具体事例，谈谈你对"国家文化软实力"的理解。

（4）训练要求。

①成员分组，每组从材料中选择一则进行训练。

②各组准备时间为3分钟。

（二）任务二：面试突发问题应对语言训练

1. 任务目标

熟悉面试求职过程中可能会遇到的突发问题的应对方法。

2. 任务实施过程

（1）任务导入。

分组，随机抽取学生进行训练。

（2）讲解知识点。

除了一般的常规性问题外，面试求职过程中还可能会遇到一些敏感、令人尴尬的问题。这些所谓的"短板"问题的回答，更能体现面试者的水平，也是很容易被面试考官所注意到的，这部分就需要面试者有着更好的表达思维与技巧。

（3）训练材料。

①你最大的缺点是什么？

②我刚听到你在自我介绍时说你性格比较急，但我们这个岗位需要比较细致的员工，你觉得你能胜任吗？

③你对加班有什么看法？

（4）训练要求。

①成员分组，每组从材料中选择一则进行训练。

②各组准备时间为 3 分钟。

（三）任务三：小学教师资格面试模拟综合演练

1. 任务目标

了解教师资格面试的流程与面试的相关要求，熟悉八个维度评分的要领。

2. 任务实施过程

（1）任务导入。

抽取学生，进行面试。

（2）讲解知识点。

教师资格面试的流程分为三个部分：结构化面试（必答题）、情景模拟片段教学、答辩。

在整个面试过程中，语言的表达是最为关键的。语言表达的内容与要求是决定面试成败的关键。

（3）训练材料。

训练材料一。

步骤一：结构化面试。

同学，你好，欢迎参加面试，本次面试共 20 分钟，程序如下：先请你回答两个规定问题，然后试讲。下面我们随机抽取两个问题，请你认真听清题目思考后回答，时间是 5 分钟，注意把握时间。好，请听题：

①你上课时，学生突然打闹起来，你该怎么办？

②你认为一个优秀的教师应该具备哪些素质？

步骤二：片段教学试讲。

材料：拼音 a o e 的学习。

要求：读准音，认清形，并且能正确书写。

步骤三：答辩。

①你在这堂课的教学中用到了拼音教学的哪些方法？

②你能不能对自己刚才的板书设计做一个评价？

③习近平总书记在党的二十大报告中指出，广大青年要"让青春在全面建设社会主义现代化国家的火热实践中绽放绚丽之花"。你认为作为小学教师应该如何从自身做起响应这一要求？

训练材料二。

步骤一：结构化面试。

同学，你好，欢迎参加面试，本次面试共 20 分钟，程序如下：先请你回答两个规定问题，然后试讲。下面我们随机抽取两个问题，请你认真听清题目思考后回答，时间是 5 分钟，注意把握时间。好，请听题：

①谈谈你对"没有教不好的学生，只有不会教的老师"这句话的理解。

②如何处理班上学生"追星"现象？

步骤二：片段教学试讲。

材料：叶圣陶《荷花》。

清早，我到公园去玩，一进门就闻到一阵清香。我赶紧往荷花池边跑去。

荷花已经开了不少了。荷叶挨挨挤挤的，像一个个碧绿的大圆盘。白荷花在这些大圆盘之间冒出来。有的才展开两三片花瓣儿。有的花瓣儿全展开了，露出嫩黄色的小莲蓬。有的还是花骨朵儿，看起来饱胀得马上要破裂似的。

这么多的白荷花，一朵有一朵的姿势。看看这一朵，很美；看看那一朵，也很美。如果把眼前的一池荷花看作一大幅活的画，那画家的本领可真了不起。

我忽然觉得自己仿佛就是一朵荷花，穿着雪白的衣裳，站在阳光里。一阵微风吹来，我就翩翩起舞，雪白的衣裳随风飘动。不光是我一朵，一池的荷花都在舞蹈。风过了，我停止了舞蹈，静静地站在那儿。蜻蜓飞过来，告诉我清早飞行的快乐。小鱼在脚下游过，告诉我昨夜做的好梦……

过了好一会儿，我才记起我不是荷花，我是在看荷花呢。

要求：引导学生理解荷花的美；有感情地朗读课文。

步骤三：答辩。

①小学三年级的朗读指导有哪些具体的方法？

②如何让学生更为直观地理解到文中写的荷花的美?

③党的二十大报告指出,我们要"坚守中华文化立场,提炼展示中华文明的精神标识和文化精髓"。请你结合文本谈谈可提炼的中华文化相关的知识点。

(4) 训练要求。

①成员分组,每组从材料中选择一则进行训练。

②各组准备时间为 20 分钟。

◇ 自我修养

(一) 理论自修

许多面试者会因为心理因素而产生负面情绪,例如因过度紧张而身体发抖,从而导致面试效果不佳。请扫一扫右边的二维码,观看视频,思考下面的问题:

(1) 如何在求职面试前做好心理调适,消除紧张焦虑情绪?

(2) 如何在面试中做到快速冷静地集中注意力,回答考官的问题?

视频:面试紧张不用慌

(二) 自主训练

1. 考前和求职心理放松训练

训练一:

练习目标:掌握考前的心理调适技巧。

练习准备:选择一个安静舒适的环境,播放轻音乐。

练习方法:放松练习是一种简便易行的身心放松程序,每日训练 20 分钟,可以在很大程度上缓解考前的紧张焦虑的情绪。

选择一段节奏舒缓的轻音乐,想象自己在一个开阔安静的自然环境中,平躺或者是坐姿,衣着宽松;将双手轻轻放在腹部,五指并拢,掌心贴着腹部;腹式呼吸法训练,先用鼻子深深地吸气,肚子放松,大约保持 10 秒,然后缓缓吐气,腹部收缩,连续做上 5 分钟。在这过程中放松自己的肌肉与骨骼,缓解紧张的身体。

训练二:

练习目标:掌握求职面试的心理调适技巧。

练习准备:选择一个安静舒适的环境,结合模拟面试练习的情况,给自己的面试心理做一个测评。

练习方法:每天进行 10 分钟训练,可以做到放松心情。

坐在柜子上,两脚平踏在地面,两膝与肩同宽,背部挺拔,收肩胛骨,胸部扩张,背部不要依靠任何物体,保持姿势,并且在练习过程中注意调整不当的体态;手掌朝下,手指自然松开，平放在大腿上；眼睛睁开，面带微笑，人的意志保持在清醒的状态，目光看向自己的鼻尖，嘴巴轻轻合上，牙齿放松，用鼻呼吸，舌尖轻抵上腭，整个面部表情是放松的状态；微微地呼气—吸气，全程不要思考任何东西，大脑处于一种完全放空的状态，注意力只放在自己的轻微呼吸上；慢慢地，将呼吸变深，深深吸气，深深呼气，只要觉察到自己有杂念，就要注意把意识拉回到放空的状态。

2. 教师资格面试综合训练

练习目标：熟悉教师资格面试的流程。

练习准备：观看教师资格面试示范视频，积累面试技巧。

练习方法：在教室模拟教师资格面试的真实考场，选定三名同学当考官，三名同学当考生，模拟必答题、试讲和答辩三个环节进行测评，然后进行角色互换。模拟测评后，互相点评，指出问题，然后进行修正。

训练材料一。

必答题：

（1）假如你是班主任，你会如何进行班级文化的建设？

（2）为了让学生考个好成绩，经常采用题海战术，对于这种方法，你怎么看待？

试讲：小学语文《咏柳》。

试讲要求：有感情地朗读诗歌；理解诗歌的重点句子。

答辩：

（1）小学古诗诵读过程中具体会用到哪些方法？

（2）你对这堂课的教学效果有什么样的评价？

训练材料二。

必答题：

（1）你正在使用多媒体进行授课，可是教室里突然停电了，你该怎么办？

（2）有人说"要想教育公平，首先要保证教育投入公平"，对此你怎么看？

试讲：小学数学"圆的认识"。

试讲要求：认识圆的特征；理解并掌握直径与半径的关系。

答辩：

（1）如果让你重新设计导入语，你会有更好的方式吗？

（2）如何让学生从生活中认识圆形？

参考文献

［1］人民教育出版社中学语文室. 听话与说话：第二册［M］. 北京：人民教育出版社，2014.

［2］马芝兰，段曹林，江尚权. 新编教师口语［M］. 北京：中国传媒大学出版社，2010.

［3］张洁. 教师口语训练教程［M］. 上海：华东师范大学出版社，2013.

［4］张颂. 播音创作基础［M］. 北京：中国传媒大学出版社，2011.

［5］湖南省教育厅. 口语（试用）：下册［M］. 长沙：湖南科学技术出版社，2016.

［6］邓萌. 幼儿教师口语［M］. 北京：语文出版社，2013.

［7］张颂. 朗读学［M］. 北京：中国传媒大学出版社，2010.

［8］王铮. 语音发声科学训练［M］. 北京：中国传媒大学出版社，2009.

［9］李俊文. 播音主持艺考朗诵教程［M］. 北京：中国传媒大学出版社，2014.

［10］臧宝飞. 演讲与口才［M］. 北京：中国国际广播出版社，2018.

［11］董乃群. 演讲与口才实训教程［M］. 北京：清华大学出版社，2014.

［12］吴雪青. 小学教师口语［M］. 上海：华东师范大学出版社，2019.

［13］许洁，苑望. 教师口语［M］. 北京：高等教育出版社，2014.

［14］袁振国，林岩. 班主任工作的策略与艺术［M］. 北京：教育科学出版社，2011.

［15］姜燕. 面试语言经典方略［M］. 济南：山东教育出版社，2010.

［16］谢先国. 国家教师资格考试面试［M］. 海口：海南出版社，2017.

［17］中公教育教师资格考试研究院. 国家教师资格考试专用教材：小学面试一本通［M］. 北京：世界图书出版公司，2016.

［18］温亦文. 商务礼仪［M］. 北京：北京理工大学出版社，2017.

［19］卫倩倩. 从《战国策》看说话的技巧［J］. 青年文学家，2019（26）：71-72.

［20］郝晓东. 教师应成为演讲高手［N］. 中国教师报，2019-06-19（008）.

［21］杨万扣. 在语言建构中促进思维发展［N］. 语言文字报，2019-8-23（02）.

［22］田密. 故事教学法在小学低年级语文教学中的应用研究［D］. 北京：中央民族大

学，2017.

[23] 周洁. 数字故事在小学课堂教学中的应用研究 ［D］. 上海：上海师范大学，2012.

[24] 鲁佳欢. 语言和思维——训练汉语言学习的灵魂 ［J］. 长江丛刊，2018（1）：87.

[25] 谭旭东. 讲故事能力与语文教学 ［J］. 语文建设，2014（31）：9-11.

[26] 刘启珍. 浅论演讲与教师演讲艺术 ［J］. 青海师范大学学报（哲学社会科学版），2009（1）：121-125.

[27] 刘丽霞. 汲取古人智慧，提高辩论技巧 ［J］. 考试周刊，2011（44）：32-33.

[28] 王帅，辛红璐，胡碧波.《战国策》所体现的辩论技巧与言辞风格 ［J］. 艺术文化交流，2013（11）：326.

[29] 刘秀萍. 导入语在教学中的作用及设计 ［J］. 考试周刊，2015（35）：141-142.

[30] 周敏. 有效导入是激情课堂的良药 ［J］. 考试周刊，2014（31）：128.

[31] 宋亚杰. 共情：师生沟通的润滑剂 ［J］. 教学与管理，2010（7）：28-30.

后　记

　　小学教师口语是师范院校小学教师培养专业的必修课程和专业课程，是新时代优秀教师必备的思想工具和智慧武器。本教材以理论知识为纲领，以技能训练为主线，突出专业性与实践性，整体而言，具有以下特色：

　　（1）训练主线。坚持"训练主线"理念，打破传统教材以理论体系为中心的内容结构模式，构建以口语技能训练为主线的模块化结构。章节内容采取实践导向的"实践—理论—实践"的结构方式，一般按学练导航、经典引路、理论奠基、课堂实训、自我修养进行模块化编排，力求达到理论阐述精练有效、能力训练扎实到位的效果。

　　（2）情境取向。情境性是口语交流的基本特征。本教材在理论阐述上注重口语现象的情境化分析，在实训操作上注重情境化训练，这可以让口语学习变得生动有趣，让学生充分展开情境体验，积累丰富的交流表达经验。

　　（3）产出导向。让学生具备适应小学教学岗位的良好的口语表达能力是小学教师口语的课程目标。本教材坚持产出导向，加强了朗读、讲故事、演讲、听话等与教师口语素养相关的主题训练，突出了教学口语和教育口语的情境训练，增加了求职语训练，并在课堂实训、自我修养等环节强化工作情境中的口语训练。

　　本教材编撰者均是教学一线的教师和教学管理者。永州师范高等专科学校胡达仁、秦松元共同编写了第十一章，胡达仁、唐丽瑶共同编写了第五章；湘中幼儿师范高等专科学校刘志宏、刘治国共同编写了第一章，谭婧编写了第三章，李雪容、吴姿共同编写了第十二章；湖南幼儿师范高等专科学校邓萌编写了第九章，任海燕编写了第六章；衡阳幼儿师范高等专科学校欧阳晓华与谢华、谭欣共同编写了第七章；怀化师范高等专科学校付友艳编写了第八章，唐明明编写了第十三章；湖南民族职业学院胡天月与卢琨共同编写了第十四章；湘南幼儿师范高等专科学校何丽编写了第十章；吉首大学师范学院韩佳、冷水江市桃园学校苏丽琴共同编写了第四章；娄底幼儿师范学校李姣、王仪共同编写了第二章。

　　本教材是在湖南省教师工作与师范教育处的指导下组织编写的，在编写过程中，得到了全国小学教师教育委员会理事长王智秋教授、总主编蒋蓉教授的指导，得到了湖南大学出版社的大力支持，并参考了较多的相关论著和教材。在此，一并表示衷心的感谢！

　　由于编者水平有限，不妥之处，敬请读者指正。

胡达仁

2020 年 8 月